Quel che resta di Auschwitz:
L'archivio e il testimone

아우슈비츠의 남은 자들

문서고와 증인(Homo sacer 3권)

조르조 아감벤
Giorgio Agamben
정문영 옮김

샘물결

Quel che resta di Auschwitz: L'archivio e il testimone(Homo sacer III) by Giorgio Agamben
Copyright © Bollati Boringhieri, 1998
All rights reserved.

Korean translation edition © Saemulgyul Publishing House, 2011
This Korean edition is published by arrangement with Bollati Boringhieri, Torino.

옮긴이 정문영

1996년 전남대학교 인류학과를 졸업하고 1999년 서울대학교 대학원 인류학과에서 「광주 '오월 행사'의 사회적 기원: 의례를 통한 지방의 역사 읽기」라는 논문으로 석사학위를 받았다. 그 후 미국 코넬대학교 역사학과에서 박사과정을 수료한 후 귀국하여 담양에 있는 한정식집 '햇살부르는바람소리'를 운영하고 있다. 옮긴 책으로는 『경제 인류학을 생각한다』가 있다.

아우슈비츠의 남은 자들 ― 문서고와 증인

지은이 | 조르조 아감벤
옮긴이 | 정문영
펴낸이 | 조형준
펴낸곳 | 새물결
1판 1쇄 2012년 01월 10일
등록 서울 제15-52호 (1989.11.9)
주소 서울특별시 강남구 학동로 335 10층 (다른타워 빌딩)
전화 (편집부) 3141-8696 (영업부) 3141-8697
E-mail: saemulgyul@gmail.com
ISBN 978-89-5559-316-7 (04100)
ISBN 978-89-5559-229-0 (세트)

이 책의 한국어판 저작권은 저작권자와 독점 계약한 새물결 출판사에 있습니다.
신저작권법에 의해 한국 내에서 보호를 받는 저작물이므로 무단 전재와 무단 복제를 금합니다.

What's up 총서를
발행하며

지금 우리에게는 우리의 '삶'에 대한 사유의 근본적인 전환이 절실하다. 그것은 소박한 앎에의 욕망도 그렇다고 앎에의 의지도 아니다. 오히려 그것은 우리의 생존 자체를 위해서 절박하게 요청되고 있는 바의 어떤 것이다. 현재 신자유주의로 통칭되는 자본(주의)은 물신 분석의 대상을 넘어 우리의 신체와 의식 자체가 되어버렸다. 그리고 '88만 원 세대'라는 말이 상징하고 있듯이 학교와 직장에서, 그리고 심지어 모든 일상에서 모든 이의 삶이 '돈'으로 환산되어 쓰레기로 양산되고 있는 것은 누구나 목도하고 있는 바이다. 그러나 대학과 정치라는 제도는 이러한 우울한 시대의 저항과 비판의 보루이기를 그친 지 이미 오래이다. 인문학은 점점 '실용'의 미명에 압착당하고 있으며, 대학은 사회를 보호하는 사유의 장소이기를 멈춘 채, 테크노크라트들의 양성소로 변해가고 있다. 따라서 이 미혹의 역逆계몽 시대에 우리에게 필요한 것은 위기론이나 탈주론이 아니라 용기와 도전, 그리고 이를 위한 새로운 방법론을 탐구하기 위한 몸부림이다.

모순이 세계화하는 시대, 우리의 저항선은 온갖 장소에서 그어질 수밖에 없다. 사유의 '식민성'이나 '(잃어버린) 주체의 재건'과 같은 테제, 그러니까 "나는 내가 생각하지 않는 곳에 존재하고 내가 존재하지 않는 곳에서 생각한다"는 데에서 오는 불안은 오랫동안 한국의 지성들을 괴롭혀왔다. 다른 이의 표현을 벗어 던져라, 그러면 해방되리라. 그런데 어떤가 하면, "우리에게는 스스로의 생각을 다른 이의 표현을 따라 이해하는 경우가 너무 많다"(폴 발레리). 유럽의 하나 됨을 다름 아닌 사유의 잡종성과 표현의 연대 속에서 찾아낸 이 비평가의 말은 지금 우리에게 의미심장하게 들린다. 중요한 것은 고유한 주체가 아니라, 이 시대의 삶과 관련해 사유 자체를 개시하는 일이 되어야 한다.

그러기 위해서 우리는 세상 모든 생각에 고유성이나 주체성은 없다는 급진적인 공공성을 사유의 과제로 제기하려 한다. 즉 이식을 극복한 어떤 주체도 아니고 민중이나 다중이나 마이너리티도 아닌, 이름 없는 공동성을 탐구하는 일이 필요한 것이다. 사유의 외재성이 아니라, 고유성에 대한 믿음 자체에 저항하며, 우리는 삶의 조건 자체로 뚫고 들어가는 사유를 개시한다.

1848년 마르크스는 "하나의 유령이 유럽에 떠돌고 있다"고 썼다. 이 유령이 더이상 유령이 아니라 살아 움직이게 될 것임을 선언케 했던 그러한 징후가 우리 시대에도 여전히 존재하는지에 대해서는 말하지 않겠다. 다만 확실한 것은, 이 유령을 잡기 위해 연대한 '성스러운 사냥꾼들' 만은 그 어느 때보다 견고한 모습으로 존재하고 있다는 사실이다. 사회에 대해 물음으로써 사회를 보호하는 것이 아니라, 사회 자체에 공헌하라는 명령 속에서, '사회'와 '공공성'에 대한 물음은 점점 더 설 자리를 잃어가고 있다. 너무 늦기 전에 움직이기 위해서 우리는 빨리 움직일 것이며, 무거운 지식과 속도의 지식을 한꺼번에 끌어오고 또 써나갈 것이다. 이름 없는 공동성을 탐구하기 위해, 사유의 적들에 틀림없는 '이름'을 부여할 것이다.

이러한 탐구를 위해 우리는 "What's up?"이라고 묻는다. 미국 흑인 노예 제도의 극악한 폭력성을 비극적으로 증언하는 이 "별 일 없었지?"라는 안부 인사는 고스란히 우리 시대의 아침 인사가 되고 말았다. 실업이 예외에서 일상이 되고, 오늘의 정규가 내일의 비정규로 떨어지고, 자본이 예술로 전도되는 이 시대. 그러니까 예외 상태가 보통 상태가 되어버린 이 시대, 우리 시대의 자본이 새롭게 발휘하는 마술 같은 공포의 변증법을 통해 우리 모두는 전혀 새로운 제도적·정신적 예속 상태로 노예화되고 있는 것이다. 게다가 그것은 감시와 처벌이 아니라 법의 준수와 제도의 안정이라는 이름으로 진행 중이다. 하지만 "What's up?"이라는 말은 단지 이러한 공포에 대한 승인만을 의미하지는 않는다. 어쩌면 그것은 폭력의 자행에 대한 묵종이 아니라 새로운 연대와 저항선을 그려나가기 위한 맹목적인 질문일 수조차 있다. "What's up?"이라는 이 자그마한 연대와 우정의 인사가 그러한 폭력적 제도의 정당성을 근본적인 질문에 부치는 작은 함성이라고 믿는다.

우리는 다른 이들을 통해, 그리고 그들과 함께 바로 지금 여기서 일어나는 일을 만날 것이다. 물음과 응답, 그것이 우리가 하고자 하는 모든 일이다.

―김항, 박진우, 한보희, 황호덕

| 차례 |

What's up 총서를 발행하며 **5**
서문 **13**

01 증인 **19**

02 '이슬람교도' **61**

03 부끄러움, 혹은 주체에 관하여 **131**

04 문서고와 증언 **203**

옮긴이 후기 **255**
참고문헌 **261**

일러두기

- [ ]안의 내용은 본문의 뜻을 좀 더 명확히 하기 위해서 역자가 삽입한 것이다.
- 본문에서 인용되고 있는 저서들의 경우 국역본이 있는 경우 참조는 했으나 그대로 따르지는 않았기 때문에 따로 출전을 표시하지는 않았다.
- 『성경』 인용문의 경우 주로 한국천주교주교회의에서 펴낸 『성경』의 번역을 따랐다. 다만 문맥상 필요하다고 생각되는 부분에서는 약간의 수정을 가했다. 『성경』의 인물과 제목도 '바울'을 '바오로'로 옮기는 등 천주교주교회의의 『성경』의 용례를 그대로 따랐다.

비앙카 카살리니 아감벤을 추모하며
'모든 것에 노출된다는 것은 모든 것을 품을 수 있다는 것이다.'

이 책을 나와 토론하며 빛을 볼 수 있게 해준 안드레아, 다니엘, 기도에게 그날에 이러한 일이 일어날 것이다. 이스라엘의 남은 자들과 야곱 집안의 생존자들이 더 이상 자기들을 친 자에게 의지하지 않고, 이스라엘의 거룩하신 분 주님께만 충실히 의지할 것이다. 남은 자들이 돌아올 것이다. 야곱의 남은 자들이 용맹하신 하느님께 돌아올 것이다.

「이사야서」, 10장 20~22절

이와 같이 지금 이 시대에도 은총으로 선택된 남은 자들이 있습니다(……). 그 다음에는 온 이스라엘이 구원을 받게 되리라는 것입니다.

「로마 신자들에게 보낸 서간」, 11장 5~26절

서 문

점점 더 풍부하고 엄밀해지고 있는 일련의 연구들(그중에서도 라울 힐베르크$^{Raul\ Hilberg}$의 『유럽 유대인의 파괴』가 차지하고 있는 자리는 특별하다) 덕분에 유대인 집단학살이 발생한 역사적·물질적·기술적·관료주의적·법률적 정황은 충분히 밝혀졌다. 앞으로의 연구들이 수용소에서 발생한 사건들의 특수한 양상들을 새롭게 조명할 수도 있겠지만 대체적인 윤곽은 이미 드러났다.

하지만 유대인 집단학살의 윤리적·정치적 의미에 대해서는, 나아가 그곳에서 어떤 일이 벌어졌는가에 대한 인간의 이해에 대해서는, 즉 유대인 집단학살의 현재성에 대해서는 그렇다고 말할 수 없다. 우리는 온전한 이해라고 할 만한 것을 결여하고 있을 뿐만 아니라 가해자와 피해자의 행위의 의미와 이유, 때로는 그들의 말조차도 아직까지 난해한 수수께끼인 듯하다.

이러한 상황은 아우슈비츠가 영원히 불가해한 것으로 남아있기를 바라는 사람들의 의견에 힘을 실어줄 수밖에 없다.

역사적인 시각에서 볼 때 우리는 예컨대 유대인 집단학살의 최종 국면이 어떻게 실행되었고, 수인들이 어떻게 동료 수인들로 이루어진 분대(이른바 '특수작업반^{Sonderkommando}')에 이끌려 가스실로 들어갔는지, 그리고는 이 특수작업반이 어떻게 시체들을 끌어내 씻기고는 머리카락을 잘라내고 금니를 뽑아낸 다음 마지막으로 몸을 화장로火葬爐에 집어넣었는지에 이르기까지 지극히 사소한 사항들까지도 알고 있다. 우리는 이러한 사건들을 열거하고 서술할 수는 있지만 우리가 진정으로 그러한 사건들을 이해하려고 하면 각각의 사건들 자체는 여전히 불투명한 채로 남아 있다. 이러한 괴리와 불안감을 누구보다 직접적으로 묘사한 이가 레벤탈$^{Zelman\ Lewental}$인데, 특수작업반의 일원이었던 그는 자신의 증언을 몇 장의 문서로 남겼다. 이 문서는 제3화장로 아래 묻혀 있다가 아우슈비츠가 해방된 후 17년이나 지나서야 빛을 보게 되었다. 레벤탈은 이디시어로 다음과 같이 쓰고 있다. "그곳에서 일어난 사건들이 인간의 상상을 초월한 것이듯이 우리가 겪은 경험을 정확히 회상할 수 있는 사람이 있으리라고도 상상할 수 없다. (……) 우리는 몇몇 되지도 않을뿐더러 눈에 띠지도 않는 사람들이라서 역사가들에게 줄 일거리도 많지 않다."

여기서 문제가 되는 것은 물론 우리가 가장 내밀한 경험을 타인에게 전달하려고 할 때면 반드시 맞닥뜨리게 되는 그러한 곤란이 아니다. 문제의 괴리는 증언의 구조 자체에 자리 잡고 있다. 한편으로 수용소에서 일어난 일은 생존자들에게는 유일한 진실이고, 그러한 것으로서 절대 잊을 수 없는 것처럼 보이지만 다른 한편으로 그러한 진실은 그만큼 상상할 수 없는 것, 즉 진실을 구성하는 현실적 요소들로 환원될 수 없는 것이다. 너무나 생생해서 어떤 것도 그보다 더 참일 수 없는 사실들, 그리고 불가피하게 그러한 사실적 구성 요소들을 초과하는 현실. 그것이 아우슈비츠의 아포리아이다. 레벤탈은 "온전한 진실은 훨씬 더 비극적이고 훨씬 더 끔찍하다(……)"고 쓰고 있다. 더 비극적이고 더 끔찍하다니, 무엇보다 더 그렇다는 것인가?

레벤탈은 적어도 한 가지 점에서는 착각을 했다. 이 '몇몇 되지도 않을뿐더러 눈에 띠지도 않는 사람들'(여기서 '눈에 띠지 않는다'는 말은 말 그대로 보이지 않는다는 의미로, 즉 인지될 수 없는 것이라는 의미로 이해되어야 한다)이 역사가들에게 끊임없이 일거리를 주리라는 것은 의심할 여지가 없다. 아우슈비츠의 아포리아는 사실상 역사 인식 자체의 아포리아, 즉 사실과 진실 사이의 불일치, 입증과 이해 사이의 불일치인 것이다.

어떤 사람들은 너무나 많은 것을, 너무나 쉽게 이해하려고 한다. 그들은 모든 것에 대한 설명을 갖고 있다. 또 어떤 사람들은 이해를 거부한다. 그들은 그저 값싼 신비화만을 제공한다. 이 책은 역사서가 아니라 윤리와 증언에 대한 탐구이다. 그러므로 지나치게, 그리고 너무 쉽게 이해하려는 의지와 이해를 거부하려는 태도 사이에서 그러한 괴리에 대해 천착하는 것이 우리에게 유일하게 활용가능한 길처럼 보였다. 이러한 어려움에 또 다른 어려움이 더해지는데, 이는 문학이나 철학 텍스트를 연구하는 사람에게 특유한 것이다. 가해자 측의 증언이건 피해자 측의 증언이건 대다수 증언들은 평범한 사람들, 즉 분명히 수용소에 있던 사람들 중 절대 다수를 이루는 '눈에 띄지 않는' 사람들에게서 나오는 것이다. 아우슈비츠의 교훈들 가운데 하나는 이처럼 평범한 사람들의 심정을 파악하는 것이 스피노자$^{Baruch\ de\ Spinoza}$나 단테$^{Dante\ Alighieri}$의 심정을 이해하는 것보다 한없이 더 어렵다는 점이다(종종 잘못 이해되고 있는 '악의 평범성'에 대한 한나 아렌트$^{Hannah\ Arendt}$의 논의 또한 이러한 의미에서 이해되어야 할 것이다).

일부 독자들은 이 책에서 생존자들의 증언에서 이미 발견되는 것 말고 뭔가 새로운 내용이 없다는 점을 깨닫고는 실망할 수도 있을 것이다. 형식면에서 이 책은 증언에 대해 끝없이 되풀이되는 주석의 일종이다. 달리 나아갈 길은 없는 듯했다. 증언이 공백을 포함하고 있고, 그러한 공백이 증언의 본질적인 부분을 이루고 있으며, 그리하여 생존자들이 증언할 수 없는 어떤 것을 증언하고 있다는 점이 곧 분명해졌기 때문에 그들의 증언에 주석을 다는 일은 이 공백을 심문하는 일 또는 차라리 그것을 들으려고 애쓰는 일을 뜻했다. 공백에 귀를 기울이는 일이 필자에게는 헛된 것이 아니었다. 그러한 공백은 우선 필자에게 아우슈비츠 이후 '윤리(학)'이라는 이름으로 개진된 모든 학설을 몽땅 걷어낼 것을 요구했다. 앞으로 살펴보겠지만 우리 시대가 타당한 것으로 인정할 수 있다고 믿었던 윤리적 원리들 가운데 거의 아무것도 이 결정적인 시험, 즉 아우슈비츠가 드러낸 바 그대로의 윤리(학)$^{Ethica\ more\ Auschwitz\ demonstrata}$이라는 시험을 버텨내지 못했다. 이 작업을 통해 증언에 대해 그에 합당한 자리를 찾아내고 그러한 주제를 명확히 밝히려는 시도를 하면서 장차 새로운 윤리적 영토를 찾아내 이를 그려내고자 하는 사람들이 좌표를 확인할 수 있는 몇 개의 이정표를 세웠다면 필자는 노고를 보상받았다고 느낄 것이다. 혹은 이 책으로 우리가 20세기의 결정적 교훈을 나타낼 때 사용하는 말들 중 몇 가지라도 바로잡을 수 있다면, 그리고 이 책으로 어떤 말들은 버림받고 또 어떤 말들은 종래와 다른 의미로 이해되는 일이 가능해진다면 말이다. 이는 또한 말해지지 않은 것을 듣는 하나의 방법(아마도 유일한 방법)일 것이다.

1

증 인

1.1. 수용소에서 수인이 살아남으려는 데는 몇 가지 동기가 있을 수 있다. 그중의 하나는 살아남아서 증인이 되겠다는 생각이다. "나는, 나에게 무슨 일이 생기든 스스로 목숨을 끊지는 않겠다고 결심했다. 나는 모든 것을 보고, 겪고, 경험하고, 깊은 곳에 간직하고 싶었다. 내가 아는 것을 이 세상에 외칠 기회도 없을 텐데, 왜? 나는 단지 도망치고 싶지 않았고, 내가 증인이 될 가능성을 미리부터 억압하고 싶지 않았다"(Langbein, 1988: 186). 물론 모든 수인들이 이런 이유를 대는 것은 아니다. 사실 그들 가운데 소수만 그런 이유를 댄다. 게다가 편의상 그런 이유를 대는 것일 수도 있다. "그는 이런저런 이유에서, 이런저런 목적을 위해 살아남고 싶다. 그래서 그는 수백 가지의 구실을 찾는다. 진실은, 그는 어떻게 해서든 살고 싶다는 것이다"(Lewental, 1972: 148). 아니면 단순히 복수가 살아남으려는 이유가 될 수

있다. "나는 자연스럽게 철조망으로 달려가 몸을 던질 수도 있었을 것이다. 그것은 언제든 할 수 있는 일이기 때문이다. 하지만 난 살고 싶다. 우리가 그토록 기다리던 기적이 일어나기라도 하면 어쩐란 말인가? 혹시라도, 오늘이나 내일이라도 우리는 해방될 수도 있을 것이다. 그러면 나는 복수를 하리라. 그리고는 여기에서, 이 안에서, 일어난 일을 온 세상에 이야기할 것이다"(Sofsky, 1997: 340). 자신의 생존을 정당화하는 일은 쉽지 않다. 하물며 수용소에서라면 더더욱 쉽지 않다. 그래서 차라리 아무 말도 하지 않는 생존자들이 있기 마련이다. "몇몇 친구들은, 아주 절친한 친구들조차 아우슈비츠 얘기는 입 밖에 내지 않는다"(Levi, 1997: 224). 하지만 어떤 사람들에게 살아가는 유일한 이유는 증인은 사라지지 않는다는 것을 분명히 보여주기 위해서이다. "한편 어떤 사람들은 그 일에 대해 끈질기게 말하며, 나도 그런 사람 중의 한 명이다"(같은 곳).

1. 2. 프리모 레비[Primo Levi]는 증인의 완벽한 예이다. 집에 돌아온 레비는 아무라도 붙잡고 자신의 경험을, 지치지도 않고, 자세히 얘기한다. 그는 마치 콜리지[Samuel Taylor Coleridge]의 '늙은 뱃사람'처럼 군다.

> 당신은 그 장면을 기억할 겁니다. 늙은 뱃사람이 결혼식 하객들에게 다가가 말을 겁니다. 하객들은 결혼식에 정신이 팔려 그에게 주의를

기울이지 않지만 그는 그들이 내켜 하지 않는데도 자기 이야기를 계속합니다. 그래요, 수용소에서 막 돌아와서는 내가 꼭 그랬습니다. 나는 누구라도 붙잡고 내 이야기를 해야지만 직성이 풀렸습니다! (……) 모든 상황이 내 이야기를 할 기회였습니다. 그래서 누가 됐든 상관없이, 공장장이 됐든 노동자가 됐든 그들에게 내 이야기를 했습니다. 심지어 그들에게 다른 할 일이 있을 때조차 그렇게 했습니다. 나는 늙은 뱃사람의 상태가 되고 말았던 거죠. 그리고는 밤에는 타자기로 글을 쓰기 시작했습니다. (……) 밤마다 나는 글을 써댔고, 이건 더 미친 짓이었죠(Levi, 1997: 224~225)

하지만 레비는 자신이 작가라고 생각하지는 않았다. 그는 증언하기 위해서만 작가가 된다. 어떤 의미에서 그는 결코 작가가 되지 못했다. 1963년에 두 편의 소설과 여러 편의 단편소설을 출판한 후 그는 자신을 작가라고 생각하느냐 화학자라고 생각하느냐는 질문에 주저 없이 다음과 같이 대답한다. "물론 화학자입니다. 그 점은 틀림없습니다"(Levi, 1997: 102). 시간이 흘러 그는 거의 자신도 모르게 어느새 작가가 되었고 증언과는 아무런 상관이 없는 소설들을 썼다. 레비는 이런 사실이 마음속으로부터는 편치 않았다. "그리고는 글을 쓰고 또 썼고 (……) 글을 쓰는 악습이 몸에 배었습니다"(Levi, 1997: 258). "마지막 책인 『몽키 스패너 La Chiave a stella』에서는 증인으로서의 내 신분을 완전히 벗어버렸죠. (……) 이 사실은 아무것도 부정하는 것이 아닙니다. 나는 언제나 과거에 수인이었던 사람, 한 명의 증인이었고 그걸 그만둔 적은 없습니다(……)"(같은 책, 167).

나는 이탈리아의 에이나우디^{Einaudi} 출판사에서 있던 모임들에서 레비를 본 적이 있는데, 그때 그는 자신에 대해 이런 불편한 감정을 갖고 있었다. 그는 살아남았다는 점에 대해 죄책감을 느꼈을 수는 있다. 하지만 증언을 했다는 점에 대해서는 그렇지 않았다. "나는 마음이 편합니다. 증언을 했기 때문이죠"(같은 책, 219).

1. 3. 라틴어에는 '증인'에 해당하는 말이 두 개 있다. 첫 번째 말은 '*testis*'인데, 영어의 'testimony'는 여기에서 파생된 말이다. 어원상 이 말은 서로 경합하는 두 당사자들 간의 재판이나 소송에서 제삼자^{terstis}의 위치에 있는 사람을 가리킨다. 두 번째 말은 '*superstes*'인데 어떤 일을 끝까지 겪어낸 사람, 어떤 사건을 처음부터 끝까지 경험했고 그래서 그 일에 대해 증언할 수 있는 사람을 가리킨다. 레비가 제삼자가 아니라는 점은 명백하다. 그는 어느 모로 보나 살아남은 자^{superstite}이다. 하지만 이는 또한 그의 증언이 재판을 위한 사실들의 입수와는 아무런 관련도 없음을 의미한다(그는 이를 위해서는 충분히 중립적이지 않다. 그는 제삼자^{testis}가 아니다). 결국 그에게 중요한 것은 용서는 고사하고 심판조차 아니다. "나는 결코 판사로서 법정에 나온 것이 아니다", "내게는 용서해줄 자격^{authority}이 없다(……). 나는 자격이 없는 사람이다"(같은 책, 77, 236). 사실 그의 관심사는 오로지 심판

을 불가능하게 만들어버리는 것, 즉 피해자가 가해자가 되고 가해자가 피해자가 되어 버리는 회색 지대인 것처럼 보인다. 생존자들이 모두 동의하는 것은 무엇보다도 이 점이다. "이편이나 저편이나[가해자나 피해자나] 인간적이지 않기는 똑같았다"(같은 책, 232). "피해자나 가해자나 비열하기는 매한가지다. 수용소의 교훈은 비참 속의 형제애이다"(Rousset; Levi, 1997: 216 참조).

 심판이 이루어질 수 없다거나 심판을 해서는 안 된다는 것은 아니다. "아이히만이 내 앞에 있었더라면 나는 그를 사형시켜 버렸을 것이다"(같은 책, 144). "그들이 범죄를 저질렀다면 응분의 대가를 치러야 할 것이다"(같은 책, 236). 중요한 점은 다만, 두 가지 것이 혼동되어서는 안 된다는 것, 주제넘게 법이 이 문제를 다 다루어서도 안 된다는 것이다. 진실에는 비법률적인 요소가 존재하며 그렇기 때문에 '사실의 문제$^{quaestio\ facti}$'는 결코 '법의 문제$^{quaestio\ iuris}$'로 축소될 수 없다. 이것이 바로 생존자들이 우려하는 것이다. 즉 인간의 행동을 법 너머의 문제로 치부하고 재판과는 철저히 무관한 것으로 만들어버리는 그 모든 것 말이다. "우리는 누구나 재판에 넘겨져 유죄를 선고받고 처형될 수 있다. 심지어 이유도 모른 채 말이다"(같은 책, 75).

 1. 4. 가장 흔히 범하는 실수 중의 하나(이러한 실수가 수용소에 대한 논의에서만 범해지는 것은 아니다)가 윤리(학)적 범주들과 법적 범주들을 암묵적으로 혼동하는 것이다(더 나쁘기로는 법

적 범주들과 신학적 범주들을 혼동하는 것인데, 이 때문에 희한한 변신론辯神論이 나타나는 것이다). 도덕적·종교적 심판에 사용되는 거의 모든 범주들, 예컨대 죄(유죄), 책임, 결백(무죄), 심판, 면죄 등등이 어떤 식으로든 법에 오염되어 있다. 이 때문에 각별한 주의 없이는 그것들에 호소하는 것이 어려워지게 된다. 법학자들은 잘 아는 사실이지만, 법의 목표는 정의의 확립이 아니다. 그렇다고 진실의 입증이 목표인 것도 아니다. 법의 유일한 목표는 판결이며, 그것은 진실과 정의와는 무관한 것이다. 이 점은 심지어 부당한 판결조차도 **판결의 효력**을 지니는 데서 여지없이 드러난다. 법의 궁극적 목적은 기판력旣判力; res judicata[1]의 산출인 바, 여기서는 진실과 정의가 있어야 할 자리를 판결이 차지하고 있어 그것에 거짓이 있건 불의가 있건 참인 것이 된다. 법은 이러한 잡종의 피조물에서 안식을 구하며, 그것에 대해 그것이 사실인지 규범인지 말하기란 불가능하다. 일단 법은 기판력을 산출하면 그것으로 그만인 것이다.

1983년 에이나우디 출판사는 카프카Franz Kafka의 『소송』의 번역을 레비에게 의뢰했다. 『소송』에 대해서는 무수한 해석이 제시되어 왔는데, 혹자는 이 소설의 예언적인 정치적 성격(절대 악으로서의 근대 관료주의)을 강조하기도 하고, 혹자는 신학적 차원(미지의 신으로서의 법정)을 강조하기도 하며, 혹자는 이 소설

---

[1] 확정판결을 받은 사항에 대해서는 후에 다른 법원에 다시 제소되더라도 이전 재판내용과 모순되는 판결을 할 수 없도록 구속하는 효력을 말한다.

의 전기적 의미(카프카 스스로 자신이 앓고 있다고 믿었던 불치병)를 강조하기도 한다. 이 책에서 법은 오로지 재판이라는 형식으로만 등장하는데, 이 책이 법의 본성에 대한 심오한 통찰을, 즉 일반의 믿음과는 달리 법은 규범이라기보다는 판결이며, 그러므로 곧 재판이라는 통찰을 담고 있다는 점은 거의 주목받지 못했다. 하지만 만약 (모든) 법의 본질이 재판이라면, 모든 정의가 (그리고 법에 오염되어 있는 도덕이) 오로지 법정의 정의일 뿐이라면 (법의) 집행과 위반, 결백(무죄)과 유죄, 복종과 불복종은 모두 경계가 불분명해지고 의의를 상실해버린다. "법정은 당신에게 아무것도 바라지 않는다. 법정은 당신이 오면 맞이하고 떠나면 놓아준다." 법률의 궁극적 목적은 판결을 산출하는 것이다. 하지만 판결의 목적은 처벌도 아니고 칭송도 아니며, 정의를 확립하는 것도 아니고 진실을 입증하는 것도 아니다. 판결은 그 자체로 목적이며 이것이 세간의 말마따나 그것의 신비, 즉 재판의 신비를 이루고 있다.

이탈리아의 위대한 법학자 사타$^{Sebastiano\ Satta}$는 판결이 지닌 이러한 자기 준거적인 성격으로부터 몇 가지 결론을 도출한 바 있는데, 그러한 결론 중 하나가 처벌은 판결에 후속하는 것이 아니라 오히려 판결 자체가 처벌이라는 것이다(처벌 없는 판결 없다$^{nullum\ judicium\ sine\ poena}$). "혹자는 더 나아가 모든 처벌은 판결에 내재한다고, 처벌의 특징을 이루는 행위(감금, 처형)는 그것이 말하자면 판결의 수행인 한에서만 중요하다고 말할 수도 있을 것이다"(Satta, 1994: 26). 이것은 또한 "무죄 판결은 사법의 오류를

자인하는 것"이며 "모든 사람은 내면적으로 무죄"라는 것을, 하지만 오로지 참으로 무죄인 사람은 "무죄 방면된 사람이 아니라 살면서 아무런 재판도 받지 않는 사람"(같은 책, 27)임을 의미하는 것이기도 하다.

1. 5. 만약 이것이 진실이라면(생존자들은 이것이 진실임을 알고 있다) 수십 년간 아우슈비츠를 철저히 사유하는 것을 불가능하게 만든 개념적 혼동에 대한 책임은 저 재판들(뉘른베르크에서 있었던 12차례의 전범 재판과 독일 국경 안팎에서 열린 다른 재판들, 1961년 예루살렘에서 있었던 전범 재판도 여기 포함되는데, 이 1961년의 재판 결과 아이히만$^{Adolf\ Eichmann}$은 교수형에 처해졌다)에 있다고 해도 과언이 아니다. 그러한 재판들은 불가피했지만, 또 충분한 것이 아니었음은 분명하지만(이 전범 재판들에서 다룬 사람은 수백 명에 불과했다) 어쨌든 아우슈비츠 문제가 이미 극복되었다는 생각을 퍼뜨리는 데 일조했다. 판결은 이미 내려졌고 유죄는 최종적으로 입증된 것이다. 지성이 번뜩이는 순간들이 없지는 않았지만 법이 이 문제를 철저히 다루지 않았음을, 보다 정확하게 말하자면 문제 자체가 법 자체를 문제 삼을 만큼, 그리하여 법 자체를 파멸로 끌고 갈 만큼 엄청난 것임을 이해하는 데는 거의 반세기가 걸렸다.

법과 도덕의 혼동, 신학과 법의 혼동의 희생자 가운데에는 저명한 인사들도 있다. 그중의 하나가 하이데거$^{Martin\ Heidegger}$의

제자로 윤리 문제를 전문적으로 연구한 철학자 요나스$^{\text{Hans Jonas}}$이다. 그는 튀빙겐에서 루카스 상을 받았던 1984년 아우슈비츠 문제를 성찰하면서 희한한 변신론을 만들어냈다. 그가 제기한 물음이란 이렇다. 즉 하느님은 어떻게 아우슈비츠를 참아낼 수 있었을까? 변신론이라 함은 인간의 책임이 아니라 신의 책임을 확립하고자 하는 재판을 말한다. 모든 변신론이 그렇듯이 요나스의 변신론 역시 결국에는 무죄 선고이다. 판결 이유는 다음과 같았다.

> 무한자(신)는 유한자 속에서 자신의 전능함을 완전히 벗어던졌다. 세상을 창조하면서 신은 세상에 그분 자신의 운명을 주었고, 그리하여 무력해져버렸다. 그리하여 세상 속에서 자신을 완전히 비워버렸으므로 그분에게는 더 이상 우리에게 줄 것이 남아 있지 않게 되었다. 그러므로 이제 인간이 줄 차례다. 인간이 할 수 있는 일은 신이 세상을 있게 한 자신의 결단을 후회하는 일이 다시는 일어나지 않도록 또는 거의 일어나지 않도록 근신하는 것이다.

모든 변신론의 타협적인 악습이 여기서 특히 명확히 드러나고 있다. 이 변신론은 아우슈비츠에 관해서는 아무것도 말해주는 바가 없을뿐더러 피해자나 가해자에 대해서도 역시 말해주는 바가 없다. 이 변신론은 끝내 해피엔딩을 외면하지도 못한다. 신의 무력함 뒤에서 슬쩍 드러나는 것은 인간의 무력함이다. 인간은 그 뒤에서 계속 "그러한 일이 다시는 일어나지 않게 하소서! 라고 외친다. 이제는 이미 '그러한 일'이 어디에나 있음이 분명해졌는데도 말이다.

1.6. 책임이라는 개념 또한 손을 쓸 수 없을 정도로 법에 오염되어 있다. 사법의 영역 바깥에서 이 개념을 사용하려하자마자 이 점을 알 수 있다. 그런데도 윤리(학), 정치, 종교는 법적 책임의 영역을 빼앗아야지만 스스로를 정의할 수 있었는데, 물론 이는 어떤 또 다른 종류의 책임을 감당하기 위해서가 아니라 비책임의 구역을 명확히 구별해내기 위해서였다. 물론 비책임의 구역이 면책을 의미하는 것은 아니다. 보다 정확히 말하자면 이것은 (적어도 윤리[학]에게는) 우리가 항상 감당할 수 있었던 책임보다 한없이 큰 어떤 책임과의 대결을 가리킨다. 우리가 할 수 있는 것은 기껏해야 그러한 책임에 대한 성실함, 다시 말해 그러한 책임을 감당할 수 없다고 주장하는 것이다.

아우슈비츠에서 레비가 발견해낸 것, 이 전대미문의 발견은 책임의 확립과는 전혀 무관한 영역과 관련된 것이다. 이 영역 속에서 레비는 새로운 윤리(학)적 요소라고 할 만한 것을 분리해낼 수 있었다. 레비는 그것을 '회색 지대'라고 부르고 있다. 그것은 "피해자와 가해자를 연결하는 긴 사슬"이 느슨해져 피억압자가 억압자가 되고 또 가해자가 피해자로 나타나는 그러한 지대이다. 선과 악이, 그리고 그것들과 함께 전래의 윤리(학)를 구성하는 모든 재료들이 용융점에 이르는, 부단한 회색의 연금술 말이다.

그러므로 여기서 문제가 되는 것은 선과 악 **너머에** 있는 것이 아니라 이를테면 선과 악 **앞에** 있는 무책임과 '판결 불능^{impotentia} ^{judicandi}'(Levi, 1989: 60)의 영역이다. 레비의 윤리(학)의 장소는 우리가 익히 아는 윤리(학)의 영역이 아니다. 레비는, 니체^{Friedrich} ^{Nietzsche}의 제스처와는 정반대의 제스처로, 윤리(학)를 그 영역 앞에 둔다. 그리하여 우리는 이유를 말할 수는 없지만 이 '앞'이라는 것이 그 어떤 '너머'보다 더 중요함을, '인간 이상의 인간^{overman}'보다 '인간 이하의 인간^{underman}'이 우리에게 더 문제가 될 수밖에 없음을 감지한다. 이 악명 높은 무책임의 지대가 우리의 제1옥[2]인 바, 책임에 대한 어떠한 고백도 이 지대로부터 우리를 벗어나게 하지 못하고 여기서 시시각각 아주 분명하게 말해지는 것은 "가공할, 말로는 다 할 수 없는, 상상조차 할 수 없는 악의 평범성"(Arendt, 1992: 252)이라는 교훈이다.

1. 7. 현재 우리가 사용하고 있는 '책임^{responsibility}'이라는 말은

---

2) 단테의 『신곡』, '지옥편'에 묘사된 지옥의 첫 번째 층을 의미한다. 지옥은 깔때기 모양의 원추형 구조로 이루어져 있는데, 단테는 지옥의 입구와 형벌이 실행되는 본격적인 지옥 사이에다 제1옥 '림보'를 설치했다. 지옥의 입구와 제2옥 이하의 옥들은 지옥 본토, 즉 형벌이 실행되는 곳이지만 림보는 지옥이기는 하되 형벌이 없는 곳이다. 이곳은 그리스도 신앙에 관해 선이건 악이건 어느 편도 선택할 수 없었던 자들을 수용하는 곳이다. 이 옥에는 예수 탄생 이전에 살았던 저명한 이교도들과 예수 탄생 이후에 태어났지만 세례를 받지 않는 자들이 수용되어 있다.

라틴어 동사 'spondeo'에서 유래한 것인데, 이 말의 뜻은 '누군가를 위해(혹은 자신을 위해) 누군가에 대해 무언가를 보증하는 사람이 되는 것'이다. 따라서 혼약을 맺음에 있어 아버지는 구혼자에게 자신의 딸을 아내로 삼게 내주겠다는 언질을 하거나(이후 딸은 'sponsa'라고 불렸다) 그렇게 하지 못할 경우에는 그에 상응하는 보상을 하겠다는 보증을 하면서 관용적으로 'spondeo'라는 표현을 쓰곤 했다. 사실 고대 로마법에서는 어떤 잘못에 대한 보상이나 어떤 의무의 완수를 보증하기 위해 관습상 자유인인 남자가 인질('obligatio'[담보]는 이에서 파생된 말이다) 취급을 받게 될 수도, 즉 구속 상태에 처하게 될 수도 있었다('sponsor'라는 말은 계약 위반 시 자신이 'reus'[채무자] 대신 필요한 용역을 제공하겠다고 약속하는 사람을 가리켰다).

그러므로 책임을 감수하겠다는 제스처는 순전히 사법적인 것이지 윤리(학)적인 것이 아니다. 그것은 고귀하거나 빛나는 어떤 것을 표현하는 것이 아니며, 다만 의무, 곧 맹세로 묶이는 행위만을, 법적인 약속이 책임자의 신체 속에 새겨진다고 믿었던 세계에서 채무를 보증하기 위해 자신을 인질로 내어준 행위만을 표현할 뿐이었다. 그와 같이 책임은 넓은 의미에서 손해에 대한 귀책을 가리키는 'culpa'라는 개념과 긴밀히 얽혀 있는 것이다(이 때문에 로마인들은 자기 자신에 관해서 유죄가 성립될 수 있다는 생각을 받아들이지 않았다. "자신의 실수로 자신에게 초래한 손해는 사법적 대상이 아니다"[quod quis ex culpa sua damnum sentit, non intelligitur damnum sentire]).

따라서 책임과 유죄는 다만 법률적 귀책의 두 측면만을 표현할 뿐이며, 그것이 내면화되어 법의 외부로 옮겨진 것은 나중의 일이다. 그러므로 이 두 가지 개념을 토대로 삼아야 한다고 주장하는 모든 윤리(학)설의 불충분함과 불명료함이 드러난다(이 점은 참된 '책임의 원리'를 정식화했다고 주장한 요나스에게나, 보증인의 제스처에 불과한 것을 훨씬 더 복잡한 방식으로 최고의 윤리적 제스처로 바꾸어놓았던 레비나스$^{Emmanuel\ Levinas}$에게나 모두 해당된다). 이러한 불충분함과 불명료함은 윤리(학)와 법을 가르는 경계를 찬찬히 따라가다 보면 어김없이 명확하게 드러난다. 여기서 두 가지 사례를 검토해보자. 이 둘은 문제로 삼고 있는 사실의 무게에 있어서는 서로 극명히 갈리지만 모종의 '궤변^{distinguo}'을 내포하고 있다는 점에 있어서는 서로 일치한다.

예루살렘에서의 전범 재판 동안 아이히만의 변론에서 일관되게 나타난 논법은 아이히만의 변호인이던 세르바티우스$_{Robert\ Servatius}$의 다음과 같은 말에 명확히 표현되어 있다. "아이히만은 하느님 앞에서는 죄책감을 느끼지만 법 앞에서는 아니다." 아이히만(그의 역할이 아마 기소자 측이 주장한 것과 완전히 같지는 않겠지만 그가 유대인 집단학살에 연루되었다는 증거는 충분하다)은 실제로 더 나아가 "독일 젊은이들을 죄의 부담으로부터 해방시키기" 위해 "대중 앞에서 스스로 목을 매고" 싶다고 선언하기까지 했다. 하지만 그는 끝까지 계속해서 자신의 죄는 하느님(아이히만에게 하느님이란 그저 '고차적인 의미를 지닌 자$^{höherer\ Sinnesträger}$'에 불과했다) 앞에 있는 것이므로 법률적으로 기소될 수 없다고 주장했다. 이러한 주장에 대해 유일하게 가능한 설명은, 이 피고에게 있어 도덕적 유죄를 떠안는 것은 윤리적으로 고귀한 것으로 보였던 반면 법률적 유죄(윤리적 관점에서 봤을 때는 법률적 유죄가 도덕적 유죄보다 덜 심각한 것이었어야 하는데도)를 감당하는 것은 내키지 않았다는 것이다.

최근 한때 극좌파 정치 조직에 가담했던 한 집단이 신문에 성명을 발표해 자신들이 20년 전 한 경찰관을 살해한 데 대한 정치적·도덕적 책임이 있다고 선언했다. 이 문서는 "그럼에도 불구하고 그러한 책임이 형사적인 성격의 책임으로 (……) 전환될 수는 없다"고 진술했다. 여기서 도덕적 책임을 진다는 것은 그에 상응하는 법률적 결과들을 감수할 준비가 되어 있을 때만 가치가 있다는 점이 상기되지 않으면 안 된다. 이 성명서의 작자들도 어떤 의미에서는 이 점을 어렴풋이나마 깨닫고 있는 듯하다. 그래서 어느 의미심장한 구절에서 자신들이 "결국 살인에 이르게 된 분위기를 조장"하는 데 일조했다고 진술함으로써, 아무리 봐도 사법적인 것으로 들리는 어떤 책임을 가정한 것이다(하지만 해당 죄악, 즉 범죄를 저지르도록 선동한 행위는 물론 쏙 빼놓고 말이다). 시대를 막론하고 자신이 무죄임에도 불구하고 사법적 책임을 지겠다는 제스처는 고귀한 행위로 여겨졌다. 한편 상응하는 법적 결과들을 감수하지 않은 채 정치적 또는 도덕적 책임을 지겠다는 것은 항상 힘 있는 자의 오만을 특징적으로 나타내는 것이었다(예컨대 1924년 미지의 암살자에 의해 살해된 이탈리아 국회의원 마테오티$^{\text{Giacomo Matteotti}}$ 사건에 대한 무솔리니의 행태를 보라). 하지만 오늘날 이탈리아에서는 이러한 모델들이 역전되어, 법이 요구하는 책임을 면할 구실로 유감이니 뭐니 하면서 도덕적 책임을 지겠노라고 시도 때도 없이 갖다 붙이고 있다.

윤리(학)적 범주들과 사법적 범주들(여기에 내포된 유감의 논리와 함께) 사이의 혼동이 여기서 단적으로 드러난다. (나치 전범들의 자살뿐만 아니라) 재판을 피하기 위해 저질러지는 수많은 자살을 들여다보면 그러한 행위의 발단에는 이러한 혼동이 놓여 있다. 이러한 자살에서 암묵적으로 드러나는 도덕적 책임 감수는 사실상 법률적 유죄를 상쇄하려는 시도인 것이다. 이러한 혼동의 일차적 책임이 가톨릭의 교의(가톨릭의 교의에는 죄인을 죄에서 벗어나게 하는 기능을 하는 특별한 성사가 포함되어 있다)에 있는 것이 아니라 세속의 윤리(학)(물론 우리가 흔히 접할 수 있는 선의의 세속 윤리학인 경우)에 있음은 기억해둘 만하다. 사법적 범주들을 최고의 윤리(학)적 범주들로 끌어올린 다음, 그래서 어떻게 해볼 도리가 없을 정도로 법의 영역과 윤리(학)를 뒤섞어버리고서도 세속의 윤리(학)는 아직도 '궤변'에 대한 미련을 버리지 못하고 있다. 그러나 윤리(학)는 유죄나 책임을 인식하는 영역이 아니다. 스피노자가 이미 간파했듯이 윤리(학)는 행복한 삶의 학설인 것이다. 유죄나 책임을 떠맡는다는 것은 (때로는 필요한 일일 수 있지만) 윤리(학)의 영토를 떠나 법의 영토로 들어가는 것이다. 일단 이 힘든 발걸음을 내디딘 사람은 감히 자신이 방금 닫고 들어간 문을 통해 다시 되돌아올 수는 없다.

1.8. '회색 지대'의 극단적 형상이 '특수작업반'이다. 나치 친위대(SS)는 가스실과 화장로 관리 책임을 맡은 이들 수인 집단을 가리키기 위해 '특수작업반'이라는 완곡어법을 사용했다. 그들의 임무는 벌거벗긴 수인들을 가스실로 이끌고 가서 죽음을 맞게 하고 그들 사이의 질서를 유지하는 것이었다. 그런 다음 시안화산(가스) 때문에 피부가 분홍색과 녹색으로 물든 시체들을 끄집어내 호스로 물을 뿌려 사체 사이에 남은 독을 씻어낸 다음 귀중품이 숨겨져 있지 않은지 사체의 구멍이란 구멍은 모두 확인해 입에 금니가 있으면 뽑아내고 여성의 머리카락은 잘라내어 염화암모니아로 씻었다. 그리고는 시체를 화장로로 가져가 소각되는 것을 지켜보고, 마지막으로는 타고 남은 재를 아궁이에서 비워내야 했다. 레비는 다음과 같이 쓰고 있다.

> 우리가 수용소에 갇혀 지내는 동안 이 작업반에 관한 모호하고 뒤숭숭한 소문이 이미 돌고 있었고, 이는 나중에 사실로 확인되었다. (……) 하지만 이러한 인간 조건에 대한 본질적인 공포가 모든 증언에 모종의 망설임을 부과했고, 그래서 지금에 와서도 수개월 동안 그러한 작업을 강요당한다는 것이 '무슨 의미였는지'를 도무지 상상하기 어렵다. (……) 그들 중 한 사람은 이렇게 밝히기도 했다. "그러한 일을 하는 사람은 첫날 미쳐버리든지 아니면 익숙해진다." 그렇지만 또 다른 사람은 이렇게 말했다. "확실히 나는 스스로 목숨으로 끊든가 죽

임을 당하든가 할 수 있었다. 하지만 난 살아남아서 복수를 하고 증인이 되고 싶었다. 우리를 괴물이라고 생각하지 말라. 우리도 당신과 똑같은 사람이며, 다만 훨씬 더 불행했을 뿐이다."(……) 우리는 인간 존엄성의 극단적 박탈을 맛본 사람들에게서 법률적인 의미에서의 공술供述과 같은 것을 기대할 수는 없지만 동시에 넋두리이기도 하고, 저주이기도 하고, 어떤 속죄 행위이기도 하고, 또 자신의 입장을 변호하고 자신을 추스르려는 어떤 시도이기도 한 무언가를 기대할 수는 있다. (……) 이 작업반을 구상하고 조직한 것이 나치의 가장 악마적인 범죄였다(Levi, 1989: 52~53).

하지만 레비는 한 증언자, 즉 아우슈비츠 최후의 '특수작업반'에서 살아남았던 극소수 사람 중의 하나인 니슬리^{Miklos Nyszli}를 떠올린다. 그는 '작업'을 쉬는 동안 나치 친위대와 '특수작업반' 대표 사이의 축구 시합에 참가한 경험을 자세히 이야기한 적이 있었다. "축구 시합에 참가하지 않은 나치 친위대와 작업반의 다른 사람들도 시합에 참석합니다. 그들은, 시합이 지옥의 문에서 벌어진 것이라기보다는 마치 마을의 잔디밭에서 벌어지고 있기라도 하는 양, 편을 들고 내기를 걸고 박수를 치며 선수들을 응원하죠"(Levi, 1989: 55).

이 시합이 어떤 사람들에게는 끝없는 공포 중간에 인간성이 잠깐 나타나는 순간 같은 인상을 줄 수도 있으리라. 하지만 나는 증인들과 마찬가지로 이 시합, 이 순간의 정상 상태를 수용소의 참된 공포라고 본다. 왜냐하면 여기저기서 학살이 반복되고 있고 우리와 그리 멀리 떨어져 있지 않은데도 우리는 필경 학살이 끝났다고 생각할 수 있기 때문이다. 하지만 시합은 결코 끝나지 않았으며 중단되지 않을 것처럼 계속되고 있다. 그것이 '회색 지대'의 완전하고도 영원한 암호이며[3], 시도 때도 모르고 어느 곳에나 있는 것이다. 그러므로 생존자들의 고통과 부끄러움은 "태초의 혼미$^{tohu-bohu[4]}$ 속의 모든 이에게, 하느님의 영 아래 짓뭉개져 버려진 텅 빈 우주, 하지만 거기에 인간의 영혼은 부재하는, 아직 태어나지 않았거나 이미 소멸되어버린 우주의 모든 이에게 각인된 고통"(Levi, 1989: 85)이다. 그러므로 그것은 또한 우리의 부끄러움, 수용소를 알지 못했던, 그러면서도 도리 없이 저 시합의 구경꾼들인 사람들의 수치이다. 그 시합은 우리네 경기장에서, 텔레비전 방송에서, 정상적인 일상생활에서 벌어지는 모든 시합에서 그대로 반복된다. 저 시합을 이해하지 못한다면, 그것을 중단시키지 못한다면 희망이란 결코 없을 것이다.

---

3) 프랑스어 판에는 이 부분이 '파괴할 수 없는 흔적이며'로 되어 있다.
4) 'tohubohu'는 『성경』의 「창세기」, 1장 2절에 나오는 히브리어 표현인 'Tohu wabohu'에서 나온 말이다. 통상 "아직 꼴을 갖추지 못하고 비어 있었는데"라고 번역되며, 하느님이 '빛이 생겨라'고 말씀하시기 전의 대지의 상태를 묘사한다. "한처음에 하느님께서 하늘과 땅을 창조하셨다. 땅은 아직 꼴을 갖추지 못하고 비어 있었는데, 어둠이 심연을 덮고 하느님의 영이 그 물 위를 감돌고 있었다. 하느님께서 말씀하시기를 '빛이 생겨라' 하시자 빛이 생겼다"(「창세기」, 1장 1~3절).

1.9. 그리스어로 증인에 해당하는 말은 'martis', 즉 순교자이다. 초대 교회의 교부들은 박해를 받아 죽은 그리스도인들의 죽음, 즉 자신의 믿음을 죽음으로 증거한 그리스도인들의 죽음을 가리키기 위해 'martis'에서 'martirium'[순교]이라는 말을 만들어냈다. 수용소에서 일어난 일은 순교와는 별 관계가 없다. 이 점에 대해서는 살아남은 사람들 사이에 이견이 없다. "나치 피해자들을 '순교자'라고 부름으로써 우리는 그들의 죽음을 왜곡한다"(Bettelheim, 1979: 92). 그럼에도 불구하고 '증인 됨'과 '순교'라는 개념은 두 가지 방식으로 서로 연결될 수 있다. 첫 번째 연결점은 이 그리스 말 자체에 관한 것인데, 이 말은 '기억하다'는 의미의 동사에서 파생된 것이다. 살아남은 자의 소명은 기억하는 것이다. 그는 기억**하지 않을** 수 없는 것이다. "수용소에 있을 때의 기억은 사소한 일조차도 그 전이나 그 후에 내게 일어났던 다른 어떤 일들보다도 훨씬 더 생생하다"(Levi, 1997: 225). "나는 아직까지도 그곳에서의 경험에 대한 생생한 기억을 갖고 있다. 왜 그런지는 나도 모르겠다. (……) 알지도 못하는 말로 된 문장들이 내 기억 속에, 마치 자기 테이프 위에 새겨진 것처럼 뚜렷이 새겨져 있다. 내가 그 문장들을 폴란드 사람이나 헝가리 사람들에게 그대로 말해주었더니 그들은 알아들었다. 무슨 이유인지는 나도 모르겠지만 내게 뭔가 이상한 일이 일어난 것이다. 뭐랄까 나에게는 거의 무의식적으로 증언을 하기 위한 준비가 되어 있었던 것 같았다"(같은 책, 220).

두 번째 연결점은 훨씬 더 깊고 또 시사하는 바가 많다. 순교에 대한 초기 기독교 문헌(예컨대 테르툴리아누스^{Tertullianus}의 『전갈 해독제』)을 연구해보면 예상치 못한 몇 가지 교리가 드러난다. 교부들은 순교를 인정하지 않는 이단 집단과 맞대결하게 되었는데, 이 집단이 보기에 순교란 본질적으로 완전히 무의미한 죽음$^{perire\ sine\ causa}$이기 때문이었다. 사람들(박해자와 가해자들) 앞에서 그런 식으로 자신의 신앙을 주장한들 거기에 무슨 의미가 있단 말인가? 그런 짓을 사람들은 전혀 이해하지 못할 텐데 말이다. 하느님께서 무의미한 뭔가를 바라실 수는 없을 것이다.

> 죄 없는 자들이 이러한 일들을 겪어야만 하는 걸까? (……) 그리스도께서 우리를 대속해 온전히 자신을 제물로 바치셨고, 그리하여 마지막이자 온전히 죽임을 당하셨고 이는 바로 우리가 죽임을 당하지 않게 하시려는 것이었다. 만약 그리스도께서 우리에게 똑같은 일을 요구하신다면, 그것은 필경 그분 또한 우리의 죽음에서 구원을 기대하기 때문인가? 어쩌면 소와 염소의 피조차 경멸하시는 주께서 인간의 피를 요구한다고 생각해야만 하는 걸까? 하느님께서 죄를 짓지 않은 누군가의 죽음을 도대체 어떻게 바랄 수 있단 말인가?

그러므로 순교의 교리는 무의미한 죽음이라는, 어처구니없어 보일 뿐인 처형이라는 의옥^{疑獄}에 대한 정당화인 것이다. 보기에 무의미한$^{sine\ causa}$ 죽음이라는 사태에 직면해 「루카 복음서」, 12장 8~9절과 「마태오 복음서」, 10장 32~33절("그러므로 누구든지 사람들 앞에서 나를 안다고 증언하면, 나도 하늘에 계신 내 아버지 앞에서 그를 안다고 증언할 것이다. 그러나 누구든지 사람들 앞에서 나를 모른다고 하면, 나도 하늘에 계신 내 아버지 앞에서 그를 모른다고 할 것이다")을 전거로 삼음으로써 순교를 하느님의 명령으로 해석하는 것이, 즉 비합리적인 것에 대한 이유를 찾는 것이 가능해졌다.

바로 여기에 강제수용소와 관계가 깊은 무엇이 있다. 집단학살 자체는 아마도 선례를 찾을 수 있겠지만 수용소에서는 이 집단학살이 절대적으로 의미를 박탈당한 형태로 나타난다. 이 점에 대해서도 생존자들의 의견은 모두 일치한다. "심지어는 우리에게조차 우리가 말해야 했던 것들이 상상할 수 없는 것으로 보이기 시작했다"(Antelme, 1992: 3). "명확하게 설명하려는 시도마다 (……) 어처구니없이 실패했다"(Améry, 1980: vii). "집단학살을 예언자들의 방식대로, 그러니까 우리의 죄에 대한 처벌로 해석하려는 일부 종교적 극단주의자들의 시도 때문에 짜증스럽다. 아니! 난 이런 식의 해석을 받아들이지 않는다. 끔찍한 것은 그것이 의미 없는 것이었다는 사실이다(……)"(Levi, 1997: 219).

'홀로코스트^{holocaust}'라는 이 기구한 말(통상 대문자의 'Holocaust'로 표기된다)은, '무의미한$^{sine\ causa}$' 죽음을 정당화하려는, 즉 도무지 납득이 가지 않는 것에 의미를 되돌려주려는 무의식적 요구로부터 비롯된 것이다. "내가 '홀로코스트'라는 말을 사용하는 것을 이해해주십시오. '홀로코스트'란 말을 좋아하지 않기 때문에 이런 말은 별로 쓰고 싶지 않지만 이해를 위해 씁니다. 문헌학적으로 볼 때 그 말은 잘못된 것입니다(……)"(같은 책, 243).

"처음 등장했을 때 그 말은 내게 상당한 괴로움을 준 말이었습니다. 후에 그 말을 만든 사람이 비젤^{Elie Wiesel}이었고 이내 그 말을 만든 걸 후회하고 철회하고 싶어 했던 사람도 비젤 본인이었다는 것을 알게 되었습니다"(같은 책, 219).

1. 10. 부정확한 말의 역사에도 또한 시사점이 있을 수 있다. '홀로코스트'는 라틴어 'holocaustum'의 학술적 차용이며, 이 말은 다시 그리스어 'holocaustos'(하지만 이 말은 '완전히 다 타버린'이라는 뜻의 형용사로서 그리스어 명사형은 'holocaustoma'이다)의 번역어이다. 이 말의 의미론의 역사는 본질적으로 그리스도교의 역사라고 할 수 있는데, 교부들이 제물에 관한 『성경』(특히 「레위기」와 「신명기」)의 복잡한 교리를 번역(사실상 엄밀하지도 않고 일관성도 없다)하기 위해 이 말을 사용했던 것이다. 「레위기」는 모든 제물을 근본적으로 네 가지 유형으로 환원시키는데, '올라^{olah}', '하타트^{hattat}', '셸라밈^{shelamim}', '민하^{minha}'가 그것이다.[5] 『희생 제물의 성격과 기능』에서 모스^{Marcel Mauss}와 위베르^{Henri Hubert}는 다음과 같이 쓰고 있다.

이들 중 두 가지 이름이 중요하다. '하타트'는 특히 '하타트^{hattat}'나 '하

---

[5] Mauss and Hubert, 1964: 16, 111n 16, 111n 39; 「신명기」, 12장 6절, 11절, 27절; 「레위기」, 17장 8절을 참조하라.

타$^{hataah'}$로 불리는 죄(불행히도 「레위기」에서 제시되는 이에 대한 정의는 지극히 모호하다)를 속죄하기 위해 쓰는 희생 제물이었다. '셀라밈'은 공동체의 희생 제물$^{communion\ sacrifice}$, 즉 추수감사, 결연, 서원^{誓願}을 할 때의 희생 제물이다. '올라'와 '민하'라는 말에 관해서 말하자면 그것들은 순전히 기술적^{記述的}인 용어이다. 이 둘은 저마다 희생 제물의 특별한 조작 중 하나를 각각 상기시키는 것인데, 후자['민하']는 그것이 식물인 경우 (산) 제물을 (그대로) 바치는 것이고 전자['올라']는 제물을 죽여 신에게 바치는 것이다(Mauss and Hubert, 1964: 16).

불가타『성경』[6]은 '올라'를 '*holocaustum(holocausti oblatio)*' [번제물]로, '하타트'를 '*oblatio*' [예물]로, '셀라밈'을 '*hostia pacificorum*' [친교 제물]으로, '민하'를 '*hostia pro peccato*' [속죄 제물]로 번역하고 있다. '*holocaustum*'이란 용어는 불가타『성경』에서 로마 가톨릭 교부들에게 전해지고, 그들은『성경』에 대한 수많은 주석에서 무엇보다도 히브리인들의 희생 제물^{sacrifices}을 가리키기 위해 이 말을 썼다(그러므로 힐라리우스^{Hilarius}의『시편 주해』, 65장 23절에는 "번제물이란 제물의 온전한 몸 전체이다. 통째로 번제에 바쳐진 것이기 때문에 번제물이라고 이른다"[*holocausta sunt integra hostiarum corpora, quia tota ad ignem sacrificii deferebantur, holocausta sunt nuncupata*]고 되어 있다). 여기서 두 가지 점이 특히 중요하다. 첫째, 아주 일찍감치 부터 교부들은 이 말을 말 그대로의 의미

---

6) 5세기 초에 라틴어로 번역된『성경』.

로 사용했다는 것이다. 그들은 피비린내 나는 희생 제물의 무용함을 비난하기 위해, 말하자면 유대교도들에 대한 논쟁의 무기로 이 말을 사용했던 것이다(마르키온^{Marcion}의 견해를 인용하는 테르툴리아누스의 텍스트가 전형적인 예를 보여준다. "피비린내 나는 희생 제물^{sacrifices}과 불에 탄 유해의 냄새가 나는 번제물^{holocausts}을 요구하는 신보다 더 어리석은 것이 뭐란 말인가?"[*Quid stultius .... quam sacrificiorum cruentorum et holocaustomatum nidorosurum a deo exactio?*], 테르툴리아누스, 『마르키온 비판』, 5장 5절; 또한 아우구스티누스^{Augustine}, 『마니교도 파우스투스 논박』, 19장 4절도 참조). 둘째, '*holocaustum*'이란 말은 그리스도교 순교자들을 포함하기 위한 은유로 확대되는데, 그리하여 그들의 고통은 희생 제물과 동일시된다(힐라리우스, 『시편 주해』, 65장 23절: "믿음의 순교자들이란 자신의 몸을 번제물로 바쳐 증거하는 것이다"[*Martyres in fidei testimonium corpora sua holocausta voverunt*]). 따라서 십자가 위에서의 그리스도의 희생은 궁극적으로 홀로코스트[번제물]로 정의된다(아우구스티누스, 『요한 복음서 강해』, 41장 5절: "자신을 십자가에 번제물로 바친 예수"[*se in holocaustum obtulerit in cruce Iesus*]; 루피누스^{Rufinus}, 『오리게네스의 레위기 주해』, 1장 4절: "십자가 나무를 통해 자신의 몸을 바친 (······) 번제물"[*holocaustum .... carnis eius per lignum crucis oblatum*]).

그리하여 특정 지역에 국한된 언어 속의 '홀로코스트'라는 말이 점차 오늘날 사전에 나오는 것처럼 '신성하고 우월한 동기들에 대한 온전한 헌신의 영역 속에서의 지고의 희생'이라는 의미를 획득하는 의미론적 변천이 시작된다. 말 그대로의 의미와 은유적인 의미는 반델로[Matteo Bandello7)]의 글에서 합쳐진다 (『단편소설집』, 2, 24). "송아지, 염소, 그 밖의 동물들의 희생과 번제는 폐지되고, 대신에 이제 귀하고 순결한 어린 양, 만인의 속죄자이고 구원자이신 우리 주 예수 그리스도의 진짜 피와 살이 바쳐진다." 은유적 의미는 단테(『신곡』, '천국편', 14곡 89절: 진심 어린 기도에 대해 언급하며 "나는 하느님께 번제를 드렸다")와 사보나롤라[Girolamo Savonarola8)]에게서, 그리고 점차 델피코[Melchiorre Delfico9)]("조국에 자신을 흠 없는 번제로 바친 무수한 이들")와 파스콜리[Giovanni Pascoli10)]("나는 번제를 포함해 필수적이며 가벼운 희생 속에서 그리스도교의 정수를 발견한다")에 이르기까지 확인된다.

영어에서 이 말은 틴들[William Tindale](「마르코 복음서」, 12장 33절: "모든 번제물과 희생 제물보다 더 큰 것"[A greater thynge than all holocaustes and sacrifises])과 모어[Henry More](『요한 묵시록, 신의 계시』, 101: "그것의 후반부에서는 번제물의 제단을 나타낸다"[In the latter part thereof stands the altar of Holocausts])에게서 본래의 의미로 나타난다. 올콕 주교[Bishop John Alcock](『완전의 언덕』, C ⅲ a: "참된 복종이

---

7) 반델로(1485~1562년). 이탈리아의 소설가로 도미니크 수도회의 수도사이면서 만년에는 프랑스 아장의 주교가 되었다. 대표작으로 214편으로 된 『단편소설집(Novelle)』(전4권)이 있다.
8) 사보나롤라(1452~1498년). 이탈리아의 종교 개혁자로 교회의 부패와 메디치가의 전제에 반대하고 신권 정치를 단행했다. 로마 교황과 대립하다 처형되었다.
9) 델피코(1744~1835년). 이탈리아의 경제학자.
10) 파스콜리(1855~1912년). 이탈리아의 시인이자 고전학자.

란 그리스도에게 번제물로 바쳐진 순교이다"[Very true obedyence is an holocauste of martyrdom made to Cryste]), 보몬트$^{\text{Joseph Beaumont}}$(『프시케』, xxiv. cxciv: "보편적 사랑이라는 완전한 번제물"[The perfect holocaust of generous love]), 그리고 밀턴$^{\text{John Milton}}$(『투사 삼손』, 1702행: "아라비아의 숲속에 웅크려/둘도 모르고 셋도 몰라/언제쯤인가 자신을 불살라 자신을 낳은/스스로 낳는 저 새처럼"[Like that self-begotten bird In the Arabian woods embost, That no second knows nor third, And lay erewhile a Holocaust])[11](여기서 이 말은 완전히 불살라버림을 의미한다)에게서는 이 말이 은유적인 의미로 나타난다. 이 말의 은유적 사용은 이후 20세기까지 끊임없이 계속해서 나타난다(예컨대 『영국 하원 의사록』, 1940년 3월 6일자: "문명인의 기준에 대한 전체적인 파괴"[the general holocaust of civilized standards])(*Oxford English Dictionary*, 1989: 315).[12]

그러나 비록 사전들에는 기록되어 있지 않은 은밀한 것이기는 해도 유대교도들을 상대로 한 논쟁에서의 이 말의 용법에도

---

11) 불사조는 항상 한 마리뿐이었고 아주 오래 살았다. 불사조는 수명이 다해 가면 향기로운 가지들과 향료들로 둥지를 만들어, 거기에 불을 놓아 그 속에 스스로를 살랐다. 그러면 거기에서 새로운 불사조가 기적처럼 솟아올라서, 몰약(沒藥)으로 된 알 안에 선조의 재를 염(殮)하여 갖고 이집트의 헬리오폴리스(태양의 도시)로 날아가 그곳에 있는 태양신 레아의 사원 안에 놓인 제단 위에 놓았다고 한다. "스스로 낳는 저 새"= 불사조; "둘도 모르고 셋도 몰라" = 불사조는 항상 한 마리뿐이다. 즉 동시에 여러 마리일 수 없다.

12) 영어판에는 앞 문단("말 그대로의 의미와 은유적인 의미는" 이하)이 빠지는 대신 이 문단("영어에서 이 말은" 이하)이 삽입되어 있다. 한국어판에서는 영어판에 삽입되어 있는 이 문단을 살린다.

나름의 역사가 있다. 주권에 대해 연구하던 중 나는 중세의 한 연대기 작자가 쓴 한 대목을 우연히 발견했는데, 내가 알기로는 그것이 유대인 학살과 관련해, 이 경우에는 극렬한 반유대주의적인 방식으로, 홀로코스트란 말을 처음 사용한 것이다. 뒤지즈의 리처드Richard of Duizes는 리처드 1세의 대관식이 있던 날(1189년) 런던 주민들이 극도로 잔인한 유대인 학살에 조직적으로 가담했다고 증언하고 있다.

> 왕의 대관식인 바로 그날, 성자聖子 예수께서 성부聖父에게 번제로 바쳐진 그 시간 즈음에 런던의 그들은 자신들의 아버지 악마를 위해 유대인들을 번제물로 삼기 시작했다(incoeptum est in civitate Londoniae immolare judaeos patri suo diabolo). 이 성찬식은 아주 오래도록 이어져 홀로코스트는 다음날이 되어서야 끝났다. 또한 이 지역의 다른 도시들과 성읍에서도 런던 주민들의 신앙을 본받아, 똑같은 열성과 헌신으로, 흡혈귀들[고리 대금업자, 곧 유대인]을 지옥으로 보냈다 (pari devotione suas sanguisugas cum sanguine transmiserunt ad inferos) (Cardini, 1994: 131).

완곡어법이란 사람들이 실제로는 언급되는 것을 듣고 싶어 하지 않는 무언가에 대해 본래 의미로 표현하는 대신 뜻이 약화되거나 변화된 표현을 쓰는 것을 의미한다. 그러한 한 완곡어법의 구성에는 언제나 애매모호함이 수반된다. 하지만 '홀로코스트'란 말의 경우에는 그러한 애매모호함이 용납할 수 없을 만큼 과잉되어 있다. 유대인들 또한 그러한 집단학살을 가리키기 위해 완곡어법을 쓴다. 유대인들은 '유린, 대재앙'을 뜻하는 '쇼아$^{so'ah}$'라는 말을 쓰는데, 『성경』에서 이 말은 (「이사야서」, 10장 3절의 "너희는 징벌의 날에, 멀리서 들이닥치는 폭풍$^{so'ah}$의 날에 어찌하려느냐?"에서처럼) 종종 신벌神罰이라는 관념을 내포하고 있다. 레비는 집단학살을 우리의 죄에 대한 처벌로 해석하려는 시도에 대해 말하면서 별수없이 이 용어를 언급하기는 하지만 그가 이 완곡어법을 사용할 때 거기에는 조소가 전혀 담겨 있지 않다. 반대로 '홀로코스트'란 말의 경우에서는 아우슈비츠와 『성경』의 '올라'를, 그리고 기스실에서의 죽음과 '신성하고 우월한 동기들에 대한 온전한 헌신'을 연관시키려는 시도는 희롱처럼 들릴 수밖에 없다. 이 말은 우리가 도저히 받아들일 수 없는 화장로와 (번제의) 제단의 동일시를 내포할 뿐만 아니라 애당초 반유대주의적인 의미론적 전통을 답습하기 때문이다. 그러므로 우리는 앞으로 이 말을 쓰지 않을 것이다.

1.11. 몇 년 전 나는 어느 프랑스 신문에 강제수용소들에 대한 글을 게재한 적이 있다. 그러자 어떤 사람이 신문 편집자에게 편지를 보내왔는데, 내용은 내가 이러저러한 많은 잘못을 범했지만 그중에서도 특히 "아우슈비츠의 고유하고 말해질 수 없는 성격을 파괴"하려는 잘못을 범했다는 것이었다. 나는 종종 그 편지를 쓴 사람이 염두에 두고 있던 것이 무엇이었을까

하고 스스로에게 묻곤 했다. 아우슈비츠의 현상은 고유하다(과거에는 분명히 그랬지만 미래에도 그럴지는 다만 소망만 할 수 있을 뿐이다). 레비가 다음과 같이 지적하듯이 말이다. "지금 이 글을 쓰고 있는 순간까지도 히로시마와 나가사키의 참사, 굴락^{Gulags}의 수치, 헛되이 피를 흘린 베트남 전쟁, 캄보디아에서의 자국민 학살, 아르헨티나의 데사파레시도스^{desaparecidos}[13], 그리고 우리가 지금까지 수도 없이 보아온 잔인하고 어리석은 전쟁들에도 불구하고 나치의 강제수용소는 여전히, 양적으로나 질적으로, 고유한 것^{unicum}이다"(Levi, 1989: 21). 그런데 '말해질 수 없다'니 왜일까? 집단학살에 대해 왜 특권적인 신비성을 부여하는 것일까?

서기 386년 안티오크의 요한 크리소스토모스$^{John\ Chrysostom}$는 『하느님의 불가해한 성격에 대하여』라는 논고를 지었다. 그는 "하느님의 속성이라고 알려진 것을 모두 우리 자신 안에서도 쉽게 찾을 수 있다"는 것을 근거로 하느님의 본질이 이해될 수 있다고 주장하는 사람들과 대적하고 있었다. 그는 그들에게 맞서 하느님의 불가해성을 주장했다. 요한 크리소스토모스는 하느님은 '말해질 수도^{arretos}', '입에 담을 수도^{anekdiegetos}', '쓰여질 수도 없다^{anepigraptos}'고 역설했는데, 이것이 바로 그분을 찬양하고$^{doxan\ didonai}$ 경배하는^{proskuein} 최선의 길임을 잘 알고 있었던 것이

---

13) 브라질, 칠레, 우루과이, 아르헨티나, 엘살바도르, 과테말라 등 중남미의 군부 독재 체제 하에서 불법으로 납치되어 자취를 감춘 사람들을 말한다.

다. 심지어는 천사들에게조차 하느님은 불가해하다. 하지만 이 때문에 천사들은 그분께 바치는 비의적인 찬송 속에서 그분을 찬양하고 경배할 수 있는 것이다. 요한 크리소스토모스는 하느님을 이해하려고 헛되이 노력하는 사람들과 천사들을 다음과 같이 대비시키고 있다. "저들[천사들]은 찬양하지만 이들은 이해하려고 한다. 저들은 조용히 경배하지만 이들은 스스로 일거리를 만든다. 저들은 시선을 돌리지만 이들은 부끄러운 줄도 모르고 말해질 수 없는 영광을 응시한다"(Chrysostom, 1970). 그리스어 텍스트에서 우리가 '조용히 경배하다'고 번역한 동사는 'euphemein'이다. 본래 '경건한 침묵을 지키다'는 의미의 'euphemein'은 겸양이나 예의상의 이유로 입으로 직접 말할 수 없는 말들을 대신해 사용되는 말들을 가리키는 현대어 '유피미즘^{euphemism}'의 어원이다. 사람들이 아우슈비츠가 '말해질 수 없다'거나 '불가해하다'고 말하는 것은 사실상 어느 신에게 그러는 것과 다름없이 '에우페멘^{euphemein}'하는 것, 즉 조용히 경배하는 것이다. 그들의 원래 의도와는 상관없이 이는 아우슈비츠의 영광에 기여하는 것이다. 하지만 우리는 '말해질 수 없는 것을 응시하는 것을 부끄러워하지 않는다.' 비록 악의 속성이라고 알려진 것을 우리 자신 속에서도 쉽게 찾을 수 있다는 사실이 드러나는 위험에 처할지라도 말이다.

1.12. 하지만 증언에는 공백^{lacuna}이 포함되어 있다. 생존자들

은 이 점에 동의한다. "모든 증언에는 또 다른 공백이 있습니다. 증인은 정의상 살아남은 자들이며, 그래서 모두가 어느 정도는 특권을 누린 셈이었습니다. (……) 평범한 수인의 운명을 말했던 사람은 없습니다. 그가 살아남는다는 것은 사실상 불가능했기 때문이죠. (……) 저 역시 '이슬람교도'들에 대해 이야기하면서 평범한 수인들을 묘사했습니다. 하지만 이슬람교도들 자신은 아무 말도 하지 않았습니다"(Levi, 1997: 215~216). "그러한 경험을 끝까지 겪어내지 않은 사람들은 결코 알지 못할 것이고, 겪어낸 이들은 결코 말하지 않을 것이다. 사실대로는, 온전히는 말하지 않을 것이다. (……) 과거는 죽은 자에게 속한 것이다 (……)"(Wiesel, 1975: 314). 이 공백에 대해서는 성찰해볼 만한 가치가 있다. 왜냐하면 이 공백은 증언의 의미 자체에 대해, 아울러 증인의 신원과 신뢰성에 의문을 제기하기 때문이다.

다시 한 번 분명히 말하지만, 우리 살아남은 사람들은 진정한 증인이 아니다. (……) 우리 생존자들은 양적으로도 소수이지만 질적으로도 아주 예외적인 소수자들이다. 우리는 발뺌을 해서든 아니면 어떤 능력이나 행운에 의해서든 맨 밑바닥까지 떨어지지는 않았던 사람들이다. 맨 밑바닥까지 떨어졌던, 고르곤$^{Gorgon14)}$을 보았던 사람들은 살아

---

14) 그리스 신화에 나오는 괴물로 호메로스가 말한 고르곤은 지하 세계에 사는 한 마리의 괴물이었으나 그 뒤 그리스 시인 헤시오도스는 고르곤을 스테노(강한 자), 에우리알레(멀리 뛰는 자), 메두사(여왕)의 셋으로 늘렸으며, 이들은 바다의 신 포르키스와 그의 누이이자 아내인 케토 사이에 태어난 딸들이라고 했다. 아테네 전

돌아오지 못해서 그 일에 대해 말하지 못했거나 살아 돌아왔어도 아무런 말이 없다. 하지만 보편적인 의미를 갖는 증언을 할 수 있는 자들은 바로 그들, 이슬람교도들, 맨 밑바닥에 가라앉은 자들, 온전한 증인들이다. 그들이 상례라면 우리는 예외일 뿐이다. (……) 운이 좋았던 우리들은 어느 정도 알고 있는 것을 동원해 우리의 운명에 대해서뿐만 아니라 다른 이들, 정말이지 익사한 자들의 운명에 대해 자세히 이야기하려고 해보았지만 이는 '제삼자의 입장에서의' 이야기, 그러니까 가까이에서 본 것들을 이야기한 것이지 직접 경험한 것은 아니다. 파괴는 끝났고 작업은 완수되었지만 누구도 그 일에 대해 입을 열지 않았다. 살아 돌아와 자신의 죽음에 대해 이렇다 저렇다 말하는 사람이 없는 것과 꼭 마찬가지로 말이다. 그들에게 종이와 펜이 있었다고 하더라도 익사한 자들은 죽음이 육신의 죽음 이전에 시작되었기 때문에 증언을 남기지 못했을 것이다. 가스를 들이마시기 이미 수주일, 수개월 전에 이미 그들은 자신들을 관찰하고 기억하고 비교하고 표현할 능력을 상실했던 것이다. 우리는 그들 대신에, 대리인으로서 말을 하는 것이다(Levi, 1989: 83~84).

설에서는 신들에 대항하는 아들들을 돕기 위해 대지의 여신 가이아가 고르곤을 만들었다고 한다. 초기의 고전 미술에서 고르곤은 날개 달린 여자들로 나오는데, 머리카락은 뱀들로 이루어졌고 둥근 얼굴과 납작한 코, 축 늘어뜨린 혀, 튀어나온 큰 이빨을 가졌다. 그들 중 메두사만이 유일하게 생명이 한정된 존재였기 때문에 페르세우스가 목을 잘라 죽일 수 있었다. 메두사의 목에서 나온 피에서 그녀와 포세이돈 사이의 후예인 크리사오르와 페가수스가 생겨났다. 그녀의 머리는 누구든지 보기만 하면 돌로 변하게 하는 마력이 있었다. 고르곤의 머리를 고르고네이온^{Gorgoneion}이라 불렀으며, 소름 끼치도록 무서운 그 머리 형상은 저주를 막는 보호물로 쓰였다.

증인은 통상 정의와 진실의 이름으로 증언하며, 그렇기 때문에 그/그녀의 말은 견고함과 충만함을 얻는다. 하지만 여기서 증언의 가치는 본질적으로 증언이 결여하고 있는 것에 있다. 증언은 깊은 곳에 증언될 수 없는 무언가를, 살아남은 이에게서 자격^authority^을 내려놓게 하는 무언가를 담고 있다. '참된' 증인, '온전한 증인'은 증언하지 않았고 증언할 수 없었던 사람들이다. 그들은 '맨 밑바닥에 떨어졌던' 사람들, 즉 이슬람교도들, 그러니까 익사한 자들이다. 생존자들은 그들 대신에, 대리인으로서, 의사擬似-증인으로서 말한다. 즉 그들은 사라진 증언을 증언한다. 그런데 여기서 대리인에 대해 말하는 것은 이치에 맞지 않다. 익사한 자들은 아무 것도 말할 것이 없을뿐더러 전해줄 교훈이나 기억도 갖고 있지 않기 때문이다. 그들에게는 '이야기'(Levi, 1986: 90)도, '얼굴'도 없으며, '생각'(같은 곳) 따위는 더더구나 없다. 그들의 이름으로 증언의 부담을 지는 누구라도 자신이 증언의 불가능성의 이름으로 증언해야 함을 알고 있다. 그러나 이는 증언의 가치를 결정적으로 바꾸어 놓는다. 그렇기 때문에 뜻밖의 영역에서 의미를 찾는 것이 필요해진다.

1. 13. 증언에 증언의 불가능성과 같은 것이 있다는 주장은 이미 나온 적이 있다. 리오타르^Jean-François Lyotard^는 1983년 『분쟁^Le différend^』이라는 책을 출간했다. 여기서 그는 최근의 역사 수정주

의자들의 주장을 빈정거리며 요약하고 있다. 이 책은 하나의 논리적 역설로 시작된다.

> 당신은 인간이 언어 능력을 타고 났음에도 불구하고 지금 아무도 그 일에 대해 말할 수 없는 그러한 상황에 처해 있었다는 것을 알고 있다. 그들 중 대다수가 그때 사라졌고, 생존자들은 그 일에 대해 거의 아무 말도 하지 않는다. 그들이 그 일에 대해 입을 연다 해도 그들의 증언이 당시의 상황과 맺고 있는 관련성은 극히 일부분에 불과하다. 당신은 그러한 상황 자체가 존재했다고 어떻게 알 수 있는가? 당신의 정보 제공자의 상상의 산물이 아니라는 것을 어떻게 알 수 있는가? 그러한 상황이 그러한 것으로서 존재하지 않았거나 또는 존재했더라도 그 경우 당신의 정보 제공자의 증언은 허위이다. 아쉽게도 그/그녀는 이미 사라져버렸거나 아니면 아마도 침묵을 지킬 것이기 때문이다. (……) 가스실을 '내 눈으로 똑똑히 보았다'는 것은 그에게 그것이 존재한다고 말할 수 있는 자격을, 그리하여 믿지 않은 사람들을 설득할 수 있는 자격을 주는 조건이리라. 하지만 목격될 당시 가스실이 살인에 사용되었다는 것을 증명하는 것은 여전히 필수적인 일이다. 가스실이 살인에 사용되었다는 증거로 유일하게 받아들여질 수 있는 것은 누군가 그로 인해 죽었다는 사실이다. 하지만 그가 죽었다면 그는 자신의 죽음이 가스실 때문이라는 것을 증언할 수 없다(Lyotard, 1988: 3).

몇 년 뒤 펠먼$^{\text{Shoshana Felman}}$과 라웁$^{\text{Dori Laub}}$은 예일대학교에서 진행된 연구들을 통해 '쇼아^{Shoah}'는 '증인이 없는 사건'이라는

정의를 제시했다. 1990년에는 이 두 사람 중 한 명이 란츠만^{Claude} ^{Lanzmann}의 영화에 대한 논평 형식으로 그러한 생각을 한층 더 발전시켰다.[15] '쇼아'는 안에서도(누구도 죽음의 내부에서 증언할 수는 없으며, 목소리의 사라짐을 대변하는 목소리는 없기 때문에) 밖에서도('외부인'은 정의상 사건으로부터 차단된 자이므로) 증언할 수 없다는 이중의 의미에서 증인이 없는 사건이다.

밖에서 **진실을 말하기**란, 증언하기란 실제로 가능하지 않다. 지금까지 살펴보았듯이 안에서 증언하는 것 또한 가능하지 않다. 나는 전체적으로 영화의 불가능한 위치와 증언 노력은 단순히 내부도 아니고 또 단순히 외부도 아닌, 역설적이지만 **동시에 안과 밖에** 있어야 하는 것이라 하고 싶다. 즉 전시^{戰時}에는 존재하지 않았고 오늘날에도 존재하지 않는 **내부와 외부 사이의 연결**을 만들어내는 것, 내부와 외부를 움직이게 할뿐만 아니라 서로 대화하게 하는 것이 그것이리라(Felman and Laub, 1992: 232).

이렇듯 내부와 외부 사이의 무구별의 문턱(이것은 앞으로 살펴보게 되겠지만 결코 '연결'이나 '대화'가 아니다)은 증언의 구조에 대한 이해로 이끌 수도 있었으리라. 그러나 펠먼이 미처 탐구하지 못한 것은 정확히 이러한 문턱이다. 문제와 관련된 분석

---

15) Shoshana Felman, 1990, "A l'Age du Témoignage: Shoah de Claude Lanzmann," in *Au Sujet de Shoah*, ed. Michel Deguy(Paris: Belin).

을 전개하는 대신 저자는 노래라는 은유에 의지함으로써 논리적 불가능성으로부터 심미적 가능성을 이끌어낸다.

> 영화에서 증언의 힘을 만들어내는 것, 그리고 일반적으로 영화의 감동을 이루는 것은 단어들이 아니라 단어들과 목소리 사이의 모호하고 정체를 알 수 없는 관계, 즉 단어들, 목소리, 리듬, 멜로디, 이미지, 글, 침묵 사이의 상호작용이다. 모든 증언은 단어들을 넘어, 멜로디를 넘어 고유한 노래 공연처럼 우리에게 말한다(같은 책, 277~278)

증언의 역설을 노래라는 '데우스 엑스 마키나$^{deus\ ex\ machina}$'를 통해 설명하는 것은 증언을 심미화하는 것인데, 이는 란츠만이 조심스럽게 피하고자 하는 것이다. 시^{詩}도 노래도 불가능한 증언을 구하기 위해 개입할 수 없다. 반대로 시^{詩}의 가능성에 기초를 부여하는 것은(만약 그런 것이 있다면) 바로 증언이다.

1. 14. 정직한 사람의 몰이해는 종종 참고가 된다. 난해한 저자들을 좋아하지 않았던 프리모 레비는 비록 진정으로 이해하지는 못했지만 파울 첼란$^{Paul\ Celan}$의 시에 마음이 끌렸다. 그는 「난해한 작가들에 대해서」라는 짧은 에세이에서 독자에 대한 경멸이나 표현력의 결여로 인해 난해하게 글을 쓰는 사람들로부터 첼란을 구별한다. 레비는 첼란의 시들을 관통하여 나타나고 있는 난해함이 독자들에 대한 경멸이나 표현력의 결여라기

보다는 "이미 자살한 상태, 존재하기를 바라지 않음, 자발적인 죽음으로 완성되는 세상 도피"라고 생각한다. 독일어에 대해 첼란이 성취한 특별한 언어 조작은 첼란의 독자들을 대단히 매료시켰는데, 레비는 이를 (성찰할 만한 가치가 있는 몇 가지 이유에서) 똑똑히 알아들을 수 없는 중얼거림이나 죽어가는 사람이 숨이 넘어가면서 하는 말과 비교하고 있다.

> 한 장 한 장 페이지가 넘어가고 마지막 중얼거림에 이르기까지 점점 짙어지는 이러한 어둠은 죽어가는 사람이 헐떡이며 내뱉는 말처럼 섬뜩한 감정으로 사람을 벅차게 하는데, 정말이지 이것이 꼭 그러하다. 그것은 소용돌이가 우리를 집어삼키듯이 우리를 사로잡지만 그와 동시에 말해져야 했지만 말해지지 않은 것을 우리에게서 앗아가며, 그리하여 우리를 좌절시키고 압도한다. 나는 시인 첼란이 관심과 애도의 대상이어야지 모방의 대상이어서는 안 된다고 생각한다. 만약 그의 시가 메시지라면 그것은 '배경 소음'에 완전히 묻힌 메시지이다. 그것은 의사소통이 아니다. 그것은 언어가 아니다. 기껏해야 그것은 의미를 알 수 없는 불구의 언어이며, 정확히는 이제 곧 죽게 될 (죽음에 임해 우리도 모두 그리 될 것이듯이) 고독한 사람의 언어이다(Levi, 1990: 637).

레비는 이미 아우슈비츠에서 불분명한 중얼거림, 즉 비언어이거나 의미를 알 수 없는 불구의 언어와 같은 것을 듣고 해석하려고 시도한 적이 있었다. 아우슈비츠 해방 직후 며칠간 러시아군이 부나Buna에서 아우슈비츠의 '대 수용소'로 생존자들을 이동시킬 때였다. 여기서 곧바로 레비의 관심을 끈 것은 수인들이 후르비네크Hurbinek라고 부르는 한 아이였다.

> 후르비네크는 특별할 게 없는 아이, 그러니까 죽음의 아이, 아우슈비츠의 한 아이였다. 세 살 정도 되어 보였는데, 아이에 대해 알고 있는 사람은 아무도 없었다. 아이는 말을 할 줄도 몰랐고 이름도 없었다. 후르비네크라는 이상한 이름은 우리가 붙여준 것이었는데, 아마도 여자들 중 한 명이 아이가 이따금씩 내뱉는 불분명한 소리들 가운데 하나를 저러한 음절로 해석한 듯했다. 아이는 하반신 마비에다가 두 다리는 위축증을 앓고 있었고, 젓가락처럼 말라 있었다. 하지만 역삼각형으로 바짝 여윈 얼굴에 파묻힌 아이의 눈은 무서울 정도로 또렷또렷했고 요구와 주장으로, 그리고 무덤 같은 자신의 농아聾啞에서 벗어나려는, 아니 그것을 부숴버리려는 의지로 가득했다. 아무도 애써 아이를 가르치려 하지 않았기 때문에 자신에게 결여된 말, 말하고자 하는 욕구가 아이의 눈빛에 폭발할 것만 같은 절박감을 안긴 것이었다(Levi, 1986: 191).

그런데 어느 순간 후르비네크는 한 단어를 끊임없이 계속 되풀이해서 내뱉기 시작한다. 그 말은 수용소에 있던 누구도 알아들을 수 없었고, 레비는 미심쩍어 하며 '마스-클로mass-klo'나 '마티스클로matisklo'라고 옮겨 쓴다.

> 그날 밤 우리는 후르비네크가 있는 구석에서 이따금 나오는 소리를

주의 깊게 들어보았다. 그래, 그건 분명히 어떤 단어였다. 그 단어가 항상 정확히 똑같은 말이었던 것은 분명히 아니지만 확실히 그것은 똑똑히 알아들을 수 있는 하나의 단어, 보다 정확히 말하자면 같은 어근, 어쩌면 하나의 이름에 근거한 약간씩 다른 여러 개의 유의미한 단어들, 어떤 주제의 실험적인 변주들이었다(Levi, 1986: 192).

그들 모두가 그 소리, 새로이 등장한 어휘를 듣고 해독하려고 해본다. 하지만 수용소에서는 유럽의 모든 언어들이 쓰이고 있음에도 불구하고 후르비네크의 말은 도무지 비밀을 드러내지 않는다.

아니, 그것은 분명 어떤 메시지는 아니었다. 그것은 계시가 아니었다. 전에 운 좋게도 그 아이에게 이름이 주어진 적이 있었다면 필경 그 이름이었을 수도 있고, (우리가 내놓은 가설 중의 하나에 따르자면) '먹다' 또는 '빵' 아니면 (보헤미아어를 알고 있는 우리들 중의 한 사람이 주장한 대로) 보헤미아어로 '고기'를 의미했을 수도 있다. (······) 후르비네크, 이름 없는 아이, 여린 팔뚝에 (자기 팔뚝인데도 불구하고) 아우슈비츠의 문신을 지닌 후르비네크는 1945년 3월 초하루에 죽었다. 자유가 되었지만 구원받지는 못한 채로 말이다. 그 아이에 대해 남은 것은 아무것도 없다. 그 아이는 나의 이 말을 통해 증언한다(같은 책).

필시 이것이 첼란의 시의 '배경 소음'에서 레비가 식별해낸 비밀의 말이었을 것이다. 그런데도 아우슈비츠에서 레비는 아무도 그에 대해 증언하지 않았던 것을 들으려고, 비밀의 말('마스-클로', '마티스클로')을 수집하려고 시도했다. 아마도 모든 말, 모든 글은 이런 의미에서 증언으로서 태어난다. 그러므로 증언되는 것은 그때까지는 언어나 글일 수 없다. 그것은 아무도 증언할 수 없는 어떤 것일 수만 있다. 그리고 그것은 공백으로부터 생겨나는 소리, 고독한 이가 말하는 비언어, 언어가 그것에 응답하고 언어가 그 속에서 태어나는 비언어이다. 아무도 증언하지 못한 것의 본성에 대한, 이 비언어에 대한 성찰은 필연적이다.

1. 15. 후르비네크는 증언할 수 없다. 언어를 갖고 있지 않기 때문이다(그가 직접 입으로 낸 말은 불확실하고 무의미한 소리, 즉 '마스-클로' 혹은 '마티스클로'이다). 그런데도 그는 "나의 이 말을 통해 증언한다." 하지만 이 생존자[레비]조차도 온전히 증언할 수 없고 자기 자신의 공백을 말할 수 없다. 이는 증언이란 증언함의 두 가지 불가능성 사이의 이접^{離接}임을 의미한다. 즉 이는, 증언을 하기 위해서는 언어가 비언어가 되어야 하며[즉 비언어에 자리를 내주어야 하며], 언어는 비언어가 됨으로써 증언함의 불가능성을 보여준다는 것을 의미한다. 증언의 언어는 더 이상 의미를 띠지 않는 언어, 의미를 띠지 않으며 언어를 갖지 못한 것으로 나아가는, 전혀 다른 무의미^{insignificance}를 띠게 되는 지점까지 나아가는 그러한 언어이다. 즉 온전한 증인의 언어, 정의상 증언할 수 없는 자의 언어이다. 그러므로 증언을 한다는

것은 언어를 그 자체의 무의미$^{non-sense}$가 되게, 문자들(m-a-s-s-k-l-o, m-a-t-i-s-k-l-o)의 순수한 비결정성이 되게 하는 것만으로는 충분치 않다. 그러한 무의미한 소리가, 다시 한번, 전혀 다른 이유에서 증언할 수 없는 무엇 또는 누구의 목소리가 되어야만 한다. 달리 말하면, 증언의 불가능성이, 인간의 언어를 구성하는 이 '공백'이 무너지면서 또 다른 증언의 불가능성에, 즉 언어를 갖고 있지 못한 존재의 불가능성에 자리를 내주어야만 하는 것이다.

언어가 증언되지 않은 것으로부터 옮겨놓는다고 믿는 흔적은 증언되지 않은 것의 말이 아니다. 그것은 언어의 말이다. 말씀이 더 이상 태초에 있지 않을 때, 말씀이 다만 태초에서 벗어나 타락할 때 다만 증언하기 위해 태어나는 말이다. "그것은 빛이 아니라 빛을 증거하는 무엇이었다.[16]

---

16) "한처음에 말씀이 계셨다. 말씀은 하느님과 함께 계셨는데 말씀은 하느님이셨다. 그분께서는 한처음에 하느님과 함께 계셨다. 모든 것이 그분을 통하여 생겨났고 그분 없이 생겨난 것은 하나도 없다. 그분 안에 생명이 있었으니 그 생명은 사람들의 빛이었다. 그 빛이 어둠 속에서 비치고 있지만 어둠은 그를 깨닫지 못했다. 하느님께서 보내신 사람이 있었는데 그의 이름은 요한이었다. 그는 증언하러 왔다. 빛을 증언하여 자기를 통해 모든 사람이 믿게 하려는 것이었다. 그 사람은 빛이 아니었다. 빛을 증언하러 왔을 따름이다"(「요한 복음서」, 1장 1~8절).

2

|

'이슬람교도'

2. 1. 증언할 수 없는 것, 증언되지 않은 것에는 이름이 있다. 수용소의 은어^{隱語}로 그것의 이름은 (독일어로) '무젤만$^{der\ Muselmann}$'인데, 말 그대로 '이슬람교도'라는 뜻이다.

이른바 '이슬람교도'는 수용소의 어법으로는 동료를 저버리고 자신도 동료들에게 버림받은 수인을 가리켰는데, 이 '이슬람교도'의 의식에는 선과 악, 귀함과 천함, 지성과 비지성의 대비를 위한 자리가 없었다. 그는 걸어 다니는 시체이자 마지막으로 꿈틀거리는 신체적 기능들의 묶음이었다. 괴로운 일이지만 그들은 고려 대상에서 제외되어야 한다(Améry, 1980: 9).

(또 다시 증언에서의 공백이 나타나며, 이제 그 공백은 의식적으로 긍정된다).

우리가 욕실로 통하는 계단을 내려가고 있는데 한 무리의 '이슬람교도'들(나중에 우리는 그들을 이렇게 불렀다), 즉 미라 인간, 산송장들이 우리와 같이 가게 되었다. 그들이, 이슬람교도들이 우리와 함께 계단을 내려가게 한 이유는 별다른 것이 아니었다. 오로지 우리에게 그들을 보여주기 위함이었다. 마치 '너도 저렇게 될 거야'하고 말하는 것처럼 말이다(Carpi, 1993: 17).

나치 친위대원은 천천히 걸으면서 자기 쪽으로 다가오고 있던 '이슬람교도'를 바라보고 있었다. 우리는 무슨 일이 벌어지는지 보려고 왼편으로 시선을 돌렸다. 멍하니 아무 생각 없이 나무 족쇄를 질질 끌면서 걸어가던 그 중생은 곧장 가더니 결국 친위대 사관을 쿵 하고 받고 말았다. 그러자 그 사관은 버럭 고함을 치면서 그의 머리에 채찍질을 한 번 했다. 그 이슬람교도는 무슨 일이 벌어졌는지 전혀 깨닫지도 못한 채 그 자리에 가만히 있었다. 두 번째 채찍을 맞고, 또 모자를 벗는 걸 잊어버렸다는 이유로 세 번째 채찍을 맞고 나서야 모자를 벗는 시늉을 했는데 그러면서 그만 설사를 하고 말았다. 그의 족쇄가 까맣고 고약한 냄새를 풍기는 똥물로 뒤덮이기 시작했고 그걸 본 친위대원은 미친 듯이 날뛰었다. 그는 그 이슬람교도 위로 몸을 날리더니 그의 복부를 있는 힘껏 발로 차기 시작했다. 그 가여운 자가 자신의 배설물 위에 쓰러졌는데도 친위대원은 머리와 가슴을 계속 때렸다. 이슬람교도는 무방비 상태였다. 첫 번째 발길질에 채이고 그의 몸은 두 겹으로 접히더니 몇 대 더 맞고는 그만 죽어버렸다(Ryn and Klodzinski, 1987:

128~129).

영양실조 증상에는 두 단계가 있는데, 이는 반드시 구별되어야 한다. 첫째 단계의 특징은 체중감소, 근무력증, 운동 시 점진적인 에너지 손실이다. 이 단계에서 생체는 아직 심각한 손상을 입지는 않는다. 움직임이 둔해지고 힘이 없다는 것을 빼면 영양실조를 겪고 있는 사람들에게서는 아직 아무런 증상도 나타나지 않는다. 쉽게 흥분하고 화를 잘 낸다는 점을 제외하면 심리적인 변화조차 관찰되지 않을 수 있다. 어느 시점에서 두 번째 단계로 이행하는지를 인식하는 것은 어려운 일이었다. 그러한 이행은 어느 경우에는 서서히 일어났지만 또 어느 경우에는 급격히 일어났다. 굶주림에 시달리고 있는 사람이 자신의 정상 체중의 3분의 1을 잃었을 때 두 번째 단계가 시작된다는 점을 확인할 수 있었다. 체중 감소가 계속되면 그 사람의 표정에도 변화가 생겼다. 눈빛이 흐리멍덩해졌고, 얼굴은 무관심하고 기계적이며 슬픈 표정을 띠었다. 눈에는 뭔가 한 꺼풀 씌워졌고 눈이 얼굴 깊숙이 파묻힌 듯 보였다. 피부는 창백한 잿빛을 띠었고, 종이처럼 얇고 딱딱해졌다. 온갖 종류의 감염 매체와 전염병에 아주 민감해졌는데, 옴에는 특히 더 민감했다. 머리카락은 뻣뻣해지고 빛깔을 잃었으며 쉽게 갈라졌다. 두상은 더 길어지고 광대뼈와 안와^{眼窩}는 더 튀어나오게 되었다. 호흡은 느려졌고, 목소리는 가라앉아 말하는 것도 몹시 힘들어했다. 영양실조 상태에 있던 기간의 길이에 따라 크고 작은 부종^{浮腫}에 시달렸다. 부종들은 눈꺼풀 아래쪽에, 발에, 그런 다음에는 하루 중 시간대에 따라 몸의 다른 부분들에도 나타났다. 부종들은 아침에, 밤에 잠을 자고난 후 얼굴에서 특히 잘 보였다. 한편 저녁에는 발에서, 그리고 다리 윗부분과 아랫부분에서 가장 쉽게 눈에 띄었다. 언제나 서 있었기 때문에 몸 안의 모든 액체들이 몸 아랫부분에 모였다. 영양부족 상태가 점점 심해지면 부종들도 크게 늘어났고, 대부분의 시간 동안 계속 서있어야만 했던 사람에게서 특히 더 심했다(처음에는 다리 아랫부분에, 그런 다음에는 등과 고환에, 심지어는 복부에도 생겼다). 부기가 생기면 대개 설사가 따랐고, 또 설사가 있고 나면 대개 부종이 진행되었다. 이 단계에 이르면 그들은 주변에서 일어나는 모든 일에 무관심해졌다. 그들은 주위와의 모든 관계로부터 스스로 차단되었다. 아직 돌아다닐 힘이 남아있었다고 해도 동작은 굼떴고, 무릎을 굽히지도 못했다. 그들은 몸을 와들와들 떨곤 했는데, 이는 체온이 보통 37°C 이하로 떨어졌기 때문이다. 멀리서 보고 있으면 꼭 아랍인들이 기도하고 있는 것처럼 보였다. 이런 이미지가 영양실조로 죽어가는 사람들을 가리켜 아우슈비츠에서 사용된 말인 '이슬람교도'라는 용어의 발단이었다(같은 책, 94).

아무도 '이슬람교도'를 측은해하지 않았고, 동정심을 느끼는 사람도 없었다. 목숨을 부지하기에 급급했던 다른 수인들은 그들을 쳐다보지도 않았다. 부역을 했던 수인들에게 이슬람교도들은 분노와 불안의 원천이었다면, 친위대원들에게 그들은 아무짝에도 쓸모없는 쓰레기에 지나지 않았다. 어느 편에 속해 있건 모두가 각자 자기 나름의 방식으로 그들을 없앨 궁리만 했다(같은 책, 127).

가스실에서 최후를 맞이한 '이슬람교도'들은 모두 다 똑같은 이야기를 갖고 있다. 아니 보다 정확히 말해 아무런 이야기도 갖고 있지 않다. 그들은 마치 바다로 흘러가는 시냇물처럼 비탈을 따라 내려가 맨 밑바닥에 이르렀다. 수용소에 들어오자마자 그들은 기본적인 무능력 때문에 또는 불운 때문에 아니면 어떤 평범한 사건에 의해 적응할 수 있기도 전에 녹초가 된다. 시간은 늘 그들을 앞지른다. 독일어를 이해하기 시작하고, 해야 하는 것과 하지 말아야 하는 것을 간신히 구별하기 시작했을 때는 이미 몸은 쇠약해진 뒤며, 그들을 '선별 작업'에서 혹은 극도의 소모로 인한 죽음으로부터 구해줄 수 있는 것은 아무것도 없다. 그들의 삶은 짧지만 수는 끝이 없다. 그들, '이슬람교도'들, 익사한 자들이 수용소의 중추를 이룬다. 끊임없이 보충되고 항상 동일한 이 익명의 집단^{mass}, 아무 말 없이 행진하고 노동하는 익명의 비인간 집단, 이미 너무나도 배가 고픈 나머지 실제로 아무런 고통도 느끼지 못하는 그들에게서 하늘이 주신 광채는 빛을 잃었다. 사람들은 그들을 일러 살아있다고 하기를 망설인다. 사람들은 그들의 죽음을 죽음이라 부르길 망설인다. 죽음을 마주하고서도 그들에겐 아무런 두려움도 없었는데, 죽음을 이해하기에 그들은 너무 지쳐 있었던 것이다. 그들은 얼굴 없는 모습으로 내 기억을 채우고 있다. 그리고 내가 만약 우리 시대의 모든 악^{惡}을 하나의 이미지 속에 집어넣을 수 있다면 나는 내게 익숙한 이 이미지, 즉 고개는 처지고 어깨는 굽었으며 얼굴과 눈에서 생각의 흔적이라고는 조금도 찾아볼 수 없는, 수척한 어떤 이의 이미지를 고를 것이다(Levi, 1986: 90).

2. 2. '이슬람교도'라는 말이 어디에서 비롯된 것인지에 대해서는 일치된 의견이 거의 없다. 은어隱語라는 게 대개 그렇듯이 이 말에도 동의어가 없지는 않다.

> 특히 아우슈비츠 수용소에서 이 표현이 많이 쓰였는데, 여기서부터 퍼져나가 다른 수용소에서도 쓰이게 되었다. (……) 마이다네크Majdanek 수용소에서는 그 말을 몰랐다. 마이다네크에서 산송장을 지칭하는 말은 '당나귀'였다. 다하우Dachau에서는 '백치', 슈투트호프Stutthof에서는 '불구자', 마우트하우젠Mauthausen에서는 '수영 선수', 노이엔감메Neuengamme에서는 '낙타', 부헨발트Buchenwald에서는 '피곤한 족장', 라벤스브뤼크Ravensbrück라는 이름으로 알려진 여자 수용소에서는 '무젤바이베어Muselweiber', 곧 여자 이슬람교도나 '슈묵슈튀케Schmuckstücke', 곧 '싸구려 장신구'라는 말이 쓰였다(Sofsky, 1997: 329n5).

아랍어에서 무슬림의 축어적 의미는 '하느님 뜻에 무조건 복종하는 자'인데, '무젤만'이라는 용어에 대한 가장 그럴듯한 설명은 이 의미에서 찾을 수 있다. 중세 이래 유럽에 널리 퍼진, 이슬람교에 전형적인 것으로 여겨지는 숙명론에 관한 전설들이 여기서 생겨났다(이러한 경멸적인 의미는 유럽의 여러 언어에서 확인되는데, 특히 이탈리아어에서 두드러진다). 그러나 이슬람교도의 체념이 알라의 뜻은 매 순간, 아무리 작은 사건에도 작용한다는 신념에 있는 반면 아우슈비츠의 '이슬람교도'를 정의

하는 것은 그보다는 모든 의지와 의식의 상실이다. 그래서 수용소에는 "이미 오래 전부터 진짜로 살아남아야겠다는 의지를 잃어버린 사람들이 비교적 많았는데, (……) 그들은 '이슬람교도^{Moslems}', 무조건적인 숙명론을 가진 사람들이라고 불렸다"는 코곤$^{Eugen\ Kogon}$의 진술이 나온 것이다(Kogon, 1979: 284).

설득력은 떨어지지만 다른 설명들도 있다. 한 예는 '이슬람교도'라는 표제어 하에 『유대 백과사전$^{Encyclopedia\ Judaica}$』에서 보인다. "주로 아우슈비츠에서 사용된 이 용어는 특정 수인들의 전형적인 자세, 즉 가면처럼 굳은 얼굴에다 땅바닥에 몸을 웅크리고 다리는 동양식으로 구부린 채로 있는 자세에서 유래한 것으로 보인다." 또 다른 설명은 마르살렉$^{Hans\ Marsalek}$이 제시한 것인데, 즉 "이슬람교도들의 전형적인 움직임, 즉 상체가 전후좌우로 흔들리는 몸짓은 이슬람교의 기도 의식"(Sofsky, 1997: 329n5)을 연상케 한다는 것이다. 솔직히 별로 그럴듯하지 않지만 '무젤만^{Muselmann}'을 '무셸만^{Muschelmann}', '조개 인간', 즉 자기 안에 웅크린, 갇힌 사람으로 보는 해석도 있다('껍데기 인간'에 관해 쓰면서 레비는 언뜻 이러한 해석을 내비치는 듯하다).

어쨌든 유대인들은, 지독히 얄궂게도, 아우슈비츠에서 자신들이 유대인으로서 죽지는 않을 것임을 알고 있었음은 확실하다.

2. 3. 어원에 대한 분분한 의견에 더해 이 말이 어떤 의미론적

· 인식론적 장에 기입되어야 하는지에 대한 의문이 있다. 강제수용소에서 오랫동안 일했던 내과의사 페이키엘$^{Władysław\ Fejkiel}$1)이 '이슬람교도'를 하나의 질병학적 유형으로, 수용소의 풍토병이었던 영양실조의 특수한 사례로 취급했던 것은 놀랄 일이 아니다. 이 문제를 어느 정도까지 처음으로 고찰한 사람은 베텔하임$^{Bruno\ Bettelheim}$2)이었다. 그는 1943년 『이상·사회 심리학 저널』에 이 문제를 다룬 「극한 상황에서의 개인과 대중의 행태」라는 글을 발표했다. 석방되기 전인 1938~1939년 간 베텔하임은 다하우와 부헨발트에서 1년을 보냈는데, 이 두 수용소는 당시 나치의 정치범 강제수용소 중 규모가 가장 컸다. 아우슈비츠에는 비할 바가 못 되었으나 그 두 해 동안 수용소의 생활 조

---

1) 페이키엘. 폴란드 태생으로 아우슈비츠의 생존자 중의 하나이다. 아우슈비츠 수용소의 수인 진료소에서 수석 내과의로 일했다.
2) 베텔하임(1903~1990년). 오스트리아 태생의 미국의 심리학자로 정서장애아동, 특히 자폐아 치료와 교육에 대한 폭넓은 연구로 유명하다. 1938년 빈 대학에서 박사학위를 받았지만 같은 해 나치가 오스트리아를 점령하자 다하우와 부헨발트에 있는 수용소에 감금되었다. 1939년 풀려난 뒤 미국으로 이주해 시카고대학교 '진보교육협회'의 연구원이 되었다. 1942~1944년에는 록퍼드 대학의 부교수로 재직했다. 1943년 10월에 쓴 논문 「극한 상황에서의 개인과 대중의 행태」는 즉각 널리 알려지게 되었다. 이 선구적 연구에서 그는 다하우와 부헨발트에서의 관찰과 경험을 토대로 사람들이 집단수용소 생활의 압박에 어떻게 적응하는가를 검토하고 나치 테러리즘이 인간성에 미친 영향을 고찰했다. 1944년 시카고 대학교 심리학 조교수 겸 같은 대학 부설 '소니아 섕크먼 정신장애아동 구제학교' 교장으로 임명되었다. 이 학교는 심각한 정서장애에 걸린 6~14세의 아동을 위한 실험기숙학교로 그의 자폐아 연구의 중심지가 되었다. 1947년 부교수, 1952년 정교수가 된 그는 특히 아동 양육과 관련해 정신분석학적 원리들을 사회 문제에 적용하는 데 심혈을 기울였다.

건늘을 통해 베텔하임은 자신의 눈으로 직접 '이슬람교도'들을 보았고, '극한 상황'이 수용소의 수인들의 인성에 야기한 새로운 종류의 변화를 이내 알아보았다. 베텔하임은 아동기의 정신분열증에 대한 연구를 할 생각을 품게 되는데(이 글은 그가 미국으로 이주한 후 몇 년 뒤 쓰여졌다), 그러한 연구의 착상이 가능해진 것은 '이슬람교도'라는 범례가 있었기 때문이다. 그래서 그가 자폐 아동 치료를 위해 시카고에 설립한 정신장애아동 구제학교는, 말하자면 수용소와는 정반대 형식을 띠었고, 여기에서 그는 '이슬람교도'들이 다시 인성을 회복할 수 있도록 교도하는 일에 착수했다. 베텔하임의 『텅 빈 요새』에 자세히 묘사되어 있는 아동 자폐증의 현상학에 나타나는 성격적 특질들은 모두 '이슬람교도'의 행태에 음울한 조짐과 해석상의 범례가 있었던 것이다. "수인들에게는 외부 현실이었던 것이 자폐 아동에게는 내부 현실이다. 비록 이유는 다르지만 둘 다 결국에는 유사한 경험인 것이다"(Bettelheim, 1967: 65). 자폐 아동이 가상의 세계로 칩거하기 위해 현실을 전적으로 무시했듯이 '이슬람교도'들이 된 수인들도 인과 관계들에 더 이상 주의를 기울이지 않았고, 그것들을 섬망 상태의 환상들로 대신했다. 베텔하임은 정신장애아동 구제학교의 조이, 마시, 로리 등등의 아이들에게서 나타나는 약간 사팔뜨기인 시선, 망설이는 걸음걸이, 집요한 반복 행동과 침묵에 다하우의 '이슬람교도'로 인해 맞닥뜨리게 된 수수께끼를 풀 수 있는 해답이 있다고 보았다. 그럼에도 불구하고 베텔하임에게 '극한 상황'이라는 개념은 계속해서 도덕적·정치적 함의를 내포하는 것이었다. 그에게 '이슬람교도'는 결코 임상적인 범주로 축소될 수 없는 것이었다. 극한 상황에서는 "변함없는 하나의 인격으로서 목숨을 부지하는 일"(Bettelheim, 1960: 158)이 첨예한 문제였기 때문에 어떤 의미에서 '이슬람교도'는 움직이는 문턱, 즉 인간이 비인간으로 넘어가고 임상적 진단이 인간학적 분석으로 넘어가는 그러한 문턱을 나타내는 것이었다.

레비의 첫 번째 증언은 1946년 소련 당국의 요청으로 쓰여진 「모노비츠(위버슐레지엔의 아우슈비츠) 유대인 강제수용소의 위생 조직에 대한 보고」였는데, 증언을 요청받은 그 경험의 성격은 레비에게 있어 전혀 의문의 여지가 없는 것이었다. 그는 1986년 클라이너$^{Barbara\ Kleiner}$와의 인터뷰에서 "사실 내 관심사는 인간의 존엄성과 존엄성의 결핍입니다"라고 분명히 밝혔지만 얄궂게도 그녀의 주목을 받지는 못했던 것 같다(Levi, 1997: 78). 아우슈비츠에서 그가 찾아낸 새로운 윤리(학)적 소재는 약식 판결을 가능하게 해 주는 것도 아니었고 (우열의) 판별을 가능하게 해 주는 것도 아니었으며, 존엄성의 결핍은, 그에게 좋았든 싫었든, 존엄성만큼이나 그의 관심을 끌었음에 틀림없다. 반어법으로 표현된 이탈리아어 제목 'Se questo è un uomo'(축어적인 의미는 '이것이 인간이라면'이며 영어로는 『아우슈비츠에서의 생존$^{Survival\ in\ Auschwitz}$』이라는 제목으로 번역되었다)이 시사하듯이 아우슈비츠에서 윤리(학)는 '이슬람교도', 즉 '온전한 증인'으로 인해 인간과 비인간의 구별이 영원히 불가능해져버린 바로 그 지점에서 시작된다.

'이슬람교도'가 처해 있는 삶과 죽음 사이의, 인간성과 비인간성 사이의 극한의 문턱에는 명시적으로 정치적인 의미도 부여되어왔다.

'이슬람교도'는 절대 권력의 인간학적 의미를 지극히 근본적인 형태로 체현하고 있다. 죽이는 행위 속에서는 권력은 스스로 권력이기를 부정한다. 타인의 죽음으로 사회관계는 끝장나버리는 것이다. 하지만 타인을 굶주리게 함으로써 권력은 시간을 번다. 그것이 제3의 영역, 즉 삶과 죽음의 림보^{limbo}[두 극단의 중간 지대]를 만들어낸다. 켜켜이 쌓인 시체더미와 마찬가지로 '이슬람교도'들은 인간에 대한 권력의 완승을 증거한다. 명목상 아직 살아있지만 그들은 이름 없는 뼈다귀들이다. 조직적인 대량학살에서와 마찬가지로 '이슬람교도'의 무기력이라는 형상 속에서 체제는 자신의 정수^{精髓}를 실현한다(Sofsky, 1997: 294).

때로는 의학적 형상이거나 윤리(학)적 범주인, 때로는 정치적 한계이거나 인간학적 개념인 '이슬람교도'는 인간성과 비인간성뿐만 아니라 식물인간적 실존과 관계, 생리학과 윤리(학), 의학과 정치학, 삶과 죽음이 서로서로 넘나드는 막연한 존재이다. 그러므로 '이슬람교도'의 '제3제국'이 수용소의 완벽한 암호, 영역들 간의 장벽이 파괴되고 모든 제방이 범람하게 되는 비-장소$^{non\text{-}place}$의 완벽한 암호가 되는 것이다.

2. 4. 최근 철학자와 신학자들은 모두 한결같이 '극한 상황' 내지 '한계 상황'이라는 패러다임에 호소해왔다. 이 패러다임의 기능은 몇몇 법학자들이 예외 상태에 속한다고 본 기능과 유사하다. 예외 상태가 정상적인 법질서의 정초와 규정을 가능하게 하듯이, 극한 상황(이것은 본질적으로 예외의 일종이다)에 비추어 정상 상황을 판단하고 정하는 것이 가능하다. 키에르케고르Søren Kierkegaard가 쓰고 있듯이, "예외는 자신뿐만 아니라 일반자도 해명한다. 그래서 누군가 진실로 일반자를 탐구하고자 한다면 그는 다만 주변을 둘러보아 진정한 예외를 찾기만 하면 된다." 베텔하임에게 수용소는 전형적인 극한 상황으로서, 따라서 비인간적인 것과 인간적인 것에 대한 규정을 가능하게 해주며, 그리하여 인간으로부터 '이슬람교도'의 구별을 가능하게 해준다.

한계 상황이라는 개념, 특히 제2차 세계대전의 경험을 언급하면서 바르트Karl Barth는 인간에게는 극한 상황에 잘 적응하는 기묘한 능력이 있어서 극한 상황이 더 이상 구별 기준으로 기능할 수 없다고 주장한바 있는데, 옳은 말이다. 1948년 그는 다음과 같이 쓴 바 있다.

현재의 추세대로라면 최후의 심판 다음날 아침(만약 그러한 것이 가능하다면)에도 모든 카바레, 모든 나이트클럽, 광고와 구독자를 찾느라 혈안이 된 모든 신문사들, 모든 정치적 광신자들의 소굴, 모든 토론 집단, 그리고 모든 기독교인들의 다과회와 교회 회합들조차도 늘 하던 대로 정상적으로 재개되어 힘껏 돌아갈 것이라고 가정해도 좋을 것이다. 이때가 기회라는 듯이 아무런 동요도 없고 아무런 교훈을 얻지도 못한 채 예전과 진정 아무것도 달라지지 않은 채 말이다. 화재도, 가뭄도, 지진도, 전쟁도, 역병도, 일식도, 상상할 수 없는 그 무엇도 그 자체로는 우리를 진정한 불안 속으로 몰아넣지 않으며, 그런 뒤에 진정한 평화를 가져오지도 않는다. "주님께서는 바람 가운데에도, 지진 가운데에도, 불 속에도 계시지 않았다"(「열왕기 상권」, 19장 11절 이하). 실제로 주님은 없었다(Barth, 1960: 115).

모든 증언자들, 심지어는 가장 극한의 상황에 내몰린 사람들(예컨대, 특수작업반원들)조차도 한계 상황이 습관이 되어버리는 믿기 힘든 경향이 있었다고 회상한다("그러한 일을 하는 사람은 첫날 미쳐버리든지 아니면 익숙해진다"). 나치가 1933년 2월 집권과 동시에 선언된 예외 상황을 결코 해제하지 않았던 것은 모든 한계 상황에 내재하는 이러한 비밀스러운 힘을 아주 잘 알고 있었기 때문이다. 이러한 의미에서 제3제국을 '12년 동안 지속된 성 바르톨로메오의 밤'이라고 정의해온 것은 적절하다.[3]

아우슈비츠는 바로 예외 상태가 상시常時와 완벽하게 일치하고, 극한 상황이 바로 일상생활의 범례가 되는 장소이다. 한계 상황이 흥미로운 것은, 한계 상황이 반대의 것으로 뒤집어지는 이러한 역설적인 경향 때문이다. 예외 상태와 정상 상황이 시공

간적으로 계속해서 분리되어 있는 한(보통은 이렇다) 양자는 둘

3) 성 바르톨로메오 축일의 학살은 프랑스의 가톨릭 귀족과 시민들이 카트린 드 메디시스의 음모에 따라 파리에서 위그노(프로테스탄트)들을 학살한 사건(1572년 8월 24~25일)을 가리킨다. 이 사건은 16세기말 프랑스 전역을 시끄럽게 했던 가톨릭과 위그노 사이에 벌어진 종교전쟁 가운데 벌어졌다. 이 사건 뒤에는 프랑스 궁정 내의 정치적·종교적 알력이 자리 잡고 있었다. 위그노의 지도자인 가스파르 2세 드 콜리니 장군은 스페인에 대항해 저지대 지방(지금의 베네룩스 3국)에서 일어난 전쟁을 지원했다. 이는 내란의 재발을 막기 위한 하나의 수단이었으며 또한 프랑스의 국왕 샤를 9세가 1572년 여름에 승인하려 했던 계획이었다. 그러나 샤를 9세의 어머니인 카트린 드 메디시스는 국왕에 대한 콜리니 장군의 영향력이 커질 것을 우려해 당시 가톨릭교도인 기즈 가문 사람들이 콜리니 장군을 암살하려고 짜놓은 계획을 승인해주었다. 기즈가 사람들은 콜리니 장군이 프랑수아 드 기즈의 살해 사건(1563년)에 대해 책임이 있다고 주장했다. 1572년 8월 18일 카트린 드 메디시스의 딸 프랑스의 마르그리트(마르그리트 드 발루아)는 위그노였던 나바라의 엔리케(훗날 프랑스의 앙리 4세)와 결혼하게 되어 많은 위그노 귀족들이 결혼식에 참석하기 위해 파리로 왔다. 그로부터 4일 후 콜리니 장군을 암살하려는 시도가 있었으나 실패로 돌아가고 콜리니 장군은 상처만 입는 데 그쳤다. 흥분한 위그노들을 달래기 위해 정부 측은 암살 음모를 조사하기로 했다. 카트린 드 메디시스는 자신이 연루된 사실이 탄로날 것을 우려해 튈르리 궁에서 일단의 귀족들과 은밀히 만나 당시 결혼식 축하 행사를 위해 파리에 머물고 있던 위그노 지도자들을 제거하려는 음모를 꾸미고 샤를 9세를 설득해 이 계획의 승인을 얻어냈다. 8월 23일 밤 파리 자치 지역 요원들이 루브르에 소집되고 각자에게 명령이 내려졌다. 24일 동트기 직전 생제르맹로세루아의 종이 울리자 학살이 시작되었다. 최초의 희생자 중 하나가 바로 콜리니 장군이었는데, 그는 앙리 드 기즈가 직접 지켜보는 가운데 살해당했다. 나바라에서 온 참석자들도 살해되었으며 나바라의 엔리케와 콩데 공 2세인 부르봉의 앙리 1세는 간신히 살아남았다. 위그노들의 집과 상점들이 약탈당하고 안에 있던 사람들은 무참히 살해당했으며 수많은 시체들이 센 강에 내던져졌다. 25일 살육 행위를 중단하라는 국왕의 명령이 내려진 후에도 파리에서 유혈 사태가 계속되었으며 지방까지 확산되어 루앙, 리옹, 부르주, 오를레앙, 보르도에서도 위그노 희생자가 발생했다. 그해 10월까지 지속된 소요 사태에서 희생된 사람의 숫자는 가톨릭 측에 따르면 2,000명에 이르고, 당시 가까스로 목숨을 건진 위그노 쉴리 공작은 7만 명이나 된다고 주장했다. 현대 역사가들은 당시 희생자 수를 파리에서만 3,000명 정도였던 것으로 추정하고 있다. 학살 사건에 관

다, 비록 서로가 서로를 은밀히 조장할지언정 불투명한 상태로 남아있다. 하지만 오늘날 점점 더 자주 일어나듯이 그것들이 서로 공모하고 있음을 보여주자마자 양자는 서로를, 말하자면 내부로부터 비추어준다. 그렇지만 이는 극한 상황이, 비록 베텔하임에게는 그랬을지언정, 더 이상 구별 기준으로 기능할 수 없음을 의미하는 것이기도 하다. 그것이 암시하는 바는, 즉 극한 상황의 교훈은 오히려 절대적 내재성^{immanence}이라는 교훈, '모든 것 안에 모든 것이 있다'[아낙사고라스]는 교훈이다. 이런 의미에서 철학은 이미 상례가 되어버린 극한 상황에서 본 세상이라고 정의될 수 있다(일부 철학자들에 따르면 이 극한 상황의 이름은 '하느님'이다).

2.5. 브레라 전문학교의 회화 교수였던 카르피$^{Aldo\ Carpi}$는 1944년 2월 오스트리아의 구센^{Gusen} 수용소로 강제 이송되어 1945년 5월까지 그곳에 있었다. 어쩌다 그의 직업을 알게 된 나치 친위

한 소식을 듣고 스페인의 펠리페 2세는 환영하는 입장을 나타냈으며 교황 그레고리우스 13세는 이 사건을 기념해 메달을 주조하도록 했다. 반면 프로테스탄트 국가들은 공포에 사로잡혔다. 국가의 수장으로서 사건에 책임을 지고 있던 샤를 9세는 왕권에 대항한 위그노의 음모가 있었다고 주장하며 사건 경위를 설명했다. 카트린 드 메디시스가 기대했던 대로 위그노는 무기력해지지 않고 오히려 학살 사건을 계기로 가톨릭교도와 위그노 사이에 증오가 되살아났으며 새로이 적대 감정이 싹텄다. 그때 이후로 위그노는 왕권에 복종하라는 장 칼뱅의 원칙을 버렸으며, 특정한 상황에서는 반란 세력과 폭군을 살해하는 행위가 정당화될 수 있다는 견해를 지니게 되었다.

대가 그에게 그림을 그려달라고 의뢰하기 시작했고, 그는 그 덕분에 가까스로 살아남았다. 그들은 주로 가족 초상화를 의뢰했는데, 카르피는 사진을 보고 그것을 그려냈다. 하지만 이탈리아 풍의 풍경화와 '베네치아 풍의 누드'를 그려달라는 요청들도 있었는데, 카르피는 기억을 더듬어 그러한 그림들을 그렸다. 카르피는 사실주의 화가는 아니었다. 하지만 그런 그가 왜 수용소의 실제 풍경과 인물들을 그리고 싶어 했는지는 충분히 이해할 수 있는 일이다. 하지만 그에게 그림을 의뢰한 이들은 그런 것들에는 단적으로 아무런 흥미도 없었다. 정말이지 그들은 그런 것들은 꼴도 보기 싫어했다. 카르피는 일기에 "아무도 수용소의 풍경과 인물들을 원하지 않는다. '이슬람교도'를 보고 싶어 하는 이는 아무도 없다"(Carpi, 1993: 33)고 적었다.

이렇듯 '이슬람교도'를 바라보는 것이 불가능한 일임은 다른 증언자들에게서도 확인된다. 왜 그런 것인지에 대한 하나의 해명이 있는데, 비록 간접적인 것이긴 하지만 전후 사정을 이해하는 데 상당히 도움이 된다. 몇 년 전, 1945년 베르겐-벨젠 수용소 해방 직후 이 수용소에서 영국군이 촬영한 장면들이 대중에 공개되었다. 한 구덩이에 쌓여있는 수천 구의 벌거벗겨진 시체들이나 수용소 간수였던 사람들의 어깨에 들쳐 메어져 실려가는 시체들의 모습을 보고 있기란, 나치 친위대조차도 이름을 붙일 수 없었던 그 뒤틀어진 몸뚱이들을 보고 있기란 어려운 일이다(우리는 어떤 상황에서도 그것들이 '시체'나 '사체'라고 불려서는 안 되며 그냥 '피구렌*Figuren*', '형상', '형체'로 불려야 했음을 증인들을 통해 알고 있다). 그나마 연합국 측이 나치의 잔학상의 증거로 이 필름들을 활용하고 독일 대중에 공개하고자 한 이래 우리도 그 끔찍한 광경을 자세히 볼 수 있게 되었다. 그런데 카메라의 시선은 어느 순간, 거의 우연히, 살아 있는 사람들인 듯 한 것, 땅 위에 쭈그리고 앉아 있거나 서서 유령처럼 배회하는 일군의 수인들에 머문다. 불과 몇 초에 지나지 않는 짧은 시간이지만 그들이 어떤 기적에 의해 살아남은 '이슬람교도'들이거나 최소한 '이슬람교도' 상태에 아주 근접한 수인들임을 알아보기에는 충분하다. 카르피가 기억을 더듬어 그려낸 드로잉들을 예외로 하면, 아마도 이것이 우리가 갖고 있는 유일한 '이슬람교도'들의 이미지일 것이다. 그렇지만 그때까지도 벌거벗겨진 시체들을, 사지가 따로따로 노는 '형체'들, 다른 시체 위에 켜켜이 쌓인 이 끔찍한 '형체'들을 참을성 있게 카메라에 담아내던 카메라맨조차도 반만 살아있는 이 존재들을 차마 볼 수 없었다. 그는 이내 다시 한 번 시체들을 보여주기 시작하는 것이다. 카네티$^{Elias\ Canetti4)}$가 언급한 적이 있듯이 켜켜이 쌓인 시체더미는 옛날부터 종종 권력자에게 만족을 주곤 했던 스펙터클이다. 하지만 '이슬람교도'들의 광경은 인간의 눈으로는 차마 볼 수 없

---

4) 카네티(1905~1994년). 불가리아 태생의 에스파냐계 유대인으로 오스트리아에 살면서 빈 대학을 졸업한 후 1938년 나치의 박해를 피해 런던에 정착, 독일어로 작품을 썼다. 주요 작품으로 장편소설 『현혹』(1935년), 『허공의 코미디』(1950년) 등 일련의 대중 심리를 다룬 희곡과 그 밖에 사회학적 연구 성과인 『군중과 권력』(1960년) 등이 있다. 1981년 노벨문학상을 수상했다.

는 단적으로 새로운 현상이다.

2. 6. 그러나 누구도 절대로 보고 싶어 하지 않는 것은 수용소의 '핵심', 즉 모든 수인들이 끊임없이 곧 건너가게 될 치명적인 문턱이다. "수인들에게 '이슬람교도' 단계는 엄청난 두려움이었다. 자신의 운명이 언제 '이슬람교도' 처지가 될 것인지 아무로 몰랐기 때문이다. 그들은 가스실에 들어가거나 또 다른 종류의 죽음을 맞게 될 게 확실한 사람들이었다"(Langbein, 1972: 113).

수용소(적어도 아우슈비츠처럼 강제수용소이면서 동시에 집단학살수용소인 그런 수용소들)의 공간은 일련의 동심원으로도 표상될 수 있는데, 동심원의 물결이 중심의 비-장소를 끊임없이 씻어내 지워버리듯이 이 장소 아닌 장소가 바로 '이슬람교도'의 거처인 셈이다. 이 비-장소라는 극단의 한계가 수용소의 은어로는 '선별^{Selektion}'(즉 가스실에 들어갈 사람을 선별하는 절차)이라고 불린다. 그래서 자신의 병과 탈진을 감추고, 또 시시각각 자신에게 닥쳐오고 있는 '이슬람교도'(의 상태)를 감추는 것이 수인들의 가장 절박한 관심사였던 것이다. 수용소의 모든 수인들은 사실 얼굴 없는 중심을 미친 듯이 돌고 있는 엄청난 소용돌이에 다름 아니다. 그러나 단테의 『신곡』, '천국편'에 나오는 신비한 장미처럼 이 익명의 소용돌이는 "우리의 모습으로 그려져 있다$^{pinta\ della\ nostra\ effige}$."[5] 그것은 인간의 참모습을 품고 있다. 사람이 경멸하는 것은 자신을 닮은 것, 그래서 두려워하는 것이기도 하다는 법칙에 따르면 '이슬람교도'는 누구에게나 피하고 싶은 것이다. 수용소의 모든 이가 '이슬람교도'의 추해진 얼굴에서 자기 자신을 인식하기 때문이다. 모든 증인들이 핵심적인 경험으로 '이슬람교도'를 이야기하고 있음에도 불구하고 유럽의 유대인들의 파괴에 대한 역사 연구들에서 '이슬람교도'가 거의 거론되지 않는 점은 아주 기묘한 사실이다. 이제야, 거의 50년이 지난 이제야 '이슬람교도'가 우리 눈에 들어오고 있는 듯하다. 이제야 비로소 우리는 이러한 가시성의 결과들을 그려낼 수 있을 듯하다. 왜냐하면 이러한 가시성은 지금까지 오로지 강제수용소에 대한 해석에 초점을 맞추었던 집단학살의 패러다임이 또 다른 패러다임에 의해 대체되는 것이 아니라 오히려 또 다른 패러다임을 동반함을 암시하기 때문이다. 이 패러다임은 집단학살 자체를 새로이 조명하는데, 이 패러다임에 의해 집단학살은 어떤 의미에서는 훨씬 더 잔인한 것이 된다. 아우슈비츠는 죽음의 수용소이기 이전에 오늘날 사유되지 않은 채로 남아 있는 어떤 실험, 유대인이 '이슬람교도'로 화하고 인간이 비인간으로 화하는, 삶과 죽음 너머의 실험이 일어난 장소이다. 따라서 우리가 만약 '이슬람교도'는 누구이고 정체가 무엇인지를 먼저 이해하지 못한다면, 즉 우리가 '이슬람교도'와 함께 고르곤을 응시하는 법을 배우지 못한다면 아우슈비츠의 본질을 이해하지 못할 것이다.

---

5) 단테, 『신곡』, '천국편', 33곡 131절.

2. 7. 레비가 '이슬람교도'를 지칭하기 위해 쓴 구절 중 하나는 이렇다. "고르곤을 보았던 자." 그런데 '이슬람교도'가 보았던 것은 무엇인가? 수용소에서는 무엇이 고르곤인가?

프롱티시-뒤크루François Frontisi-Ducroux는 문학, 조각 작품 및 화병 그림을 토대로 한 모범적인 연구에서 그리스인들이 고르곤에 대해 어떤 생각을 품고 있었는지 보여준 바 있다. 고르곤은 뱀으로 된 머리카락을 지닌 무시무시하게 생긴 여자의 머리로 눈이 마주치면 죽게 되는데, 페르세우스가 아테나의 도움을 받아 보지 않고 잘라내버린다.

무엇보다 고르곤은 그리스어 'prosopon'이 표현하는 의미에서의 얼굴을 갖고 있지 않다. 'prosopon'이란 어원상 '눈앞에 놓여있는 것, 그래서 바로 보이게 되는 것'을 뜻한다. 죽음을 낳기 때문에 보여질 수 없는 이 금지된 얼굴은 그리스인들에게는 얼굴이 아닌 얼굴이고, 따라서 결코 'prosopon'이라는 말로 지칭될 수 없다. 하지만 그리스인들에게 이 불가능한 보임vision은 동시에 절대로 회피될 수 없다. 고르곤의 얼굴이 아닌 얼굴은 조각과 화병 그림에 수도 없이 재현되기만 하는 게 아니다. 가장 흥미로운 사실은 고르곤의 재현 양식에 관한 것이다. "고르고Gorgo, 이 '얼굴임을 거부하는 얼굴'은 어떤 얼굴을 통해서만 (······) 어떤 불가피한 시선의 마주침으로 재현된다. (······) 이 '안티프로소폰antiprosopon'[얼굴임을 거부하는 얼굴]은 위험한 시각적 효과들의 징표들을 분명히 드러냄으로써 시선에 온전히 내 맡겨진다"(Frontisi-Ducroux, 1995: 68). 도상학 전통에서는 인간의 형상이 단지 옆모습으로만 화병 그림에 그려지지만 이와는 달리 고르곤에게는 옆모습이 없다. 고르곤은 언제나 삼차원 없이, 평판으로 현시된다. 즉 실제 모델이 있는 얼굴이 아니라 절대적 이미지로서, 다만 보여지거나 현시될 수만 있을 따름인 어떤 것으로 현시된다. 보임의 불가능성을 재현하는 고르곤의 얼굴^{gorgoneion}은 보여지지 **않을** 수 없는 것이다.

하지만 이뿐만이 아니다. 프롱티시-뒤크루는 (화병 그림의 도상학적 관행에서 탈피한) 이러한 정면성正面性과 (작자가 서사 전통을 깨고 어떤 작중인물이나 아니면 직접적으로 대중과 대면하게 하는 수사법인) 돈호법頓呼法 사이의 유사성을 입증한다. 이는 (고르곤이 암호인) 보임의 불가능성은 (회피될 수 없는 부름인) 돈호법과 같은 무언가를 담고 있음을 의미한다.

하지만 그렇게 되면 '고르곤을 보았던 자'는 딱히 '이슬람교도'만을 가리키는 것이라 할 수는 없다. 고르곤을 본다는 것이 봄의 불가능성을 본다는 것을 뜻한다면 그때 고르곤은 수용소에 있거나 수용소에서 일어난 어떤 것, 생존자는 못보고 '이슬람교도'는 보았을 어떤 것을 명명하는 것이 아니다. 보다 정확히 말하자면 고르곤은 수용소의 수인들, 즉 수용소에서 '맨 밑바닥에 떨어졌던', 비인간이 되었던 사람에게만 해당하는 봄의 불가능성을 가리킨다. 앎과 봄의 불가능성이 아니라면 '이슬람교도'는 어떤 것도 보거나 듣지 못했다. 그러므로 '이슬람교도'

를 증언한다는 것, 봄의 불가능성을 응시하려고 시도하는 것은 쉬운 일이 아니다.

인간의 '맨 밑바닥'에는 단지 봄의 불가능성이 있을 뿐이라는 사실, 이것이 바로 고르곤이며, 그것을 본다는 것은 인간을 비인간으로 변해버리게 만든다. 본다는 것이 불가능하다는 이 비인간적인 불가능성이야말로 인간을 부르고 인간에게 말을 거는 것이며, 인간 존재들이 외면할 수 없는 돈호법인 것이다. 다름 아닌 바로 이것이 증언이다. 고르곤과 그것을 본 자와, '이슬람교도'와 그를 증언하는 자는 동일한 시선이다. 그들은 동일한 봄의 불가능성이다.

2.8. '이슬람교도'들을 일러 실로 '생명체'라는 말을 쓸 수 없다는 것은 모든 증언자들이 확인해주는 바다. 아메리와 베텔하임은 그들을 '걸어 다니는 시체들'이라고 정의한다(Améry, 1980: 9, Bettelheim, 1979: 106). 카르피는 그들을 '산송장'이나 '미라 인간'이라고 부르고(Carpi, 1993: 17), 레비는 "사람들은 그들이 살아있다고 부르길 망설인다"(1986: 90)고 쓰고 있다. 베르겐-벨젠의 한 증인은 "드디어 우리는 산 자와 죽은 자를 구별하지 못한다"고 쓰고 있다.

기본적으로 그러한 차이는 아무튼 미미한 것이다. 우리가 아직 움직이며 돌아다니고 있는 해골들이라면 그들은 이미 움직일 수 없는 해골들이다. 하지만 세 번째 범주도 있는데, 그들은 완전히 뻗어버린, 움직일 수 없지만 아직 미미하게 숨이 붙어있는 사람들이다(Sofsky, 1997: 328 n2).

'얼굴 없는 모습' 또는 '그림자들'인 그들은 어떤 경우건 '이슬람교도'를 본격적으로 다룬 린$^{Zdzislaw\ Ryn}$과 클로진스키$^{Stanslaw\ Klodzinski}$의 연구(이 연구는 오늘날까지도 이 주제에 관한 유일한 논문으로 남아있다)의 제목을 인용하자면 '삶과 죽음의 한계'에 있는 자들이다.

하지만 이러한 생물학적인 이미지는 즉각 또 다른 이미지를 동반하는데, 대조해보면 이 다른 이미지가 문제의 참된 의미를 담고 있는 것 같다. '이슬람교도'는 삶과 죽음의 한계인 것만은 아닐뿐더러, 아니 그런 것이라기보다는 오히려 인간성과 비인간성 사이의 문턱을 표시한다는 것이다.

증인들은 이 점에 대해서도 모두 일치한다. "아무 말 없이 행진하고 노동하는 비인간, 그들 안에서는 하늘이 주신 광채가 빛을 잃었다"(Levi, 1986: 90). "그들은 그것[주위 환경]에 반응하는 것을 아예 포기해야 했고, 그래서 물건이 되어야 했지만 그럼으로써 사람이 되기도 포기했다"(Bettelheim, 1960: 152). 그러므로 인간이, 외관상으로는 여전히 인간임에도 불구하고, 인간이기를 그치는 어떤 순간이 있다. 이 순간이 '이슬람교도'이며 수용소는 전형적인 그의 장소이다. 하지만 인간이 비인간이 된다는 것은 무엇을 뜻하는 걸까? 인간에게는 생물학적 인간성과 구별되고 분리될 수 있는 인간성이라도 있는 것일까?

2.9. 그러므로 '극한 상황'에서 중요한 문제는 '인간으로 남느냐 마느냐', '이슬람교도'가 되느냐 마느냐이다. 가장 즉각적이고 일반적인 충동은 이러한 한계 경험을 도덕적 관점에서 해석하는 것이다. 즉, 수용소에서는 존엄과 자존^{自尊}이 항상 그에 적절한 행동으로 옮겨질 수 있었던 것은 아니지만 그럼에도 불구하고 그것은 존엄과 자존을 지키려고 노력하는 문제였다. 수인들이 어떤 선을 넘어버리면 '이슬람교도'가 되어버리는 '불회귀점'에 대해 말할 때 베텔하임은 이러한 것을 암시하고 있는 듯하다.

> 걸어 다니는 시체가 아니라 인간으로서 살아남기 위해, 비참해지고 전락해버렸지만 아직은 인간인 그러한 존재로서 살아남기 위해 사람들은 무엇보다도 우선 항상 촉각을 곤두세우고 무엇이 각자 자신의 불회귀점을 형성하는지 잘 알고 있어야 했다. 아무리 다급한 상황일지라도, 심지어 목숨이 경각에 달려 있을지라도 결코 압제자에게 굴복하지 않을 지점 말이다. 그것은, 누군가 이 지점을 넘어서는 대가로 살아남았다면 그는 간신히 목숨을 부여잡고 있기는 하겠지만 그러한 목숨은 이미 모든 의미를 상실한 것이 되리라는 것을 알고 있어야 함을 뜻했다. 그것은 생존을 의미할 터이나 뭉개진 자존심이라도 가진 생존이 아닌, 아무것도 없는 생존일 터였다(Bettelheim, 1960: 157).

베텔하임은 극한 상황에서는 진정한 자유와 선택권이란 실질적으로 존재하지 않으며, 자유와 선택권이란 사실상 복종해야 할 명령에 대한 내면적인 자각의 정도와 다름없다는 사실을 자연스럽게 깨닫게 된다.

> 이렇듯 자신의 행동에 항상 촉각을 곤두세우고 자각하는 것(비록 그것이 요구되는 행위를 바꾸지 못하고 곤경에서 구해주지 못한다 해도), 자기 자신의 행위로부터의 이러한 미세한 거리, 그러한 행위의 성격에 따라 그것에 대해 다르게 느끼는 자유, 이 또한 수인들을 인간으로 남아 있도록 해주는 것이었다. 수인을 '이슬람교도'로 바꾸어 버리는 것은 자신의 행동에 대한 모든 감각과 모든 내면적 의구심을 저버리는 것, 무슨 일이 있어도 굳게 붙들고 있어야 할 어떤 지점을 놓아버리는 것이었다. (……) 이를 온전히 납득하는 수인들은, 이것이, 이것만이 자신의 인간성을 유지하는 것과 (필경 육체적 죽음이기도 할) 인간 존재로서의 죽음을 받아들이는 것 사이의 결정적 차이를 만드는 것임을 알게 되었다(Bettelheim, 1960: 158).

그러므로 베텔하임에게 '이슬람교도'는 자신의 양도 불가능한 자유를 포기하고 결국 정서적 삶과 인간성의 모든 흔적을 잃어버린 자이다. 베텔하임에게는 이렇게 '불회귀점'을 넘어가 버리는 것이야말로 인간과 비인간의 도덕적 구별 기준이 된다. 결국 그러한 이행은 이 증인[베텔하임]에게 모든 연민뿐만 아니라 통찰력까지도 앗아가버려 결국 그로 하여금 절대 혼동해서는 안 되는 것을 잘못 판단하게 할 정도로 불온한 경험이 되어버리고 만다. 이를테면 1947년 폴란드에서 처형된 아우슈비츠 초대 수용소장이던 회스$^{Rudolf\ Höss}$가 베텔하임에게는 일종의 '잘 먹이고 잘 입힌' '이슬람교도'가 되어버린다.

> 육체적 죽음이 나중에 왔을 뿐 아우슈비츠의 통솔을 맡은 때부터 그는 이미 살아 있는 시체가 되었다. 그가 결코 '이슬람교도'가 되지 않았던 것은 그에게 계속해서 충분한 음식과 의복이 제공되었기 때문이다. 하지만 그는 자존감이나 자기애를, 감각과 인성을 완전히 박탈당해야 했고 전적으로 실무적인 목적을 위해 만들어진, 그의 상관이 명령 버튼을 탁하고 누를 때에만 작동하는 기계나 마찬가지였다 (Bettelheim, 1960: 238).

베텔하임의 눈에 '이슬람교도'는 또한 모든 도덕적 양심뿐만 아니라 감수성과 신경 자극까지도 결핍된, 도무지 있을법하지 않은 기괴한 생물-기계가 된다. 베텔하임은 다음과 같이 쓰고 있다.

> 심지어는 이 유기체들에게는, 항상 외부 자극이나 내부 자극에서 비롯되어 전두엽을 거쳐 감각과 행동에 이르는 반사궁[6]이 결여되어 있

---

6) 충격이 통과하여 반사를 형성하는 신경 경로.

지나 않았던 게 아닐까 하는 생각이 들기도 한다. 수인들은 더 이상 감정이 일어나지 않는 '이슬람교도' 단계에 들어갔다. (……) 굶주림에도 불구하고 음식물의 자극조차도 어떤 반응을 이끌어낼 만큼 명확히 대뇌에 이르지 못했다. (……) 다른 수인들은 종종 그들에게 먹을 것을 주는 등 가급적이면 잘해주려고 했다. 하지만 그들은 자신들에게 먹을 것을 주는 누군가의 행위 이면에 놓인 다감한 태도에 더 이상 반응할 수 없었다(Bettelheim, 1960: 152, 156).

여기서 "아무도 '이슬람교도'를 보고 싶어 하지 않는다"는 원리에는 이 생존자[베텔하임] 또한 포함되는 것이다. 베텔하임은 자신의 증언을 왜곡할 뿐만 아니라(수용소에 있던 누구도 "'이슬람교도'들을 잘 대해 주지 않았다"는 점에 있어서는 모든 증인들의 의견이 일치한다) 자신이 인간을 비현실적인 패러다임으로, 식물인간적인 기계로 바꾸어 놓는다는 점을 깨닫지 못하고 있다. 이 패러다임의 유일한 목표는 수용소에서는 식별이 불가능하게 되어버린 것의 구별, 즉 인간성과 비인간성의 구별을 어떻게든 가능하게 하는 것이다.

2.10. '인간으로 남는다'는 것은 무엇을 의미하는가? 답변이 쉽지 않고 질문 자체를 따져볼 필요가 있다는 점은 '이것이 인간인지 생각해보라'는 저 생존자[레비]의 경고에 은연중에 내포되어 있다. 문제가 되고 있는 것은 질문이 아니라 질문의 형

식 자체를 문제 삼는 명령("나는 당신에게 이 말을 명합니다"[Levi, 1986: 11])이다. 여기서는 어떤 진술이나 거부가 생각조차 될 수 없는 것처럼 말이다.

오히려 필요한 것은 이 질문의 의미 자체가 완전히 바뀌는 지점까지 '인간'이라는 말의 의미를 축소시키는 것이다. 흥미롭게도 레비의 증언과 앙텔므$^{Robert\ Antelme}$의 증언(둘 다 1947년 출판되었다)은 제목들(『이것이 인간인가』와 『인간이라는 종種』)에서부터 이 주제에 관한 어떤 역설적인 대화를 시작하는 듯이 보인다. 앙텔므에게는 수용소에서 문제가 되었던 것이, (자신이 아직은) 인간이라는 종의 일원이라는 '거의 생물학적인' 권리 주장, (자신이 아직은) 어떤 종의 일원이라는 마지막 남은 감정이었다. "인간으로서의 특질에 대한 부정은 인간은 그저 인간이라는 종^{espèce}의 일원이라는 거의 생물학적인 주장을 유발한다"(Antelme, 1992: 5~6).

앙텔므가 '인류$^{le\ genre\ humain}$'라는 보다 익숙한 용어를 언급하는 대신 '종^{espèce}'이라는 전문적 표현을 사용하고 있는 점은 중요하다. 왜냐하면 그것은 도덕적 혹은 정치적 연대의 선언이라는 문제가 아니라 엄밀한 의미에서 생물학적 소속의 문제이기 때문이다('거의'라는 표현은 모종의 완곡어법, 상상되지 않는 것 앞에서의 약간의 망설임이다). 그리고 이것이야말로 '고찰되어야'만 하는 것이며, 이것은 존엄 문제(베텔하임은 이렇게 생각하는 듯하다)로 간주되어서는 안 된다. 이러한 과제는 나치 친위대가 설정한 과제와 일치하기 때문에 더욱 더 거대하고 막연하다. 나치 친위대는 수용소의 법을 글자 그대로 이해할 것을 요구한다. '(여기 갇힌 자들은) 돼지들임. 인간이 아님.'

> 우리는, 우리가 알고 있는 역사상이나 문학상의 영웅들이, 그들이 소리 높여 외쳤던 것이 사랑이었건, 고독이었건, 복수였건, 혹은 존재의 비통 또는 비존재의 비통이었건, 그들이 들고일어나 항의했던 것이 굴욕이었건 부정의였건, 이 영웅들이 자신들의 마지막이자 유일한 권리 주장으로서 인간의 혈통$^{\text{human race}}$에 속한다는 궁극적인 느낌을 언제나 변함없이 표현할 수 있었다고는 믿지 않는다. '어떤 이는 자신이 사람이라는 사실에, 인간이라는 종의 일원이라는 사실에 이의가 제기된 듯 느꼈다'고 말하는 것은 돌이켜 봤을 때 비로소 깨닫게 된 느낌처럼, 나중에 가서야 도달하게 된 설명처럼 보일 수도 있을 것이다. 하지만 그것은 우리가 가장 자주, 그리고 가장 직접적으로 느꼈던 것이었고, 그것은 또한 다른 것도 아닌 바로 그것이 저들이 원했던 것이었다 (같은 곳).

인간이라는 종의 일원이라는 것의 '궁극적인' 의미는 무엇일까? 그리고 그와 같은 의미가 존재하는 걸까? 많은 이들에게 '이슬람교도'는 이 물음에 대한 대답에 다름 아닌 것으로 보인다.

2. 11. 레비의 증언은 인간성 상실이 이미 완료된 후에야, 일

단 존엄성에 대해 말한다는 게 더 이상 아무런 의미도 없을 때에야 시작된다. 그는 의식적으로 '이슬람교도'들, 익사한 자들, 완전히 파괴된 사람들, 맨 밑바닥에 떨어졌던 사람들 대신에 증언하는 유일한 사람이다. 아우슈비츠에서는 모든 사람들이 어떤 식으로든 자신의 인간으로서의 존엄성을 한편에 제쳐두었다는 점은 수많은 증언들에서 암묵적으로 드러난다. 하지만 이 점이 『익사한 자와 구조된 자』의 다음 단락에서만큼 명확히 표현되어 있는 곳은 아마도 없을 것이다. 여기서 레비는 해방의 순간 수인들을 엄습한 이상한 절망감을 환기시키고 있다. "꼭 그들이 다시 인간이 되어가고 있다고, 즉 책임이 있는 존재가 되어가고 있다고 느꼈던 것처럼(……)"(Levi, 1989: 70). 따라서 이 생존자는 전락轉落이라는 고통의 숙명에 친숙하다. 그는 인간성과 책임이란 것은 유형수가 수용소에 들어갈 때 버려야만 했던 것임을 알고 있는 것이다.

어떤 사람들(독실한 하임, 무뚝뚝한 사보, 지혜로운 로베르트, 용감한 바루흐)이 굴복하지 않았다는 점은 중요하다. 그러나 증언은 그들을 위한 것이 아니다. 증언은 '더 선한 자들'을 위한 것이 아니다. 그리고 설령 죽지 않았을지라도(그러나 '가장 선한 사람들은 다 죽었다'[같은 책, 82]) 그들은 증인이 되려고 하지 않을 것이고, 수용소를 증언할 수도 없을 것이다. 아마도 다른 뭔가를, 즉 자신의 신념, 자신의 정신력을 증언할 수는 있을 테지만(그리고 이는 바로 그들이 죽음으로 증언했던 것이다) 수용소를 증언할 수는 없다. '온전한 증인들', 증언이 의미를 지니는 사람들은

"이미 자신들을 관찰하고 기억하고 비교하고 표현할 능력을 상실했던 것이다"(같은 책, 84). 그들의 경우에 대해서 존엄과 품위를 말하는 것은 품위에 어긋나는 일이리라.

친구 중의 하나가 그가 살아남은 것에 대해 그것은 신의 섭리라고, 그가 '점지를 받아 선택된' 것이라고 납득시키고자 했을 때 레비는 '그런 식의 의견은 나에게는 도저히 말도 안 되는 것 같았다'(같은 책, 82)며 경멸조로 응답한다. 레비는 아우슈비츠에서도 인지 가능한 어떤 선^善이 유지되었다는, 수용소에서도 소중한 무언가가 있었고 정상적으로 실행되었다고 하는 주장은 받아들일 수 없으며 그러한 주장은 선을 증언하는 것도 아니라는 생각을 내비친다. 이는 또한 살아남은 자는 "가장 선한 자, 선을 행하도록 미리 예정된 자, 의미의 담지자"(같은 책, 82)가 아니라는 주장의 의미이기도 하다. 살아남은 자들은 가장 선한 자들(수용소에 적응하기에는 정신력이 컸던 사람들)에 비해 '더 악할' 뿐만 아니라 익사한 자들, 그의 죽음이 죽음이라 불릴 수 없는 익명의 집단^{mass}에 비해서도 '더 악하다.' 이것이 아우슈비츠에 특유한 윤리적 아포리아이다. 아우슈비츠는 품위를 유지하는 것이 품위가 아닌 것이 되는 장소, 자신의 존엄과 자존을 잃지 않고 있었다고 스스로 믿었던 사람들이 그러지 못한 사람들에 대해 부끄러움을 경험하는 장소인 것이다.

2. 12. 『말테의 수기』에서 릴케^{Rainer Maria Rilke}는 품위와 존엄을

잃지 않았던 데서 기인하는 부끄러움에 대해 유명한 묘사를 제공하고 있다. 파리의 거리에서 몇몇 부랑자들과 우연히 마주쳤던 말테는 외양적인 존엄을 갖추고 있고 칼라도 깨끗한데도 불구하고 부랑자들이 자신을 그들 중의 하나로 인식하고 있다는 점을 의식한다.

> 정말로 내 옷의 칼라는 깨끗하다. 속옷도 그렇다. 지금 이대로 아무 카페에라도 들어가, 아무리 큰 거리에 있는 카페일지라도, 이 손을 거리낌 없이 과자가 가득 담긴 접시에 내밀어 하나를 집어들 수도 있다. 그래도 아무도 이상하게 여기지 않을 것이고 고함을 치거나 내쫓지 않을 것이다. 누가 뭐래도 내 손은 좋은 가문 출신인데다가 매일 네다섯 번씩은 씻는 손이기 때문이다. (……) 하긴 생 미셸 가나 라신 가에는 그런 것에 속지 않고 내 손목 따위에는 아랑곳하지 않는 사람들이 있다. 그들은 나를 바로 알아본다. 사실은 내가 자신들과 같은 무리인데 약간의 연극을 하고 있을 뿐임을 아는 것이다. (……) 그들은 나의 즐거움을 망치려 하지 않는다. 다만 실실 쪼개면서 내게 눈을 찡긋할 뿐이다. (……) 그들은 누구일까? 그들은 내게 무엇을 원하는 걸까? 그들은 나를 기다리고 있는 걸까? 어떻게 그들은 나를 알아보았을까? (……) 그러니까 그들은 거지일 뿐만 아니라 부랑자들임에 분명하다. 아니, 원래는 거지가 아니다. 그 차이를 분명히 해야 한다. 운명이 뱉어 버린 인간 찌꺼기, 인간의 껍데기이다. 그들은 운명의 침에 흥건히 젖어 벽과 가로등과 광고탑에 달라붙어 있는 것이다. 아니면 거무튀튀하고 지저분한 흔적을 남기며 골목길을 천천히 흘러 내려가기도 한

다. (……) 그런데 어떻게 해서 그때 그 머리가 센 작은 여인은 15분 동안이나 진열장 앞의 내 곁에 서 있게 되었던 것일까? 그녀는 꼭 쥔 지저분한 두 손에서 아주 천천히 삐져나오던 그 기다란 낡은 연필을 내게 내밀었다. 나는 진열된 물건을 보느라 바쁜 척하면서 짐짓 아무것도 알아차리지 못한 듯 행동했다. 그러나 그녀는 내가 그녀를 보았음을 알고 있었으며, 내가 거기 서서 그녀가 무엇을 하고 있는지 가늠해보려고 하고 있었음을 알고 있었다. 연필이 문제가 아니라는 것을 나는 잘 알고 있었기 때문이다. 나는 그것이 어떤 신호, 신참에게 보내는 신호라는 것을, 부랑자들만이 알고 있는 신호라는 것을 느꼈다. 내가 어디론가 가서 무엇인가를 해야 한다는 것을 그녀가 지시하고 있다는 것을 알아차렸다. 참으로 이상하게도 실제 거기에는 이 신호와 관계된 모종의 비밀 언어가 있었고, 이 장면도 사실은 이미 내가 예상했던 바였다는 느낌을 계속 떨쳐버릴 수 없었다. (……) 그 뒤로는 그런 비슷한 만남이 이루어지지 않는 날이란 거의 하루도 없다. 저녁 무렵만이 아니라 사람들이 많은 한낮의 거리에서도 갑자기 작은 남자나 늙은 여인이 나타나서는 고개를 끄덕이고 내게 무엇인가를 내보이고는 모든 임무를 다했다는 듯 다시 사라져버릴 것이다. 가까운 장래에 그들이 내 방에까지 찾아올 작정을 할지도 모르겠다. 그들은 분명 내가 어디에 살고 있는지 알고 있을 것이고 어떻게든 수위를 따돌릴 것이다(Rilke, 1983: 38~41).

여기서 흥미로운 것은, 말테가 릴케의 제스처가 내포하고 있는 근본적인 모호성을 표현한다는 사실이 아니다(여기서 릴케의 제스처는 인식할 수 있는 모든 인간의 면모를 저버렸다는 의식과 어떻게 해서든 이 상황을 벗어나고자 하는 의식으로 분열되어 있는데, 이 제스처에 의해 나락으로 떨어지는 모든 하강은 그저 저 '높은 곳$^{hauts\ lieux}$'의 시^{詩}와 고결로의 빤한 상승을 위한 하나의 계기에 지나지 않게 되어버리는 것이다). 결정적인 점은 오히려 말테가 부랑자들과 마주쳤을 때 자신의 존엄은 쓸모없는 코미디에 지나지 않다는 사실을 깨닫는 것이다. 그의 존엄이란 그저 그들로 하여금 자기를 보고 '실실 쪼개면서 눈을 찡긋하는' 행동을 유발하는 것에 지나지 않는 것이다. 말테에게는 눈앞에 그들이 있다는 사실, 그들이 넌지시 비치는 친밀감이 도무지 견딜 수 없는 것이어서 그는 그들이 어느 날 자기 집에 나타나 자기에게 부끄러움을 안겨줄지도 모른다고 두려워한다. 그가 국립도서관에, 동료 시인들 사이에 은신해있는 것은 바로 이 때문이다. 국립도서관에는 부랑자들이 발을 들여놓을 수 없을 것이기 때문이다.

아우슈비츠 이전에는 극단적인 모습의 인간성과 마주해 존엄이 붕괴되는 것과, 절대적인 전락 앞에서의 자존^{自尊}의 부질없음이 그토록 효과적으로 묘사될 수 없었을 것이다. 말테의 '인간의 껍데기'와 레비가 말하는 '껍데기 인간' 사이에는 미묘한 공통점이 있다. 이 젊은 시인이 파리의 부랑자들 앞에서 느끼는 작은 부끄러움은, 미약한 형태이지만 익사한 자들에 대해 생존자들이 느끼는 엄청난 부끄러움, 그 전대미문의 부끄러움의 전조라 할 만하다.

2. 13. '이슬람교도'의 역설적인 윤리적 상황은 반드시 고찰될 필요가 있다. '이슬람교도'는 베텔하임이 믿듯이 인간이 인간으로 남아있기 위해서는 넘어서는 안 되는, 그러한 불회귀점과 문턱의 암호로만 볼 수는 없다. 그는 인간성과 자존, 그리고 아마도 목숨까지 구하려면 우리가 있는 힘을 다해 저항해야만 하는, 그러한 도덕적 죽음의 화신인 것만은 아니다. 차라리 '이슬람교도'는 레비가 묘사한 바 있듯이 도덕성과 인간성 자체가 의문에 부쳐지는 실험의 장소인 것이다. '이슬람교도'는 특별한 종류의 한계 형상으로서, 여기서는 존엄과 자존 같은 범주들뿐만 아니라 윤리적 한계라는 관념 자체도 의미를 잃는다.

만약 누군가 인간이 인간으로 남아있기 위해서는 넘어서는 안 될 한계를 설정하고 모든 혹은 대다수 인류가 그러한 한계를 넘어선다면 그것이 증명해주는 바는 인간의 비인간성이 아니라 오히려 그러한 한계의 불충분함과 추상성이다. 나치 친위대가 수용소에 목사를 들여보냈음을, 그리고 그가 온갖 수단을 동원해 아우슈비츠에서조차 존엄과 자존을 지킬 필요성을 '이슬람교도'들에게 설득하려고 했음을 상상해보라. 그 목사의 제스처는 가증스러웠을 것이다. 그의 설교는 설득의 가능성뿐만 아니라 인간의 도움이 전혀 미치는 못하는 곳에 있던("그들은 거의 언제나 도움이 미치는 못하는 곳에 있었다"[Bettelheim, 1960: 156]) 그들 앞에서는 잔인하기 짝이 없는 농담이었을 것이다. 이것이 바로 수인들이 '이슬람교도'에게 말 걸기를 아예 포기해버렸던 이유이다. 마치 도움의 손길이 미칠 수 없는 곳에 있는 사람들에게는 침묵과 보지 않은 것만이 적절한 처신이었다는 듯이 말이다.

'이슬람교도'의 인간성을 간단히 부정해버린다면 그것은 나치 친위대의 평결을 받아들이고 그들의 제스처를 반복하는 일이 될 것이다. 그보다는 오히려 '이슬람교도'는 도움뿐만 아니라 존엄과 자존까지도 부질없는 것이 되어버리는 인간성의 지대^{地帶}로 들어간 것이다. 그러한 개념들이 아무런 의미도 없어지는 인간성의 지대가 있다면 그때 그러한 개념들은 참된 윤리(학)적 개념들이 아니다. 어떤 윤리(학)도 인간성의 어떤 부분의 배제를, 그러한 인간성을 보는 게 아무리 불쾌하고 어려운 일일지라도, 주장할 수 없기 때문이다.

2.14. 몇 년 전 의무적인 의사소통 원리라는 형식으로 윤리(학)의 초월론적 조건 같은 것을 찾아냈다고 주장하는 학설이 등장했다. 이 학설은 아우슈비츠에 관해 다른 어떤 나라보다도 더 큰 양심의 가책을 느낄 이유가 있던 한 유럽 국가[독일]에서 생겨나 이내 학계 전반에 확산되었다. 이 이상한 학설에 따르면, 말하는 존재는 어떤 식으로든 의사소통을 회피할 수 없다. 동물과는 달리 언어를 갖고 태어난 이상 인간은 의미와 자기 행위의 타당성의 규준들에 대해, 이를테면 동의하지 않으면 안 될 운명에 처해있다는 것이다. 누군가 자신은 의사소통을 원치 않

는다고 선언한다면 그는 스스로를 부정하는 셈이 된다. 왜냐하면 그는 이미 의사소통을 하지 않겠다는 자신의 의지를 전달[의사소통]했기 때문이다.

이런 식의 주장은 철학사에서는 새로운 것이 아니다. 그런 주장들은 철학자들이 언어라는 친숙한 지반이 어쩐지 무너지는 것을 느끼며 속수무책임을 깨닫는 순간을 나타낸다. 『형이상학』 제4권의 '모든 원리들 중 가장 강한 것,' 즉 배중률排中律에 대한 증명에서 아리스토텔레스는 이미 저와 같은 논법에 호소할 수밖에 없었다. 그는 다음과 같이 쓰고 있다.

> 어떤 사람들은 교육이 결여됨으로 말미암아 실제로 그러한 원리를 증명해달라고 요구한다. 왜냐하면 마땅히 증명이 추구되어야 하는 것은 어떤 것이고 그렇지 않은 것은 어떤 것인지를 인식하지 못하는 것이 교육의 결여이기 때문이다. 일반적으로 말해, 모든 것에 증명이 있을 리는 만무하다. 왜냐하면 그것은 끝도 없이 계속될 것이고, 그러므로 결국에는 증명이 아니게 될 것이기 때문이다. (……) 하지만 반론자가 뭐라고 말하기만 하면, 이것[배중률]조차 반박 형식으로 증명될 수 있다. 만약 그가 아무 말도 하지 않는다면, 아무 말도 하지 않는 누군가에 대한 응답으로 어떤 진술을 구하는 것은 어처구니없는 일이다. 저와 같은 이는, 그가 저와 같은 한, 식물이나 매한가지다(Aristotle, 1993: 8).

저러한 논법이 어떤 암묵적인 가정(이 경우에는 누군가 반드시 말해야만 한다는 것)에 근거하는 한 모든 반박은 필연적으로 어떤 배제 형태로 잔여^{residue}를 남긴다. 아리스토텔레스의 경우 그 잔여란 식물-인간, 즉 말하지 않는 사람이다. 반박이 힘을 쓸 수 없게 하기 위해서 이 상대방은 그냥 말하기를 철저히 그만두면 그걸로 그만이다. 이는 우리가 마음대로 언어의 입구로[언어 이전 상태로] 되돌아갈 수 있어서가 아니다. 그보다는 말하기를 배웠다는 단순한 사실이 말할 의무를 낳지는 않기 때문이다. 의사소통의 도구로서의 언어의 순수한 선재^{先在}, 즉 말하는 존재에게는 언어가 이미 자체적으로 존재한다는 사실에는 아무런 의사소통의 의무도 포함되어 있지 않다. 오히려 언어가 항상 이미 의사소통이 아닌 경우에만, 언어가 증언이 불가능한 어떤 것을 증언하는 경우에만 말하는 존재는 말할 필요성 같은 것을 경험할 수 있다.

아우슈비츠는 모든 의무적 의사소통이라는 원리에 대한 철저한 반박이다. 이는, 생존자들의 증언에 의하면, 카포^{Kapo}[7]나 나치 친위대원을 설득하여 의사소통하게 하려는 시도가 모두 결국에는 얻어맞는 것으로 끝났기 때문에만 그런 것도 아니며, 그렇다고 마르살렉이 상기시키듯이 어떤 수용소에서는 의사소통의 자리를 (얄궂게도 '데어 돌메처$^{der\ Dolmetscher}$', 즉 '통역기'라는 새로운 이름을 얻은) 고무 채찍이 대신 차지했기 때문에만 그런 것도 아니다. 또한 그렇다고 수용소에서는(이곳에서 "당신의 혀는 며칠 안에 바싹 말라붙고 더불어 생각도 멎는다"[Levi, 1989: 93])

---

7) 강제수용소에서 간수로 일했던 수인.

'아무도 듣는 이 없음'이 정상적인 조건이었기 때문인 것도 아닙니다.

결정적인 반박은 다른 것이다. 그것은 다시 한 번 '이슬람교도'인 것이다. 잠시 놀라운 타임머신 덕분에 아펠 교수[8]가 수용소 안에 있게 된다고 상상해보자. 그의 앞에 '이슬람교도'를 놓아두고 우리는 그에게 의사소통의 윤리(학)를 여기에서도 증명해보라도 요구한다. 이 지점에서는 가급적이면 우리의 타임머신을 꺼두고 실험을 계속하지 않는 것이 상책이다. 모든 좋은 의도에도 불구하고 '이슬람교도'는 또 한 번 인간성에서 배제될 위기에 처하는 것이다. '이슬람교도'는 가능한 모든 반박 중에서도 가장 철저한 반박이며, 따라서 저 극단적인 형이상학적 보루들의 파괴이다. 왜냐하면 이 형이상학적 보루들의 힘은 그것들이 직접적으로 증명될 수 없기 때문에 존속하는 게 아니고 오로지 자신들의 부정을 부정함으로써 존속하기 때문이다.

2.15. 존엄dignity이라는 개념 또한 법률적 기원을 갖고 있다는 점은 놀라운 일은 아니다. 하지만 이번에 이 개념이 관계하는 영역은 공법公法의 영역이다. 로마 공화정 시대에도 이미 라틴어 '*dignitas*'는 공직들 자체뿐만 아니라 그것의 연장으로 그러한 공직들에 내재한 등급과 자격을 지칭했다. 따라서 기사騎士

---

8) 칼-오토 아펠(Karl-Otto Apel)을 이른다.

의 존엄, 왕의 존엄, 황제의 존엄$^{dignitas\ equestre,\ regia,\ imperatoria}$에 대해 이야기하는 것이 가능했다. 이러한 관점에서 '존엄의 지위들에 관하여$^{De\ Dignitatibus}$'라는 표제가 붙은 『유스티니아누스 법전$^{Codex\ Iustinianus}$』[9] 제12권을 한 번 읽어보면 큰 도움이 된다. 『유스티니아누스 법전』의 과업은 여러 다양한 '존엄들'(원로원 의원들과 집정관들의 전래의 존엄들뿐만 아니라 장관에서 근위병에 이르기까지, 시종장에서 시종들에 이르기까지, 또한 재무장, 십부장$^{+夫長}$, 막사장, 막사병들 및 비잔틴 관직 체계의 여타 계급의 존엄들)의 지위에 대한 완전한 존중을 보장하는 것이었다. 해당 등급에 어울리지 않는 삶을 사는 사람들(예컨대 공적 검열에 의해 낙인이 찍히거나 오명을 얻은 사람들)이 공직(존엄의 문$^{porta\ dignitatis}$)에 접근하는 것을 막는 데 의의가 있었던 것이다. 그러나 존엄들에 대한 진정한 이론을 구축한 것은 중세 법학자들과 교회법학자들의 작품이었다. 이제는 고전이 된, 『왕의 두 신체: 중세 정치 신학 연구』라는 제목의 책에서 칸토로비츠$^{Ernst\ Kantorowicz}$는 주권 이론의 가장 핵심적인 부분 중 하나를 형성하는 데 있어 법학이 신학에 얼마나 단단히 속박되어 있었는지를 보여주었다. 마치 예수 그리스도의 신격^{神格}이 그의 인간으로서의 육신에 중첩되듯이, 존엄은 담지자로부터 해방되어 의제적 인격$^{fictitious\ person}$, 즉

---

[9] 정식 명칭은 로마법대전(*Corpus Juris Civilis*)으로서, 비잔틴 제국의 황제 유스티니아누스 1세의 후원으로 529~565년에 편찬된 법전과 법률 해석집이다. '칙법휘찬Codex Constitutionum', '학설휘찬Digesta, Pandectae', '법학제요Institutiones', '신칙법Novellae Constitutiones Post Codicem'으로 구성되어 있다.

집정관이나 황제의 존체^{尊體}에 따라 붙는 일종의 신비적 신체가 된다. 이러한 해방은 중세 법학자들이 종종 되풀이해서 말했던 "존엄은 결코 죽지 않는다"(존엄은 결코 죽지 않으며, 그러므로 왕도 절대 죽지 않는다[*dignitas non moritur, Le Roi ne meurt jamais*])라는 원리에서 정점에 이른다.

존엄과 그 신체적 담지자의 이 동시적인 분리와 통일은 로마 황제의 이중장^{二中葬}에서 (나중엔 프랑스 국왕의 이중장에서) 명확히 드러난다. 여기서 죽은 통치자의 밀랍인형(이는 그의 '존엄'을 표상한다)은 존경과 치료를 받고, 화장례^{火葬禮}(영장^{靈葬}; *funus imaginarium*)가 엄수되는 등 실제의 사람과 똑같은 대우를 받는다.

교회법학자들의 저작은 법학자들의 저작과 유사한 노선을 따라 논리가 전개된다. 그들은 여러 다양한 성직자의 '존엄들'에 대한 상응하는 이론을 구축했는데, 이는 (미사를 집전하는) 사제들에 의해 사용된 「사제의 존엄에 대하여$^{De\ dignitate\ sacerdotum}$」라는 논고에서 정점에 이른다. 한편으로 사제의 등급은 미사 중에 그의 신체가 그리스도가 인간의 모습으로 나타나는 장소가 되는 한 천사의 등급을 넘어서는 데까지 격상된다. 그러나 또 다른 한편으로는 존엄의 윤리, 즉 사제가 자신의 고귀한 지위에 걸맞게 (그러므로 '사악한 삶$^{mala\ vita}$'을 자제하는, 예컨대 여성의 외음부를 만진 이후 그리스도의 몸에 손을 대지 않아야 하는 식으로) 처신할 필요가 강조된다. 그리하여 공적 존엄이 어떤 이미지 형태로 사후에도 살아남는 것과 마찬가지로 사제의 거룩함은 성유물^{聖遺物}을 통해 살아남는다('존엄'이란 프랑스에서는 다른 무엇보다도 거룩한 몸의 유체遺體[성골聖骨]를 이른다).

'존엄'이란 용어가 도덕 철학의 논고들에 도입되면 법 이론에 의해 전개된 모델이 그대로 축조逐條되어 내부화된다. 중세에서와 같이 로마에서도 집정관이나 사제의 등급에는 어떤 특별한 몸가짐이나 밖으로 드러나는 외양이 수반된다(애초부터 '디그니타스^{dignitas}'는 고귀한 신분에 합당한 신체적 용모를 가리키며, 이는 로마인들에 따르면 남성에게 있어서는 여성의 아름다움^{venustas}에 해당하는 것이다). 존엄의 창백한 이미지는 이렇게 해서 도덕 철학에 의해서 정신적인 것이 된 다음, 그리고는 사라진 '존엄'의 자리와 이름을 가로챈다. 그리하여 과거에 법이 '의제적 인격$^{persona\ ficta}$'의 등급을 그것의 담지자로부터 해방시켰던 것과 꼭 마찬가지로 도덕은 (거울에 되비친 것처럼 반전된 제스처로) 개인의 몸가짐을 어떤 공직의 보유로부터 해방시킨다. '존엄한' 사람은 이제 공적인 존엄을 결여하고 있음에도 불구하고 범사에 자기가 그러한 공적인 존엄을 지니고 있는 것처럼 처신하는 사람이다. 이 점은 '구체제'의 붕괴 이후 절대 왕정이 그들에게 부여했던 최후의 공적인 특권마저 잃은 계급들에서 분명히 드러난다. 또한 나중에는 정의상 어떠한 정치적 존엄의 여지도 허용되지 않은 하층 계급들에서도 이 점을 관찰할 수 있는데, 온갖 종류의 교육자들이 그들에게 빈자貧者의 존엄과 고결에 대한 가르침을 전하기 시작한다. 두 계급 모두 있지도 않은 존엄을 지키며 살라고 강요받는다. 이러한 조응은 종종 언어적인 차원에서까지 나타난다. 어떤 공직의 상실이나 지속을 가리켰던

'*dignitatem amittere*'[존엄을 잃다]와 '*dignitatem servare*'[존엄을 지키다]는 이제 존엄을 '잃다' 또는 존엄을 '지키다', 즉 등급까지는 아니더라고 적어도 외양을 버리거나 지키는 것이 된다.

인종법 이후 유대인의 법적 지위를 언급하면서 나치 또한 일종의 존엄을 암시하는 용어인, '엔트뷔르디겐*entwürdigen*'이란 말을 사용했는데, 이는 말 그대로 '존엄을 박탈하다'는 의미이다. 유대인은 모든 '뷔르데*Würde*'를, 즉 모든 존엄을 박탈당한 인간이다. 그는 그냥 인간일 뿐이며, 바로 이러한 이유에서 비인간이다.

2.16. 존엄이 부적절한 장소나 상황이 있기 마련이다. 이를테면 정부情夫는 결코 '존엄하다'고 할 수 없다. 이는 존엄을 지키면서 사랑을 나눈다는 것이 불가함과 같은 이치이다. 고대인들은 이러한 불가능성을 너무나도 확신한 나머지 관능적 쾌락은 명목상으로도 존엄과 양립할 수 없다(*verbum ipsum voluptatis non habet dignitatem*)고 주장하기까지 했고, 그래서 그들은 성애에 관한 내용들을 희극 장르로 분류했다(세르비우스*Servius*[10]가 전하는 바에 따르면, 오늘날에도 독자들의 눈물샘을 자극하는 [베르길리우스의]『아이네이스』4권은 완벽한 희극 장르의 예로 여겨졌다).

---

[10] 세르비우스 4세기에 로마에서 활동한 라틴 문법학자·주석자·교사로 베르길리우스의 작품에 대한 귀중한 해설서를 쓴 저자이기도 하다.

이렇듯 사랑과 존엄이 서로 조화될 수 없는 데는 그럴만한 이유가 있다. 법률적 '디그니타스^{dignitas}'와 그것의 도덕적 치환, 이 두 가지 경우 모두에 있어 존엄은 그걸 지닌 자의 실존에 대해 자율적인 어떤 것, 즉 그가 반드시 따라야만 하고 또 무슨 일이 있어도 잃지 말아야 할 내면적 모델 또는 외면적 이미지이다. 그러나 극한 상황에서는(물론 사랑 또한 그 나름대로 극한 상황이다) 실제의 인격과 모델 사이에, 삶과 규범 사이에 최소한의 거리를 유지하는 것조차 가능하지 않다. 그리고 이는 삶이나 규범이, 내면적인 것이건 외면적인 것이건, 번갈아 가면서 우위를 차지하기 때문은 아니다. 보다 정확히 말하자면 이는 그것들이 모든 점에서 분리 불가능하기 때문이며, 품위 있는 타협의 여지를 더 이상 남기지 않기 때문이다(성 바오로가「로마 신자들에게 보낸 서간」에서 사랑을 율법의 종착점이자 율법의 완성으로 정의할 때 그는 이 점을 완벽히 깨닫고 있었다[11]).

이는 또한 아우슈비츠가 종착점을 나타내는, 모든 존엄의 윤리(학), 규범에 대한 순응을 가르치는 온갖 윤리(학)의 파산을 고하는 이유이다. 인간이 마침내 축소되어 이르고 말았던 저 벌거

---

[11] "아무에게도 빚을 지지 마십시오. 그러나 서로 사랑하는 것은 예외입니다. 남을 사랑하는 사람은 율법을 완성한 것입니다. '간음해서는 안 된다. 살인해서는 안 된다. 도둑질해서는 안 된다. 탐내서는 안 된다'는 계명과 그 밖의 다른 계명이 있을지라도 그것들은 모두 이 한마디 곧 '네 이웃을 너 자신처럼 사랑해야 한다'는 말로 요약됩니다. 사랑은 이웃에게 악을 저지르지 않습니다. 그러므로 사랑은 율법의 완성입니다"(「로마 신자들에게 보낸 서간」, 13장 8~10절).

벗은 삶은 어떤 것도 요구하지 않고 어떤 것에도 순응하지 않는다. 그것은 그 자체가 유일한 규범이며, 따라서 절대적으로 내재적인 것이다. 그래서 '인간이라는 종種의 일원이라는 궁극적인 감정'은 결코 어떤 의미에서도 존엄 같은 것일 수 없다.

따라서 살아남은 사람들이 수용소에서 구해낼 수 있었던 선善은, 수용소에서 '선'에 대해 말하는 것에 어떤 의미가 있다면, 존엄이 아니다. 반대로 살아남은 사람들이 수용소로부터 인간의 땅으로 전한 잔인한 소식은 정확히 이러한 것이다. 즉 상상을 초월할 정도로 존엄과 품위를 잃을 수 있다는 것, 가장 극단적인 전락 속에서도 그 안에는 아직 삶이 존재한다는 것이다. 그리하여 이러한 새로운 앎은 이제 모든 도덕과 모든 존엄을 판단하고 평가하는 시금석이 된다. '이슬람교도'는 그것의 가장 극단적인 표현이며, 어떤 새로운 윤리(학), 그러니까 존엄이 끝나는 지점에서 시작되는 어떤 형태의 삶의 윤리(학)의 문턱을 지키는 문지기이다. 그리고 익사한 자들을 증언하고 그들을 대신해 말하는 레비는 이 새로운 '윤리(학)의 대지$^{terra\ ethica}$'를 그리는 지도 제작자, '무젤만란트^{Muselmannland}'의 냉혹한 토지 측량사이다.

2.17. 우리는 지금까지 삶과 죽음의 경계에 있다는 것이 그야말로 '걸어 다니는 시체'인 '이슬람교도'에게 끊임없이 귀속되는 특질 중의 하나임을 보아왔다. 추해진 그의 얼굴, 그의 '동양

적' 고통을 마주한 생존자들은 그들에게 그저 살아있는 존재라는 작은 존엄성을 부여하는 것조차 꺼린다. 그러나 이렇듯 죽기 직전의 상태에 있다는 것은 또 다른 의미, 더 무서운 의미를 가질 수도 있는데, 그것은 삶의 존엄과 치욕이라기보다는 죽음의 존엄과 치욕에 관한 것이다.

가장 정확한, 동시에 가장 끔찍한 표현을 찾아내는 이는, 늘 그렇듯이 이번에도 레비이다. 그는 이렇게 쓰고 있다. "사람들은 그들의 죽음을 죽음이라 부르기를 망설인다." 이것은 가장 정확한 표현이다. 왜냐하면 '이슬람교도'들을 정의하는 것은, 그들의 삶이 더 이상 삶이 아니라는 것(이러한 종류의 전략은 어떤 의미에선 모든 수용소 수인들에게 해당되며, 따라서 전적으로 새로운 경험은 아니다)이기보다는 오히려 그들의 죽음이 죽음이 아니라는 것이기 때문이다. 이것, 즉 한 인간의 죽음이 더 이상 죽음이라 불릴 수 없다는 것(그저 단순히 그 죽음에 별로 대단할 게 없다는 것[이것은 새로운 게 아니다]이 아니라 그 죽음이 '죽음'이라는 이름으로 불릴 수 없다는 것)은 '이슬람교도'가 수용소에 들여오고 수용소가 세상에 들여온 특별한 공포이다. 하지만 이것은 나치 친위대가 그 시체들을 '피구렌^{Figuren}', '형체'라고 부른 게 적절했다는 것을 의미한다(그리고 레비의 문구가 끔찍한 이유는 바로 이 때문이다). 죽음이 죽음이라 불릴 수 없는 곳에서는 시체도 시체라고 불릴 수 없다.

2.18. 수용소를 정의하는 것은 그저 단순한 삶의 부정이 아니라는 것, 죽음도 피해자의 숫자도 전혀 수용소의 공포를 다 말해주지 못한다는 것, 수용소에서 침탈된 존엄은 삶의 존엄이 아니라 죽음의 존엄이라는 것은 이미 여러 차례 주장된 바 있다. 한나 아렌트는 1964년 가우스$^{Günther\ Gaus}$와의 어느 인터뷰에서 수용소에 대한 진실을 알게 된 다음 자신의 반응을 다음과 같이 아주 자세히 묘사했다.

> 그전에는 우린 이렇게 말했죠. '그래, 누구에게나 적敵은 있지. 그건 지극히 자연스러운 일이야. 사람에게 적이 없으란 법은 없잖아?' 하지만 이건 달랐습니다. 그건 정말 마치 뭐랄까 지옥문이 열린 것 같았죠. 그런 일은 일어나지 말았어야 했습니다. 물론 저는 희생자의 숫자만을 말하는 게 아닙니다. 그 방법, 시체의 제조 등등이 그렇습니다. 그런 것까지 얘기할 필요는 없겠죠. 그런 일은 일어나지 말았어야 했죠. 그곳에서 도무지 우리가 감당할 수 없는 일이 벌어진 겁니다. 우리 중 어느 누구도 감당할 수 없는(Arendt, 1993: 13~14).

여기 쓰인 문장들은 하나하나 너무도 고통스러운 의미로 채워져 있다. 그것을 말하는 사람이 형언할 수 없는 것과 완곡어법 사이에 있는 어정쩡한 표현들에 의지해야 할 정도로 말이다. 특히 약간의 수정과 더불어 반복된 기묘한 표현, '그런 일은 일어나지 말았어야 했다'는 표현은 원한의 어조를 지닌 것처럼 보인다. 그 말이 우리 시대의 악惡의 문제에 대해 가장 용감하고도 계몽적인 책을 쓴 저자의 입에서 나온 것임을 생각해 보면 참으로 놀랍다. 이러한 인상은 우리가 마지막 말들을 읽을 때, 즉 "도무지 우리가 감당할 수 없는 일이 벌어진 거죠. 우리 중 어느 누구도 감당할 수 없는"이라는 대목에 이르면 더 커진다(니체가 말하길, 원한은 일어난 어떤 일을 의지가 받아들이지 못하는 데서 나온다고, 시대와 화해하지 못하는, 시대의 '그땐 그랬지'와 화해하지 못하는 의지의 무능에서 나온다고 했다).

그리고는 곧이어 아렌트는 일어나지 말았어야 했지만 일어나버린 일을 확인한다. '시체의 제조 등등.' 그러한 일은 너무나 끔찍한 것이어서 아렌트는 그것을 입에 담고 나서 주저함이나 부끄러움에 가까운 몸짓('그런 것까지 얘기할 필요는 없겠죠')을 취한다. 힐베르크에 따르면, '컨베이어 벨트$^{am\ laufenden\ Band}$'를 이용한 모종의 제조라는 집단학살의 정의를 처음 사용한 사람은 나치 친위대의 내과의였던 엔트레스$^{F.\ Entress}$였다고 한다. 이후 그러한 정의는 수도 없이, 종종 전후 맥락에서 벗어나서, 되풀이되어 왔다.

'시체의 제조'라는 표현은 어느 경우에나 죽음에 대해 진실하게 말한다는 게 더 이상 불가함을, 수용소에서 일어난 일은 죽음이 아니라 오히려 그보다 더 지독하기 짝이 없는 것이었음을 암시한다. 아우슈비츠에서 사람들은 죽지 않았다. 보다 정확히 말해 시체들이 생산되었던 것이다. 죽음을 갖지 못한 시체들, 죽음이 연쇄 생산의 재료로 전락해버린 비인간들 말이다. 그리고 어느 정도는 합당하고 또 널리 인정받는 해석에 따르면,

바로 이러한 죽음의 격하야말로 아우슈비츠에 특유한 죄악을 이루는 것이며 그 공포에 걸맞은 이름이 된다.

2. 19. 하지만 죽음의 격하가 아우슈비츠의 윤리적 문제를 구성한다는 것은 그리 명백한 것은 아니다. 이러한 시각에서 아우슈비츠를 접근할 때면 언제나 필연적으로 나타나는 어떤 모순들이 있다. 이는 아우슈비츠보다 수년 전에 이미 우리 시대의 죽음의 격하를 고발했던 저 저자들도 부딪쳤던 문제였다. 그러한 저자들 중 으뜸은 물론 릴케이다. 게다가 그는 뜻밖에도 수용소에서 일어난 죽음의 연쇄 생산에 관해 엔트레스가 했던 표현의 어느 정도 직접적인 출처가 될 수도 있다.

> 지금은 559개의 침상에서 사람들이 죽어간다. 물론 공장^{fabrikmässig}에서처럼 말이다. 이렇게 엄청난 대량 생산이기에 개별적인 죽음이 그리 신중히 이루어지지는 않지만 그런 것은 중요치 않다. 중요한 것은 양量이다(Rilke, 1983: 8~9).

또한 같은 해 아도르노$^{Theodor\ W.\ Adorno}$가 아우슈비츠와 관련해 환기시켰던 한 문단에서 페기$^{Charles\ Péguy}$는 현대 세계에서 죽음의 존엄 상실에 대해 말한 바 있다. "현대 세계는 아마도 이 세상에서 가장 비천하게 만들기 어려운 무엇, 그 자체에, 그것의 결 속에, 일종의 특별한 존엄을, 비천해지지 못하는 독특한 무능력을 갖고 있는 무엇을 비천하게 만드는 데 성공했다. 죽음이 바로 그것이다."[12]

릴케는 '연쇄적인' 죽음을 저 그리운 옛날의 '고유한 죽음'과, 즉 "열매 속에는 씨가 들어 있듯"(같은 책, 10) 모든 이들이 자기 안에 품고 다녔던 죽음, "누구나 갖고 있었고", "저마다에게 고유한 존엄과 무언의 자부심을 주었던" 죽음과 대립시킨다. 릴케가 파리에 머물고 있을 때 느꼈던 충격에 의해 쓰여진 『가난과 죽음의 서書』는 책 전체가 대도시에서의 죽음의 격하라는 문제를 다루고 있는데, 대도시에서는 삶의 불가능성이 사람들 자신의 죽음을 실현하지[결실시키지] 못하는, "우리가 저마다 자기 안에 간직한 위대한 죽음"(Rilke, 1995: 90)을 실현하지[결실시키지] 못하는 불가능성이 되어버린다. 하지만 주목할 만한 점은 출산과 유산("우리는 사산死産된 죽음을 낳는다"[같은 책, 91]) 및 떫은 과일과 잘 익은 과일("이 죽음은 파랗게, 달콤함이라고는 없이 매달려 있다/결코 익지 않는/그들이 내장하고 있는 과일처럼"[같은 책, 90])의 이미지에 대한 과도한 의존을 별개로 한다면 고유한 죽음이 극히 추상적이고 형식적인 술어들('고유한/고유하지 않은' 및 '내면적/외면적')을 통해서만 다른 종류의 죽음과 구별된다는 것이다. 근대성에 의해 성취된 죽음의 박탈에 직면한 이 시인은 프로이트$^{\text{Sigmund Freud}}$의 애도 도식에 따라 사라진 대상

---

12) Adorno, 1974: 232; Péguy, Charles, 1944, *Men and Saints*(New York: Pantheon Books), p. 98.

을 내면화함으로써 그에 반응한다. 아니면 유사한 경우인 멜랑콜리에서처럼 어떤 대상(죽음)이 몰수된 것처럼 보이게 만든다. 하지만 이 대상에 대해 고유성이나 비고유성을 이야기하는 것은 한 마디로 무의미하다. 릴케는 어떤 이유에서 시종관 브리게[13]의 죽음이 '훌륭하고' 고유한 죽음인지에 대해서는 어느 곳에서도 말하지 않는다. 오직 예외가 있다면 늙은 브리게[시종관 브리게]가 **자신의** 하인들과 **자기의** 개들에 둘러싸여 바로 **자신의** 집에서 죽음을 맞는다는 것뿐이다. 죽음에 '고유한 존엄'을 되찾아주고자 하는 릴케의 시도는, 병고에 시달리는 나리를 '쇠스랑으로' 찔러 죽이는 한 농부의 꿈이 결국에는 시인 자신의 억압된 욕망을 드러내는 것처럼 보이는, 그러한 불경의 느낌을 남긴다.

2. 20. 아렌트에 앞서 하이데거(그는 프라이부르크 시절[1920년대 중반] 아렌트의 스승이었다)도 이미 '시체들의 제조'라는 표현을 써서 집단학살수용소를 정의한 바 있었다. 그런데 상당히 흥미롭게도 하이데거에게 있어 '시체들의 제조'에 내포된 의미는, 레비의 경우와 꼭 마찬가지로, 집단학살 희생자들의 경우에는 죽음에 대해 말하는 게 가능하지 않다는 것, 그들은 참되게 죽은 게 아니라 오히려 어셈블리라인 생산 공정에서 생산된

---

13) 크리스토프 데트레프 브리게, 즉 말테의 할아버지.

부품들일 뿐이라는 것이었다. 하이데거는 브레멘 대학에서 기술에 대해 강연한 적이 있는데, '위험$^{Die\ Gefahr}$'이라는 제목의 이 강연문에는 "그들은 한 번에 수십만씩, 덩어리 덩어리로$^{in\ masses}$ 죽는다"고 쓰여 있다.

> 그들은 죽은 것인가? 그들은 사망한 것이다. 그들은 탈락한 것이다. 그들은 시체 제조 창고의 부품이 된다. 집단학살수용소에서 그들은 형체를 알아볼 수 없게끔 해체된다. (……) 하지만 죽는다^{Sterben}는 것은 곧 자신의 존재 안에 죽음을 품는다는 것이다. 죽을 수 있다는 것은 이러한 결단적 품음을 받아들일 수 있다는 것이다. 그래서 우리의 존재가 죽음의 존재를 받아들일 수 있을 때만 우리는 그것을 받아들일 수 있다. (……) 우리는 셀 수 없이 많은 잔인한 죽음, 죽음이 아닌 $^{ungestorbener\ Tode}$ 죽음이라는 엄청난 비참을 어디에서나 마주하지만 아직 죽음의 본질은 사람들에게 차단되어 있다(Heidegger, 1994: 56).

몇 년 뒤, 사소하게나마 나치즘과 연루되어 있는 저자가 집단학살수용소들에 대해 몇 해 동안 침묵을 지키다가 피상적으로 언급한 것은 어찌됐든 적절한 처신이 아니라는, 일리 있는 반박이 제기되었다. 그러나 확실한 것은, 희생자들은 자신들에게는 죽음의 존엄조차 부정되어 자신이 ('사산된 죽음'이라는 릴케의 언급을 떠올리게 하는 이미지대로) 죽음이 아닌 죽음으로 사라질 운명에 처해있음을 알고 있었다는 점이다. 그런데 수용소에서 **죽은** 죽음이란, 죽음의 존재 자체 속에 간직된 죽음이란 무엇이었을까? 그리고 아우슈비츠에서 고유한 죽음과 고유하지 않은 죽음을 구별하는 게 진실로 어떤 의미라도 있는 것일까?

사실 『존재와 시간』에서는 죽음에 독특한 기능이 배정된다. 죽음은 어떤 결단적 경험의 장소, 즉 '죽음을 향한 존재'라는 이름하에 필경 하이데거의 윤리(학)의 궁극적 의도를 표현하는 그러한 경험의 장소이다. 여기서 일어나는 '결단'에서는 일상(일상은 잡담, 애매성, 호기심으로 이루어지며, 일상에서 사람들은 자신이 항상 이미 내던져져 있음을 알게 된다)의 비고유성이 고유성으로 전환되고, 익명의 죽음(이것은 항상 남들의 문제이고, 따라서 결코 참되게 나타나지 않는다)이 가장 고유하고 앞지를 수 없는 가능성이 되기 때문이다. 이러한 가능성이 사람들에게 무언가가 되거나 무언가를 실현하도록 제안하는 어떤 특유한 내용을 갖는 것은 아니다. 그와는 반대로 가능성으로 간주되는 죽음은 절대적으로 비어 있다. 그것은 아무런 특유한 위세도 갖고 있지 않은 것이다. 그것은 단순히 **모든 행동관계**^{comportment}**와 모든 실존의 불가능성의 가능성**이다. 하지만 바로 이러한 이유에서 죽음을 향한 존재 속에서 이러한 불가능성과 이러한 공허를 철저히 경험하는 저 결단은 모든 망설임으로부터 자유로워지며 자신의 비고유성을 처음으로 온전히 전유한다. 실존함의 무한한 불가능성의 경험은 그러므로 사람들이 '그들'('사람들^{das Man}')의 세계 안에 빠져 있음으로부터 자유로워지고 그들 자신의 현사실적 실존이 가능해지는 방식이다.

이 브레멘 강연에서 아우슈비츠의 지위는 따라서 한층 더 의미심장해진다. 이러한 관점에서 보면 수용소는 가장 고유하고 앞지를 수 없는 가능성으로서 죽음을 경험하는 것이, 불가능성의 가능성으로서 죽음을 경험하는 것이 불가능한 장소이다. 다시 말해 수용소는 비고유한 것의 어떠한 전유도 있을 수 없고, 비본래적인 것의 현사실적 지배에 반전도 예외도 없는 장소이다. 바로 이러한 이유 때문에 수용소에서는 (이 철학자에 따르면 기술이 완벽히 승리를 거둔 시대에서와 마찬가지로) 죽음의 존재에로 다가감이 불가능하고, 사람들은 죽는 것이 아니라 시체로 생산되는 것이다.

하지만 고유한 죽음과 고유하지 않은 죽음을 엄밀히 구분하는 릴케의 모델이 이 철학자의 사유와 모순되는 것은 아닌지 여전히 의문이 들 수도 있겠다. 하이데거의 윤리(학)에서 본래성과 고유성은 실재 위에 놓인 이상적 영역으로서, 비본래적인 일상성 위에서 맴돌이하는 것이 아니다. 그렇기는커녕 본래성과 고유성은 비고유성을 올바로 재포착하는 것으로서, 이러한 재포착 안에서 자유롭게 되는 것은 단지 실존의 현사실적 가능성인 것이다. 하이데거가 종종 환기시키는 '위험이 있는 곳에는 그러나 구원의 힘도 함께 자라네'라는 횔덜린$^{\text{Friedrich Hölderlin}}$의 원리에 따르면 전유와 자유가 가능하지 않으면 안 되는 곳은 바로 수용소의 극한 상황인 것이다.

아우슈비츠가 죽음의 경험으로부터 배제되는 이유는 어떤 다른 것임에 틀림없다. 그것은 본래적 결단의 가능성 자체를 의문에 부치며, 그리하여 하이데거 윤리(학)의 기반 자체를 위태롭게 하는 이유일 것이다. 수용소에서는 고유함과 고유하지 않음 사이의, 가능함과 불가능함 사이의 모든 구별이 철저히 사라진다. 왜냐하면 수용소에서는 고유성의 유일한 내용이 비고유성으로 되어버리는 원리가 정확히 그것의 전도에 의해, 비고유성의 유일한 내용이 고유성이 되어버리는 전도에 의해 입증되기 때문이다. 그리고 죽음을 향한 존재에서 인간이 비본래적인 것을 본래적으로 전유하는 것과 꼭 마찬가지로 수용소에서 수인들은 **일상적으로 이름도 없이**[곧 본래적인 것을 비본래적으로, 고유한 것을 고유하지 않게] 죽음을 향해 존재한다. 비고유성의 전유는, 비고유성이 고유성의 기능을 완전히 자기 것으로 만들었기 때문에 더 이상 가능하지 않다. 인간은 매 순간을 현사실적으로 죽음을 향하여 사는 것이다. 이는 곧 아우슈비츠에서 죽음과 단순한 사망을 구별하는 것이, 임종과 '해체됨'을 구별하는 것이 더 이상 불가능함을 의미한다. 하이데거를 염두에 두고 아메리는 다음과 같이 쓰고 있다. "자유로운 사람은 죽음에 대해 초연한 듯한 어떤 태도를 취할 수 있다. 왜냐하면 그에게는 죽음이 임종의 신체적 고통 속에 완전히 흡수되는 것이 아니기 때문이다"(Améry, 1980: 18). 수용소에서는 이것이 불가능하다. 그리고 이는, 아메리가 시사하는 것처럼 보이듯이, 임종의 방식들(페놀 주사를 맞고 죽느냐, 가스에 질식해 죽느냐 아니면 맞아 죽느냐)에 대한 생각이 죽음 자체에 대한 생각을 불필요한 것으로 만들기 때문에 그런 것이 아니다. 보다 정확히 말하자면, 죽음에 대한 구상이 실제로 구현되었던 곳에서는, 죽음이 '사소하고 행정적인 일상사'(Levi, 1989: 148)인 곳에서는 죽음과 임종이, 임종과 그 방식들이, 죽음과 시체의 제조가 구별할 수 없는 것이 되기 때문이다.

2. 21. 하는 말마다 맞는 말만 하는 것 같은 아우슈비츠 생존자 잘루스$^{Grete\ Salus}$는 한때 이렇게 쓴 적이 있다. "사람은 결코 참아낼 수 있는 모든 것을 꼭 참아내야만 할 필요는 없으며, 또한 어째서 이런 극도의 고통에는 더 이상 조금도 인간다운 것이 없는지 꼭 보아야만 할 필요는 없다"(Langbein, 1988: 96). 이 뛰어난 표현에 대해서는 성찰해볼 만한 가치가 있다. 이 표현은 수용소에 고유한 양상, 수용소에 특유한 현실, 생존자들의 증언대로 절대적 진실이면서도 동시에 상상할 수 없는 것으로 만드는 현실을 완벽하게 표현한다. 죽음을 향한 존재에서는 불가능성의 경험(죽음의 경험)을 통해 가능성을 창출하는 것이 문제였다면 여기서는 불가능성(집단 죽음)이 가능성의 완전한 경험을 통해, 그 무한성의 소진을 통해 생산된다. 이것이 수용소가 나치 정치학(괴벨스$^{Joseph\ Goebbels}$의 말을 빌리자면 그것은 바로 '불가능하게 보이는 것을 가능하게 하는 예술'이다[*Politik ist die Kunst, das unmöglich Scheinende möglich zu machen*])의 단적인 입증인 이유이다. 그리고 이 때문에 수용소에서는 하이데거 윤리(학)의 가장 고유한 제스처(비고유성의 전유가 실존을 가능하게 만든다)가 전혀 먹혀들지

않으며, 또 이 때문에 '죽음의 본질이 사람들에게 차단되어 있는' 것이다.

수용소에 있던 누구라도, 익사한 자건 살아남은 자건, 참을 수 있는 모든 것을, 심지어는 바라지 않았을 것까지도 혹은 참아야 하지 않아야 했던 것까지도 참았다. 이 '극도의 인내', 이러한 가능성의 소진은 그럼에도 불구하고 '인간적'이라 할 만한 것이 없다. 인간적인 힘이 비인간적인 것에 아주 근접해 있는 것이다. 그래서 인간성은 또한 비인간성을 견디어낸다. 그러므로 저 생존자[레비]의 불편함, '뭐라고 이름 붙일 수 없는 (……) 끊임없는 불쾌감'이 있는 것이며, 레비는 여기서 "'태초의 혼미' 속의 모든 이에게, 하느님의 영 아래 짓뭉개져 버려진 텅 빈 우주, 하지만 거기에 인간의 영혼은 부재하는, 아직 태어나지 않았거나 이미 소멸되어버린 우주의 모든 이에게 각인된 고통"(Levi, 1989: 85)이라는 격세 유전된 창세기의 고통을 인식하는 것이다. 이것이 의미하는 바는, 인간이 자기 안에 비인간적인 것의 표지를 품고 있다는 것을, 인간의 영靈의 중심에는 비-영적인, 비인간적인 카오스의 상처가 간직되어 있으며, 그러한 상처가 모든 것을 받아들일 수 있는 자신의 존재에 잔인하게 내맡겨져 있다는 것이다.

이 생존자의 불쾌감과 증언은 모두 그저 이미 끝난 혹은 이미 겪어낸 것일 뿐만 아니라 이미 끝났거나 겪어낸 것이었을 수도 있었지만 아직도 계속되고 있는 것에 관계하는 것이다. 비인간적인 것은 (사실들, 행동들 또는 누락들이 아니라) 이 **수용력**, 이렇듯 거의 무한한 인내의 잠재성이다. 그리고 나치 친위대에게는 허용되지 않는 것이 바로 이러한 **수용력**이다. 가해자들은 너나 할 것 없이 계속해서 그럴 수밖에 달리 **할 수** 있는 바가 없었다고, 달리 말해, 그들은 그저 **할 수** 없었다고, 해야만 했다고, 그게 전부라는 말만 되풀이한다. 할 수 없이 한다는 것은 독일어로는 'Befehlnotstand'라고 하는데, 곧 명령에 따라야 한다는 의미이다. 그래서 아이히만이 한 말처럼, 그들은 '시체처럼 복종했다 kadavergehorsam'. 확실히 가해자들조차도 참아야만 해서는 안 되었을 것을 (그리고 때로는 참기를 원해서는 안 되었을 것을) 참아내야만 했다. 그러나 발렌틴Karl Valentin의 심오하고도 재치 있는 표현대로 언제나 "그들은 그것을 받아들일 수 있다고까지 느끼지는 않았다." 이 때문에 그들이 '인간'으로 남을 수 있었던 것이다. 다시 말해, 그들은 비인간적인 것을 경험하지 않았던 것이다. 이 철저한 무능력, 이 '할 수' 없음이 1943년 10월 4일 힘러Heinrich Himmler14)의 말에서처럼 극명하게 표현된 적도 없을 것이다.

시체 100구가 저기에, 또는 500구가 저기에, 또는 1,000구의 시체가 저

---

14) 힘러(1900~1945년): 1929년 히틀러에 의해 나치 친위대장에 임명되었고, 이후 1933년 정치경찰장관, 1934년 국가비밀경찰(Gestapo) 장관, 1936년 전(全)독일 경찰 부문의 장관이 되었다. 독소 전쟁이 시작되면서부터 권력이 더욱 강화되어 1943년 내무장관, 1944년 전(全)예비군사령관을 맡아 히틀러에 버금가는 권력자가 되었다. 전쟁 말기에 연합국과의 강화를 도모하다가 히틀러로부터 모든 권력을 박탈당했고 전후에 연합군에게 체포되자 자살했다.

기에 널브러져 있을 때 여러분은 대부분 그것이 무엇을 의미하는지를 알고 있다. 우리는 이를 겪어냈기 때문에, 인간의 약함으로 인해 생긴 소수의 예외를 제외하고는 품위를 지켜냈기 때문에 위대해진 것이다. 그것은 우리 역사에 지금까지 결코 쓰여진 적도 없고 또 앞으로도 쓰여지지 않을 영광의 한 페이지인 것이다(Hilberg, 1979: 648).

그렇다면 나치 친위대가 거의 예외 없이 증언할 수 없다는 태도를 보였던 것은 우연이 아니다. 희생자들이 자신들이 비인간이 되어버렸음을, 참아낼 수 있었던 모든 것을 참아냈음을 증언했던 반면 가해자들은 고문하고 살인을 저지르면서도 '정직한 사람'으로 남아 있었다. 그들은 누가 뭐래도 참아낼 수 있었을 것을 참아내지 않았다. 그리고 이러한 극단적 인내의 잠재성의 극단적 형상이 '이슬람교도'라면, 이제야 나치 친위대가 '이슬람교도'에 대해 증언은커녕 바라볼 수조차 없었던 이유가 납득이 된다.

그들은 너무 약했다. 그래서 아무 일이나 아무렇지도 않게 했다. 그들은 우리랑 아무런 공통점이 없는, 의사소통의 가능성이 전혀 없는 사람들이었다. 그렇기 때문에 멸시를 받았다. 나는 그저, 그들이 어떻게 그렇게 굴복할 수 있는지 상상할 수 없었다. 얼마 전 나그네쥐에 관한 책을 읽었는데, 그것들은 5~6년마다 바다에 스스로 몸을 던져 죽는다고 한다. 읽으면서 트레블링카 수용소 생각이 났다(Sereny, 1983: 313).

2.22. 시신이 특별한 존중을 받을 만하다는 관념, 죽음의 존엄성과 같은 것이 있다는 관념은 사실 윤리(학)의 장에 속하지는 않는다. 이 관념의 뿌리는 법의 가장 오래된 지층에 놓여 있으며, 모든 점에서 주술과 구별될 수 없는 것이다. 망자亡者의 신체에 주어지는 명예와 보살핌은 원래 죽은 자의 영혼(혹은 차라리 그의 이미지나 혼령)이 산 자들의 세상에 위협적인 존재(라틴어의 '*larva*'와 그리스어의 '*eidōlon*' 혹은 '*phantasma*')로 남아 있지 않도록 하기 위한 것이었다. 장례의 역할은 바로 이 불편하고 불확실한 존재를 친근하고 말 잘 듣는 조상으로 순치시키는 것이었으며, 장례를 치름으로써 그들과의 명확한 숭배 관계의 수립이 가능해졌던 것이다.

하지만 고대 세계에는 사자와의 어떠한 화해도 불가능하게 만드는 것을 목표로 하는 관습들도 흔했다. 때로는 무시무시한 마스칼리스모스*maschalismos* 의례에서와 같이 다만 혼령이 우호적이지 않은 모습으로 나타나는 것을 상쇄하는 것이 문제였기도 했다. 마스칼리스모스 의례에서는 죽임을 당한 자의 시신의 말단 부위(손, 코, 귀 등)를 잘라내 조그만 노끈에 한 줄로 꿴 다음 겨드랑이 아래로 통과시키는데, 그렇게 함으로써 그자는 자신이 당한 욕辱에 대한 복수를 할 수 없게 되는 것이다. 매장의 박탈(이는 안티고네와 크레온 사이의 비극적 갈등의 원인이 된다)[15] 또

---

15) 고대 그리스의 비극작가 소포클레스의 희곡 『안티고네』의 소재이다. 안티고네

한 사자의 시신에 대해 쓰인 일종의 주술적 복수 형식이었는데, 그리하여 사자는 안식을 구하지 못하고 영원히 '라르바^{larva}'[악령]로 지내야 할 운명에 처해졌다. 이는 고대 그리스와 로마법에서 장례를 엄수할 의무가 대단히 엄격했던 이유인데, 시신이 없을 경우에는 그 자리에 (망자의 의례적 대역의 일종인) 거상$^{巨像;}$ ^{colossus}(보통 목각인형이나 밀랍인형)을 대신 매장한다고 명문화되어 있을 정도로 엄격했다.

이러한 주술적 관행들에 대해 확고히 대립되는 입장이 "시신도 똥처럼 내다버려야 한다"(Heraclitus, fr. 96)는 철학자 헤라클레이토스의 진술과 죽은 이에게 죽은 자를 장사 지내도록 명하는 복음서의 가르침[16](그 반향이 교회에서는 프란체스코회의 영성 운동 일각에서 장례식 집전에 관한 금지로 나타난다)이다. 심지어

는 오이디푸스와 그의 어머니이자 아내인 이오카스테 사이의 딸이다. 그녀는 스스로 눈을 찔러 앞을 못 보는 오이디푸스가 거지행색으로 떠돌 때 언니 이스메네와 함께 길 안내를 했다. 오이디푸스가 죽자 이스메네와 함께 테베로 돌아온 안티고네는 왕위를 놓고 싸우는 두 오빠 폴리네이케스와 에테오클레스를 화해시키려 한다. 그러나 폴리네이케스가 에테오클레스를 공격하여 결국 둘 다 죽게 되었다. 그녀의 외삼촌 크레온이 왕위를 차지하게 되었는데, 크레온은 에테오클레스만 성대히 장례를 치러주고 폴리네이케스의 시체는 짐승의 밥이 되게 했다. 안티고네는 폴리네이케스를 묻어주려 하다가 크레온에게 붙잡혀 감옥에 갇혔다. 그녀는 크레온이 처형하기 전에 목을 매 죽고 그녀를 사랑한 크레온의 아들 하이몬도 칼로 자신의 배를 찔러 죽었다. 이 사실을 안 크레온의 아내 에우리디케도 자신의 침대에서 자살했다.

16) "예수님께서는 다른 사람에게 '나를 따라라' 하고 이르셨다. 그러나 그는 '주님, 먼저 집에 가서 아버지의 장사를 지내게 허락해 주십시오' 하고 말했다. 예수님께서는 그에게, '죽은 이들의 장사는 죽은 이들이 지내도록 내버려 두고, 너는 가서 하느님의 나라를 알려라' 하고 말씀하셨다"(『루카 복음서』, 9장 59~60절).

는 처음부터 이러한 이중 세습(주술적·법률적 전통과 철학적·메시아적 전통)이 결합되어 함께 나타난다든지 아니면 두 전통이 시대마다 번갈아가며 나타난다든지 하는 상황이 죽음의 존엄성 문제에 관련한 서구 문화의 모호성을 규정한다고 말할 수도 있을 것이다.

아마도 이러한 모호성이 『카라마조프가의 형제들』에 나오는 에피소드에서만큼 강렬하게 등장하는 곳도 없을 것이다. 이 에피소드에서 조시마 장로의 시신은 견딜 수 없는 악취를 풍긴다. 그리하여 성스러운 장로의 암자 주변에 몰려든 수도사들이 이내 서로 분열된다. 시신의 명백한 존엄성 결여(시신은 성인에 걸맞은 향기를 풍기기는커녕 품위 없이 부패하기 시작한다)에 직면해 대다수 사람들은 조시마의 삶이 과연 성자로서의 삶이었는지 의심을 품게 되며, 시신의 (자연적) 운명은 결코 윤리(학)의 수준에서의 어떠한 결과도 보증하지 않는다는 점을 아는 이는 오직 소수일 뿐이다. 의심 많은 수도사들 머리 위에 불어온 부패의 냄새는 어떤 의미에서는 화장로('신의 섭리')에서 수용소 전체로 퍼진 역겨운 냄새를 떠올리게 한다. 여기에서도 이 악취는 많은 이들에게 아우슈비츠가 (죽을 수밖에 없는) 인간의 존엄성에 가한 최고의 죄악의 상징이다.

2.23. 죽음과 관련한 우리 문화의 모호성은 아우슈비츠 이후 발작에 이른다. 이 점은 특히 아도르노에게서 분명히 드러난다.

그는 "아우슈비츠 이후 우리는 시를 쓸 수 없다"고 말할 뿐만 아니라 "아우슈비츠 이후의 모든 문화는, 그 절박한 비판을 포함해, 쓰레기에 지나지 않는다"(Adorno, 1973: 367)고 함으로써 아우슈비츠를 일종의 역사적 분수계分水界로 만들고자 했다. 아도르노는 한편으로는 '시체의 제조'와 관련해 아렌트와 하이데거의 성찰을 공유하는 듯하다(아도르노는 다른 문제에 대해서는 이들에게 전혀 공감을 표시하지 않는다). 즉 그는 '죽음의 저비용 대량 생산'에 대해 말하고 있다. 하지만 그는 다른 한편으로 고유한 죽음에 대한 릴케(그리고 하이데거)의 권리 주장을 비웃으며 비난한다. 『미니마 모랄리아』에는 "'나만의 고유한 죽음'을 달라는 릴케의 기도는 사람들이 개죽음을 당하고 있다는 사실을 숨기는 가련한 기만"(Adorno, 1974: 233)이라고 쓰여 있다.

이러한 동요는 확신을 갖고 아우슈비츠의 고유한 범죄를 특정하지 못하는 이성의 무능력을 드러낸다. 아우슈비츠는 서로 명백히 모순되는 이유, 즉 한편으로는 삶에 대한 죽음의 완벽한 승리를 실현했다는 이유로, 그리고 다른 한편으로는 죽음을 격하하고 비천한 것으로 만들었다는 이유로 비난받고 있다. 이러한 비난(모든 비난들이 다 마찬가지겠지만 이러한 비난은 언제나 순전히 법률적인 제스처에 불과하다)은 모두 아우슈비츠의 죄악을 철저히 규명해내지, 그에 합당한 사례를 정의해내지 못하고 있다. 마치 아우슈비츠에는 고르곤의 머리와 같은 무엇인가가 있었다는 것처럼, 사람들이 도저히 볼 수 없는(그리고 보고 싶어 하지 않는) 무언가가, 전대미문이기 때문에 사람들이 어떻게든 이해해보려고 극단적이고도 절대적으로 친숙한 범주들로, 즉 삶과 죽음, 존엄과 치욕 따위로 환원하지 않을 수밖에 없는 무언가가 있었다는 것처럼 말이다. 이 범주들 가운데 아우슈비츠의 진정한 암호, 즉 '이슬람교도', '수용소의 핵심', '아무도 보고 싶어 하지 않으며' 모든 증언 속에 하나의 공백으로 기입되어 있는 자는 명확한 위치를 찾지 못한 채 비틀거린다. 그는 우리의 기억이 결코 매장해버릴 수 없는 진정한 '라르바'[악령], 즉 잊을 수 없는 것으로서 우리가 결코 무시해서는 안 되는 것이다. 그는 어느 경우에는 (살아있으나) 살아있지 않는 것으로, 그의 삶이 진정한 삶은 아닌 존재로 나타나며, 또 어느 경우에는 그의 죽음이 죽음이라 불리지 못하고 오로지 시체의 생산이라고 불리는 자로 나타난다. 즉 죽음의 영역 속에의 삶의 기입이자 죽음 속에의 삶의 영역의 기입으로서 말이다. 두 가지 경우 모두에서 문제로 되는 것은 인간의 인간성 자체인데, 왜냐하면 인간은 자신의 인간됨과 맺고 있는 특권적인 유대, 즉 죽음과 삶의 거룩함의 붕괴를 목도하기 때문이다. '이슬람교도'는 집요하게 인간으로 나타나는 비인간이지만, 그는 또한 비인간적인 것과 별개로 말해질 수 없는 인간인 것이다.

이것이 사실이라면 이 생존자[레비]가 '이슬람교도'에 대해 '온전한 증인', 그의 증언이 보편적 의미를 가질 유일한 증인이라고 말할 때 그러한 말의 의미는 무엇일까? 어떻게 비인간이 인간에 대해 증언할 수 있으며, 어떻게 정의상 증언할 수 없는 자가 참된 증인일 수 있을까? 『아우슈비츠에서의 생존』의 이탈리아어 제목인 '이것이 인간이라면' 또한 그러한 의미를 지닌다. '인간'이라는 명칭은 다른 무엇보다도 비인간에 적용되는 것이며, 온전한 증인은 인간성이 완전히 파괴되어버린 자이다. 레비의 책 제목이 암시하듯이, **인간은 인간보다 더 오래 살아남을 수 있는 자이다**. '이슬람교도가 온전한 증인'이라는 진술에 '레비의 역설'이라는 이름을 붙인다면 아우슈비츠를 이해한다는 것(그러한 것이 가능하다면)은 곧 이 역설의 의미와 무의미를 이해하는 것이리라.

2.24. 미셸 푸코$^{Michel\ Foucault}$는 우리 시대의 죽음의 격하에 대한 한 가지 설명을 제시한다. 이 설명은 정치적 관점에서 죽음의 격하를 근대 권력의 변형과 결부시킨다. 전통적인 형태, 즉 영토적 주권 형태에 있어 권력이란 본질적으로 삶과 죽음에 대한 권리로 정의된다. 그러나 그와 같은 권리는, 그러한 권리가 무엇보다도 죽음의 편에서 행사된다는 의미에서 보면 정의상 비대칭적이다. 그러한 권리는 다만 간접적으로만, 죽일 권리의 자제로서만 삶과 관련되는 것이다. 푸코가 주권을 **죽이거나 그대로 살게 놔두는 것**이라는 표현을 통해 정의하는 것은 바로 이 때문이다. 17세기 들어 공안 과학의 탄생과 더불어 국가의 메커니즘과 예측에서 신민^{臣民}의 삶과 건강에 대한 염려가 차지하는 자리가 점차 커지기 시작하면서 주권 권력은 점차 푸코가 '생명 권력^{biopower}'이라고 부르는 것으로 전화되었다. 고전주의 시

대의 죽이거나 살게 놔두는 권리는 그 역의 모델에 자리를 내주는데, 이 모델은 근대 생명 정치학을 규정하는 것으로서 **살리거나 죽게 놔둔다**는 공식으로 표현될 수 있다. "(과거) 주권의 권리 속에서는 죽음이 군주의 절대권이 가장 분명하게 드러나는 순간이었다면 이제 죽음은 개인이 모든 권력에서 벗어나 자기 자신에게로 물러나 어찌된 일인지 자신의 가장 사적인 것 속으로 다시금 침잠하는 순간이 된다"(Foucault, 1997: 221). 그로부터 점진적인 죽음의 실격이 뒤따르고, 그러한 실격으로 인해 개인과 가족뿐만 아니라 모든 사람이 참여하는 공적인 의례로서의 성격이 박탈되며, 그로부터 감추어진 어떤 것, 일종의 사적인 부끄러움과 같은 것으로의 죽음의 전화가 뒤따른다.

두 가지 권력 모델이 충돌하는 지점이 프랑코$^{\text{Francisco Franco}}$의 죽음이었다. 여기서 20세기 최장기간 동안 고전주의적인 생사여탈적인 주권 권력의 화신이었던 사람이 새로운 의학적·생명 정치적 권력의 수중에 떨어진다. 이 새로운 권력은 '사람을 살리는 데' 너무도 성공적이어서 그들이 죽어있을 때조차도 살아 있게 만들 정도이다. 그러나 독재자의 신체에서 잠시 구별 불가능한 것으로 보이는 이 두 권력은, 푸코에게 있어서는 여전히 본질적으로 이질적인 것으로 남아 있는데, 그것들의 구별은 근대의 여명기에 한 시스템에서 다른 시스템으로의 이행을 규정하는 일련의 개념적 대립(개인/인구, 규율/조절 기제, 유형적^{有形的} 인간/유적^{類的} 인간)을 야기한다. 물론 푸코는 두 가지 권력과 그 기술들이 어떤 경우에는 각자 상대방 안에서 서로 통합될 수 있음을 온전히 인식하고 있다. 하지만 그럼에도 불구하고 그것들은 개념상 서로 구별되는 것이다. 그러나 바로 이러한 이질성이 우리 시대의 거대 전체주의 국가들, 특히 나치 국가에 대한 분석에 직면하는 사안일 때는 문제가 된다. 히틀러의 독일에서는, **살리는** 생명 권력의 유례없는 절대화가 그만큼 절대적인 **죽이는** 주권 권력의 일반화와 교차하며, 그래서 생명의 정치^{biopolitics}가 죽음의 정치^{thanatopolitics}와 직접적으로 일치한다. 푸코식의 관점에서 볼 때 이러한 일치는 진정한 역설을 대표하는 것으로서, 다른 역설들과 마찬가지로 설명이 필요한 것이다. 본질적으로 살리는 것이 목표인 권력이 살리기는커녕 무조건적인 죽음의 권력을 행사하는 게 어떻게 가능한 걸일까?

1976년 콜레주드프랑스 강의에서 푸코가 이 문제에 대해 내놓은 대답은 인종주의란 바로 생명 권력이 인간이라는 종^種의 생물학적 연속체에 휴지^{休止}를 나타내도록 해주는 것으로서, '살림'의 시스템 안에 전쟁의 원리를 재도입하는 것이라는 것이다.

> 인간이라는 종의 생물학적 연속체 안에 인종들을 구별하여 서열을 매기고, 좋은 인종과 열등한 인종으로 질적 특성을 규정하는 것은 모두, 간호 권력이 담당해왔던 생물학적 영역을 조각내는 방법이다. 즉 그것들은 한 인구 집단 안에 여러 집단들을 구별하는 방법들이다. 한마디로, 바로 생물학적이라고 규정되는 영역 내부에 생물학적 유형의 휴지를 안착시키는 것이다(Foucault, 1997: 227).

푸코의 분석을 좀 더 발전시켜보자. 생명 정치적 영역을 분할하는 근본적인 휴지는 **인민**^{people}과 **인구**^{population} 사이에 있는 것으로서, 그것은 인민 자체의 품속에 있는 인구를 드러내는 데, 다시 말해 본질적으로 정치적인 단위 집단을 본질적으로 생물학적인 단위 집단으로, 즉 출생과 죽음, 건강과 질병이 반드시 규제를 받아야만 하는 단위 집단으로 변형시키는 데 있는 것이다. 생명 권력의 등장과 더불어 모든 인민은 인구와 중첩된다. 즉 모든 **국민**$^{democratic\ people}$은 동시에 **인구**$^{demographic\ people}$이기도 하다. 1933년 나치 제국의 <독일 인민의 유전적 건강 보호> 입법은 이러한 휴지를 완벽하게 나타낸다. 즉각 뒤따른 휴지는, 모든 시민의 집합 안에서 '아리아인 혈통'의 시민들과 '비-아리아인 혈통'의 시민들을 구분하는 것이다. 더 나아가 또 다른 휴지가 '비-아리아인 혈통'의 시민들의 집합을 가로지르는데, 그것은 유대인들$^{Volljuden17)}$과 혼혈인^{Mischlinge}(조부모 중 한 편만이 유대인이거나 조부모 양편이 다 유대인이지만 1935년 9월 15일을 기해 유대 신앙을 갖지도 않고 배우자도 유대인이 아닌 사람들을 이르게 된다)을 격리하는 것이었다. 생명 정치적 휴지는 본질적으로 유동적이며, 경우를 막론하고 그것들의 역할은 생물학적 연속체에서 추가적인 지대, 즉 점점 더 거세지는 강등^{Entwürdigung}과 전락의 과정에 상응하는 어떤 지대를 격리하는 것이다. 그리하여 생명

---

17) '완전한 유대인'이라는 뜻의 나치 용어.

정치적 휴지가 수용소에서의 마지막 한계에 이르기까지 비-아리아인은 유대인의 일부가 되고, 유대인은 유형수$^{umgesiedelt,\ ausgesiedelt}$의 일부가 되며, 유형수는 수인^{Häftling}의 일부가 된다. 이 한계가 바로 '이슬람교도'인 것이다. 수인^{Häftling}이 '이슬람교도'가 되는 순간에 인종주의의 생명 정치는 이를테면 인종을 초월하며, 더 이상 휴지를 설정하는 게 가능하지 않은 어떤 문턱을 뚫고 나아가는 것이다. 여기서 인민과 인구 사이의 흔들거리는 고리가 마침내 깨지고, 개별적인 담지자나 주체에게 특정될 수 없는, 혹은 또 다른 휴지에 의해 나뉠 수 없는, 절대적인 생명 정치적 실체와 같은 것의 등장을 우리는 목도하게 된다.

그리하여 나치의 생명 정치 시스템에서 수용소가 어떤 결정적인 기능을 하는지가 이해 가능해지는 것이다. 수용소들은 그저 죽음과 집단학살의 장소에 불과한 것이 아니다. 수용소들은 무엇보다도 생물학적 연속체에서 격리될 최종적인 생명 정치적 실체인 '이슬람교도'의 생산 장소이기도 한 것이다. '이슬람교도' 너머에는 가스실만이 있을 뿐이다.

1937년에 있었던 한 비밀 회합에서 히틀러는 극단적인 생명 정치적 개념을 처음으로 명확히 밝히는데, 이는 신중히 검토해 볼 만한 충분한 가치가 있다. 그는 중서^{中西} 유럽을 언급하면서 '*volkloser Raum*', 즉 사람이 없는 공간의 필요성을 주장한다. 이 이상한 표현을 어떻게 이해해야 할까? 그것은 그저 어떤 황무지, 주민이 없는 텅 빈 지리적 공간 같은 것을 말하는 것이 아니었다(그가 언급했던 지역은 여러 민족과 국민들이 밀집해 거주하고 있는 곳이었다). 히틀러가 말하는 '사람 없는 공간'이란 오히려 근본적으로 생명 정치적 강도^{强度}, 모든 공간에서 관철될 수 있으며 그것을 통해 점차적으로 인민이 인구의 일부가 되고, 인구가 '이슬람교도'들의 일부가 되는 그런 강도를 가리킨다. 달리 말해, '사람이 없는 공간'이란 생명 정치적 기계로 이해될 때의 수용소의 추동력을 이르는 것으로서, 일단 일정한 지리적 공간에 설정되면 그러한 공간을 절대적인 생명 정치적 공간, '삶의 공간^{Lebensraum}'이자 '죽음의 공간^{Todesraum}'인 것으로 전화시키는 기계인바, 여기에서 인간의 삶은 특정 가능한 모든 생명 정치적 동일성을 초월한다. 이 지점에 이르면 죽음은 그저 부대 현상에 지나지 않는 것이 되고 만다.

3

부끄러움, 혹은 주체에 관하여

3. 1. 『재각성*The Reawakening*』[1] 서두에서 레비는 1945년 1월 27일 정오경 독일인들이 버리고 떠난 아우슈비츠 수용소에 도착한 러시아군 제1선발대를 마주했을 때에 대해 묘사하고 있다. 러시아군의 도착은 악몽에서의 해방을 의미했지만 수인들은 참으로 이상하게도, 환호하는 분위기가 아니라 수치스러워하는 기색으로 그들을 맞이한다.

> 말 위에 탄 네 명의 젊은 군인들이 보였는데, 스텐건[영국제 경기관총]을 조심스레 받쳐 들고 수용소의 경계를 나타내는 도로를 따라 전진해왔다. 철조망에 이르렀을 때 그들은 멈춰서더니 무엇인가 주저하는 듯 몇 마디 말을 나누면서 제멋대로 나뒹구는 몸뚱이들과 거의 쓰러

---

[1] 미국에서는 『휴전(*The Truce*)』이라는 제목으로 출간되었다.

져가는 막사와 간신히 몇 명만 아직 살아있는 우리를 보면서 묘한 당혹감에 사로잡힌 듯한 시선을 던졌다. (……) 그들은 우리에게 인사를 건네지도 또 미소를 짓지도 않았다. 그들은 동정심에 짓눌렸을 뿐만 아니라 그들의 입술을 봉하고 음울한 광경에 시선을 떼지 못하게 하는 막연한 거북함에도 짓눌린 것처럼 보였다. 그것은 우리가 익히 알고 있던 부끄러움이었다. 가스실로 보내질 인원에 대한 선별 작업이 있고난 후 그리고 지독한 폭력을 지켜보거나 묵묵히 감수해야만 했을 때면 어김없이 우리를 가라앉게 만들었던 바로 그 부끄러움이었다. 독일인들은 몰랐던 부끄러움, 의로운 사람이 다른 사람의 범죄를 보고 느끼는 부끄러움, 그와 같은 범죄가 존재하며 그것이 결국 기존의 세계에 들어와 버렸다는 사실 앞에서 경험하는 부끄러움, 자신의 선한 의지는 너무도 미약하거나 아무것도 아니라는 것이 드러났고, 그러한 의지는 자신을 지키는 데 전혀 소용이 없었다는 사실을 알고서 경험하는 수치심 말이다(Levi, 1986: 181~82).

20여 년이 지난 후 『익사한 자와 구조된 자』를 쓰면서 레비는 다시 한 번 이러한 부끄러움에 대해 성찰하고 있다. 부끄러움은 여기서 생존자들을 지배하는 감정으로 나타나는데, 레비는 어떻게든 그 이유를 설명해보려고 한다. 어떤 것을 설명하려는 모든 시도가 다 그러하지만 이 책 가운데 '부끄러움'이라는 제목이 붙은 장이 궁극적으로는 만족스럽지 않은 것은 놀라운 일이 아니다. 이 장이 '회색 지대'에 대한 뛰어난 분석 뒤에 곧바로 이어진다는 점을 고려하면 한층 더 그러한데, 이 장은 설명할 수 없는 것을 의도적으로 붙들고 아예 모든 설명을 거부한다. '카포'들, 부역자들, 온갖 종류의 '명사^{名士}'들,[2] 저주받은 '특수작업반원'들, 우지^{Lodz} 게토의 '유대인들의 왕$^{rex\ Judaeorum}$' 하임 룸코프스키$^{Chaim\ Rumkowski}$에 대해 레비는 결국 이렇게 공판 연기 결정$^{non-liquet}$으로 글을 끝맺는다. "나는 '화장로의 까마귀들'[3] 이야기에 대해 연민을 갖고 엄격히 숙고해보자고, 하지만 그들에 대한 판단은 미루자고 요청한다"(Levi, 1989: 60). 하지만 부끄러움에 대한 장에서 그는 이런 식으로 성급하게 부끄러움을 죄책감으로 환원시킨다. "(나를 비롯해) 많은 사람들이 '부끄러움'을, 즉 죄책감을 느꼈다"(Levi, 1989: 73). 그리고 곧이어 그러한 죄책감의 뿌리를 알아내려고 하면서 바로 조금 전에 윤리(학)의 전인미답의 영토에 겁도 없이 뛰어들었던 이 저자는 이제, 너무나도 유치한, 그래서 독자를 거북하게 만드는 양심의 시험에 자신을 맡긴다. 이 장에 등장하는 잘못들(더 젊은 수인들의 요구를 성급하게 거절한 적이 이따금 있었다거나 물을 알베르토와는 나눠먹고 다니엘레에게는 거부한 일 따위)은 물론 용납될 수 있는 것이다. 여기서 독자들이 느끼는 불편함은 이 생존자의 낭패감, 부끄러움을

---

[2] 수용소 직원은 '명사'로 불렸다. 카포부터 간호인, 청소부, 화장실 당번에 이르기까지 수용소 당국에게서 어떤 직책을 받아 '명사'가 된 자들은 살아남을 기회가 많았다. 유대인이 명사의 지위를 획득하는 경우도 있었다.
[3] '화장로의 까마귀들'이란 불과 몇 달 남지 않은 살아있는 기간 동안 집단 학살의 각종 궂은일을 기꺼이 맡아 했던 사람들을 이른다. 하지만 어떤 경우에는 수용소 내 폭동에 협력하기도 했다.

주체하지 못하는 그의 무능력의 반영일지도 모른다.

3. 2. 이 생존자의 죄책감은 수용소 문학의 표준적 전거^{locus} ^{classicus}이다. 베텔하임은 그것의 역설적 성격을 다음과 같이 표현한 바 있다.

> 진짜 문제는 (……) 생각하는 존재로서 생존자가 자신에게 죄가 없다는 것을 (한 명의 생존자인 내가 나 자신에 대해 알고 있는 것처럼) 아주 잘 알고 있지만 그렇다고 느끼는 존재로서 그러한 사람의 인간성이 그가 죄책감을 느끼도록 요구하고 또 실제로도 죄책감을 느낀다는 사실이 바뀌지는 않는다는 점이다. 수용소에서 살아남은 사람치고 수백만 명의 사람들이 죽어나갈 때, 그중 다수가 자기 눈앞에서 죽어나갈 때 자신이 엄청나게 운 좋게도 살아남았다는 사실에 대해 죄책감을 느끼지 않을 수는 없다. (……) 수용소에 있던 사람은 수년 동안 매일같이, 어떻게든 말렸어야 했는데 그러지 못했다고 느끼면서, 종종 죽어나간 사람이 자신이 아니라는 사실에 안도했다는 죄책감을 느끼면서 다른 사람들의 파괴를 지켜보아야만 했다(Bettelheim, 1979: 297~298).

비젤은 같은 종류의 아포리아를 '나는 살아 있다, 고로 죄가 있다'라는 경구로 표현하는데, 곧이어 다음과 같이 덧붙인다. "나는 친구가, 지인이, 모르는 누군가가 내 대신 죽었기 때문에 지금 여기 있다." 린겐스$^{\text{Ella Lingens}}$도 이와 비슷한 설명, 즉 생존자는 오로지 다른 사람 대신에만 목숨을 부지할 수 있었다는 듯한 설명을 제시한다. "되돌아온 우리는 저마다 죄책감을 지니고 돌아다니지 않은가? '누군가 내 대신 죽었기 때문에 내가 살아있는 게 아닌가?' 하는 감정, 가해자들은 거의 느끼지 못하는 감정들 말이다"(Langbein, 1972: 539).

레비 또한 이러한 종류의 감정을 느꼈다. 하지만 그는 그 결과를 온전히 받아들이지 않는다. 그는 그것에 끈질기게 저항한다. 아무리 늦어도 1984년에는 그러한 갈등이 그의 시 「살아남은 자」에 표현되고 있다.

> Dopo di allora, ad ora incerta,
>
> Quella pena ritorna,
>
> E se non trova chi lo ascolti,
>
> Gli brucia in petto il cuore.
>
> Rivede i visi dei suoi compagni
>
> Lividi nella prima luce,
>
> Grigi di polvere di cemento,
>
> Indistinti per nebbia,
>
> Tinti di morte nei sonni inquieti:
>
> A notte menano le mascelle
>
> Sotto la mora greve dei sogni
>
> Masticando una rapa che non c'è.

"Indietro, via di qui, gente sommersa,

Andate. Non ho soppiantato nessuno,

No ho usurpato il pane di nessuno,

Nessuno è morto in vece mia. Nessuno.

Ritornate alla vostra nebbia.

Non è mia colpa se vivo e respiro

e mangio e bevo e dormo e vesto panni."

그때부터 어느 어렴풋한 시각 그 끔찍한 순간들이 되살아난다. 그리고 그것은 들어줄 누군가를 찾지 못하면 그의 가슴속 심장을 태운다. 다시 한 번 그는 다른 수인들의 얼굴을 본다. 새벽빛을 받아 푸르스름한 얼굴들, 온통 시멘트 먼지로 뒤덮여 잿빛인 얼굴들, 불안한 잠속에서 죽음으로 채색된 얼굴들 말이다. 밤에는 이를 갈고, 꿈도 꾸지 않고, 들어 있지도 않은 돌을 씹어댄다. "여기서 사라지게, 익사한 사람들이여, 꺼지란 말이네. 난 어느 누구의 자리도 빼앗지 않았네. 난 누구의 빵도 훔친 적이 없네. 내 대신 죽은 사람은 아무도 없네. 정말 아무도 그대들의 세상으로 돌아가게. 내가 살아서 숨쉬고, 먹고 마시고 자고 입고 있는 건 내 잘못이 아니라네"(Levi, 1988: 581).[4]

---

4) 인용문 중 마지막 두 구절은 분명히 '지옥편', 33곡에서 단테가 브란카 도리아 (Branca d'Oria)를 만나는 장면을 떠올리게 한다. 지옥에서 브란카는 죽기 전에 지옥에 떨어진 다른 죄인들과 함께 단테에게 나타난다(33곡 전체는 우골리노 백작과의 만남이 주된 내용이지만 언급되고 있는 장면은 브란카 도리아 등을 만나는 대목이다).

단테에게서 인용한 마지막 구절은 이 텍스트가 단지 책임의 부인에 관해 말하고 있는 것이 아니라는 사실을 증언해주고 있다. 인용된 구절은 반역자의 옥獄에서 단테가 우골리노 백작을 만나는 장면을 묘사하고 있는 『신곡』, '지옥편'의 33곡(141절)에서 따온 것이다. 여기에는 유형수들의 죄 문제에 대한 이중적이며 암시적인 언급이 담겨있다. 한편으로 단테의 '깜깜한 웅덩이'는 반역자들의 장소, 특히 자기 친척과 친구들을 배신한 자들의 장소이다. 다른 한편으로 생존자로서의 자신의 처지에 대한 쓰라린 인유引喩로 인용된 구절은, 단테는 살아있다고 믿지만 사실 그의 영혼은 이미 죽음이 삼켜버렸기 때문에 겉보기로만 살아있는 누군가를 언급하는 것이기도 하다.

2년 뒤 『익사한 자와 구조된 자』를 쓰면서 레비는 다시 한 번 자신에게 다음과 같은 질문을 던진다. "너는 다른 사람 대신 살아있다는 것 때문에 부끄러운가? 특히나 너보다 더 인심 좋고, 더 영민하고, 더 쓸모 있고, 더 현명하고, 살 만한 가치가 더 있는 사람 대신 말이다." 하지만 이번에도 대답은 회의적이다.

> 너는 그러한 감정들을 막을 수 없다. 그러한 감정들을 모두 찾기를 바라면서 네 자신을 되돌아보고 기억들을 되새겨보면 어느 하나 가려지거나 감춰지지 않는다. 절대로. 네게는 아무런 뚜렷한 죄가 없는데도, 넌 다른 누군가의 자리를 빼앗지도 또 누군가를 때리지도 않았고(솔직히 네게 그럴 힘이라도 있었는가?), 넌 직책들을 받아들이지도 않

앉고(솔직히 아무 직책도 네게 주어지지 않았다[……]), 누군가의 빵을 훔친 적도 없는데 너는 그러한 감정을 떨쳐버릴 수 없다. 그것은 가정에 지나지 않는다. 사실상 그것은 어떤 혐의에 대한 변명일 뿐이다. 우리는 모두 자기 형제의 카인^{cain}이며 우리(그런데 지금 나는 훨씬 넓은 의미로, 사실상 보편적인 의미로 '우리'라고 말하고 있다)는 저마다 이웃의 자리를 빼앗고 그 대신 살아남았다는 혐의 말이다(Levi, 1989: 81~82).

그러나 그러한 고발(또는 보다 정확히 말해 혐의)을 일반화해 버리면 그 예리함도 어느 정도 무뎌지는데, 말하자면 그로 인해 상처가 덜 고통스러워지는 것이다. "아무도 내 대신 죽지 않았다. 아무도"(Levi, 1988: 581). "누구도 다른 사람을 대신할 수는 없다"(Levi, 1989: 60).

3. 3. 생존자의 부끄러움의 이면에는 살아남았다는 단순한 사실에 대한 찬미가 있다(즉 생존자의 부끄러움은 살아남음에 대한 찬미와 짝을 이루고 있다). 1976년 콜게이트 대학 교수인 데 프레$^{Terrence\ Des\ Pres}$는 『생존자: 죽음의 수용소에서의 삶의 해부』를 출간했다. 이 책은 즉각 주목할 만한 성공을 거뒀는데, 이 책은 "그런 상황에서의 생존, 즉 살아남는다는 것은 아무렇게나 목숨을 부지하는 것도 또 타락이나 부도덕이 아니라 명확한 구조를 갖고 있는 경험"(Des Pres, 1976: v)이라는 것을 보여주는 동시

에 "그러한 구조를 가시적으로 드러내는"(같은 곳) 것을 목표로 하고 있었다. 요컨대, 수용소에서의 삶에 대한 데 프레의 해부학적 분석이 드러내는 것은 삶이란 결국 살아남음이며, 아우슈비츠의 극한 상황에서는 '삶 자체'의 진정한 핵심이 문화의 제약과 왜곡으로부터 벗어나 그 자체로 드러난다는 것이다. 데 프레는 어느 지점에서 삶의 불가능성을 표상하는 형상('삶-속의-죽음의 경험적 사례'[같은 책, 99])으로서 '이슬람교도'라는 망령을 불러낸다. 하지만 그는 매일매일 익명으로 이루어지는 수인들의 생존 투쟁을 과소평가했다는 이유로, 그것도 케케묵은 영웅의 윤리(학)(즉 삶을 단념할 준비가 되어 있는 사람의 윤리[학])의 이름으로 베텔하임의 증언을 비판한다. 데 프레에게 있어 우리 시대의 진정한 윤리(학)의 범례는 ('이슬람교도'가 아니라) 생존자이다. 생존자는 어떻게 해서든 관념적인 정당화를 찾아내려는 일 없이 '삶을 선택'하며, 그저 생존을 위해 투쟁하는 자이다. 그는 다음과 같이 쓰고 있다.

> 생존자는 삶을 통해 문화의 강박을 극복한, 삶 자체는 가치가 없는 것이라고 주장함으로써만 누그러뜨려질 수 있는 죽음의 공포를 극복한 최초의 문명인이다. 생존자는 인간이 매개 없이 죽음과 맞설 수 있을 만큼, 그리하여 조금도 주저 않고 기꺼이 삶을 받아들일 수 있을 만큼 충분히 강하고 성숙하며 각성해 있다는 사실을 보여 주는 살아있는 증거이다(같은 책, 245).

생존자가 '조금도 주저하지 않고 기꺼이 받아들이려고' 선택한 삶, '작고, 추가적인, 덤으로 얻는 삶'(같은 책, 24), 그것을 위해서라면 가장 비싼 값이라도 치를 준비가 되어 있는 삶은 결국에는 다름 아닌 바로 생물학적인 삶 자체, 단순하고 불가사의한 '생물학적 요소의 우선성'임이 드러난다. 진행이 곧 퇴보인 완벽한 악순환에 의해, 생존에 의해 드러나는 '추가적인 삶'은 절대적 아프리오리일 뿐이다.

> 생명을 제외하고는 모든 것을 박탈당한 생존자가 의지할 수 있는 것은 오로지 문화적인 왜곡에 의해 오랫동안 억압된 어떤 생물학적으로 결정된 '탈렌트', 몸의 세포들안에 내장되어 있는 지식의 저장고뿐이다. 그러므로 살아남는 행위의 열쇠는 생물학적 존재의 우선성에 있다(같은 책, 228).

3. 4. 베텔하임이 데 프레의 책에 대해 분개했음은 당연하다. 베텔하임은 『생존자』의 출간 이후 『뉴요커』에 실린 어느 글에서 생존자의 죄책감이 지닌 결정적인 중요성을 이렇게 재확인하고 있다.

> 생존자들은 "조금도 주저 않고 기꺼이 삶을 받아들일 수 있을 만큼 (······) 충분히 강하고 성숙하며 각성해 있다"라는 말을 생존자들이 들으면 대부분 아연실색할 것이다. 죽어나간 수백만 명은 어떨까?

가스실로 내몰릴 때 그들이 "조금도 주저 않고 삶을 받아들일 만큼 (……) 충분히 각성해" 있었던가? (……) 자신들이 겪은 일 때문에 철저히 망가져 최고의 정신과 치료를 받고도 깊은 우울증 속에서, 종종 자살에 이르는 우울증 속에서 자꾸 떠올라 그들을 괴롭히는 기억들을 극복하지 못했던 수많은 생존자들은 어떨까? (……) 35년이 지난 지금까지도, 나름대로 아주 보람 있는 삶을 살고 있는 지금까지도 문득문득 잠을 깨게 만드는, 그리고 내가 직접 물어본 생존자들이 모두 다 겪고 있는 저 끔찍한 수용소의 악몽은 또 어떤가? (……) 죄책감을 느낄 수 있어야만 우리는 인간일 수 있다. 객관적으로 보아 죄가 없을 때에도 인간은 죄책감을 느낄 수 있어야만 한다(Bettelheim, 1979: 296, 313).

어조는 비록 논쟁적일지언정 이 두 사람, 데 프레와 베텔하임 사이의 차이는 사실상 겉보기만큼 크지는 않다. 그들은 둘 다, 어느 정도는 의식적으로 이상한 순환 속에 사로잡혀 있는 것이다. 먼저 한편으로 생존을 찬양하는 것은 끊임없이 존엄에 대한 준거를 필요로 한다("극한 상황에 처한 실존에는 이상한 순환성이 있다. 생존자들은 '죽음이 시작되도록 하지 않기' 위해 존엄을 보존하고, '도덕적 생존' 문제로서 육체를 염려한다"[Des Pres, 1976: 72]). 그리고 다른 한편으로 존엄과 죄책감을 주장하는 것은 생존과 '삶의 본능' 이외의 다른 의미는 없다("감정도 이성도 차단해버린 저 수인들(……), 살아남은 저 수인들"[Bettelheim, 1960: 158]; "우리 의무는, 죽은 자들이 아니라 우리 자신에 대한 그리고 우리 주위에서 아직도 살아있는 사람들에 대한 우리의 의무는 삶의 본능을 강화하는 것이다"(Bettelheim, 1979: 102). 따라서 베텔하임이 끝에 가서는 '영웅의 윤리(학)'라는 죄목(이미 데 프레가 베텔하임을 비판하면서 이유로 들었던 죄목)으로 데 프레를 비난하는 것은 분명 우연이 아니다. "[데 프레의 책은] 이들 우연히 살아남은 사람들을 영웅화한다. 죽음의 수용소가 그토록 예외적인 존재들을 만들어냈음을 보여주려고 애쓰면서 그는 학살당한 수백만 명의 인간의 생명을 무시하고 극소수의 사람들에게 우리의 주의를 돌린다"(같은 책, 95).

그것은 마치 생존자에 대한 두 가지 대립적인 형상들(자신이 살아남은 것에 대해 죄책감을 느끼지 않을 수 없는 자와 살아남은 것에 대해 결백을 주장하는 자)의 대칭적인 제스처들이 모종의 은밀한 연대를 은연중에 드러내는 것 같다. 그것들은 결백과 유죄를 제대로 구별하지 못하는(즉 부끄러움을 주체하지 못하는) 산 자의 무능력을 드러내는 두 개의 얼굴이다.

3. 5. 생존자는 다른 사람 대신 살아있기 때문에 죄책감을 느낀다는 것이 그가 느끼는 부끄러움에 대한 정확한 설명인지는 불확실하다. 생존자는 결백하지만, 그래서 죄책감을 느낄 의무가 있다는 베텔하임의 주장은 그 자체로 이미 의심스러운 것이다. 생존자가 이러한 종류의 죄, 다시 말해 개인적으로 한 일이나 할 수 없었던 일이 아니라 그가 처한 조건에 내재하는 종류의 죄를 주장하는 것은 어떤 윤리적 딜레마를 해결할 수 없을

때마다 추상적이고 집단적인 죄에 대해 이야기하는 일반적 경향을 상기시킨다. 아렌트는 남녀노소를 불문하고 나치즘에 대한 집단적 책임을 놀라울 정도로 흔쾌히 감수하려는 전후 독일인들의 태도는 은연중 개인적 책임의 산정과 특정 범죄 행위의 처벌에 대한 그만큼 놀라울 정도의 반감을 드러내는 것이라고 주장한 바 있다. 이와 비슷하게 언젠가 독일의 개신교회는 '우리 국민이 유대인들에게 저지른 악행에 대해' 자신들에게도 '자비의 하느님 앞에서 공동 책임이 있다'고 공개적으로 선언한 바 있다. 이 책임에 있어 불가피하게 문제가 되는 것은 사실 자비의 하느님이 아니라 정의의 하느님이다. 하지만 독일의 개신교회는 그러한 결론을 이끌어낼 만큼 준비가 되어 있지는 않았는데, 반유대주의를 정당화한 죄를 지은 목사들의 처벌을 요청했어야 했지만 그렇게 하지 않았던 것이다. 가톨릭교회라고 해서 다르지는 않았다. 가톨릭교회는 프랑스 주교회의의 포고문에서 보이듯이 최근까지도 유대인에 대한 집단적 죄를 기꺼이 인정하는 모습을 보였다. 그러나 가톨릭교회는 교황 피우스 12세[Pius XII][5]가 유대인 박해와 집단학살에 관해(구체적으로는 1943년 로마의 유대인들이 아우슈비츠로 강제 이송된 것에 관해) 눈 감고 침묵한 것에 대해서는 비록 그것이 틀림없는 사실이고 엄중한 것이며 또 증거가 있는 것임에도 불구하고 결코 인정하려

---

5) 피우스 12세(1876~1958년): 1939~1958년간 교황으로 재위하면서 제2차 세계대전과 전쟁 후 재건기의 로마 가톨릭교회를 이끌었다.

하지 않았다.

레비는 집단적 죄(또는 무죄)에 대해 말하는 것은 전혀 의미가 없으며, 우리는 자기 민족이나 부모가 저지른 일에 대해 오직 은유적으로만 죄책감을 느낀다고 주장할 수 있을 뿐임을 철저히 확신했다. 한 독일인이 "배신당하고 현혹된 불쌍한 우리 국민을 죄가 짓누르고 있습니다"라며 그에게 쓴 편지에 대해 레비는 "사람은 죄악과 과오에 대해 개인적으로 책임져야만 합니다. 그렇게 하지 않으면 문명의 흔적은 대지의 표면에서 아예 사라지고 말 것입니다"(Levi, 1989: 177~178)라고 답한다. 그리고 레비가 집단적 죄라는 말을 쓰는 경우가 딱 한 차례 있는데, 그때 그가 이 말로 나타내고자 한 의미는 '당시의 거의 모든 독일인'이 저지른 잘못, 즉 보지 않으려야 보지 않을 수 없었던 것을 말할 용기, 그것을 증언할 용기를 갖지 못했던 잘못이라는 것으로서, 이것이 그에게는 '집단적 죄'의 유일하게 가능한 의미이다.

3. 6. 하지만 생존자는 다른 사람 대신 살아남았기 때문에 부끄러움을 느낀다는 그러한 설명에 의심을 품게 만드는 또 다른 이유가 있다. 그러한 설명은 어느 정도는 의식적으로, 또 어느 정도는 명시적으로 살아남은 자의 부끄러움을 비극적 갈등으로 제시하는 것을 필요로 한다. 헤겔$^{\text{Georg Wilhelm Friedrich Hegel}}$을 필두로 근대 문화가 그리스 비극을 해석하고, 또 부수적으로

는 자신의 내밀한 모순을 해석하는 창窓 역할을 하는 형상이 바로 '죄 있으나 결백한 사람'이다. 헤겔은 다음과 같이 쓰고 있다. "이 모든 비극적 갈등을 고찰함에 있어 우리는 무엇보다도 그것들이 유죄나 무죄 둘 중의 하나라는 그릇된 관념을 거부해야 한다. 비극의 주인공들은 유죄인만큼 무죄이다"(Hegel, 1975: 1214). 그러나 헤겔이 말하는 갈등은 단순한 양심(여기서는 주관적 무죄와 객관적 유죄가 철저히 대립한다) 문제는 아니다. 비극적인 것은 그와 반대로 우리에게 무죄로 보이는 주체가 객관적인 유죄를 무조건적으로 감수한다는 것이다. 따라서 소포클레스Sophocles의 『오이디푸스 왕』에서

> 문제는 무의식적이고 무의지적으로 신들의 결정에 따라 저지른 일에 직면해 완전히 깨어 있는 의식의 권리를 주장하는 것, 즉 의식적으로 원해서 한 일을 정당화하는 것이다. 오이디푸스는 자기 아버지를 살해하고 자기 어머니와 결혼하며, 이 근친상간의 결혼에서 자녀를 낳는다. 그러나 그는 전혀 자신이 알거나 의지하지 않았는데도 이처럼 극히 사악하고 파렴치한 범죄에 말려들어간 것이다. 우리가 오늘날 지니고 있는 의식의 권리라는 면에서 본다면 이와 같은 범죄는 본인이 스스로 알거나 의도하지 않고 저지른 것이므로 그에게 귀책되는 행위로 간주되지는 않을 것이다. 그러나 유연한 의식을 지닌 이 그리스인은 자신이 저지른 행위에 대해 개인으로서 책임을 지며, 순전히 주관적인 자신의 자의식과 객관적인 사안을 서로 분리시키지 않는다. (……) 하지만 그들은 조금도 이러한 행동에 대해 결백하다고 주장하

지 않는다. 그들은 오히려 그들이 한 일을 실제로 한 것을 영광으로 여긴다. 그런 주인공에게 그가 악의 없이 그런 짓을 저질렀다는 말만큼 더 심한 모욕은 없다(같은 책, 1214, 1215).

이 모델보다 더 아우슈비츠와 동떨어진 것은 없다. 왜냐하면 아우슈비츠의 수인들은 주관적인 무죄와 객관적인 유죄 사이의, 그가 저지른 행동과 책임감을 느낄 수 있었던 행동 사이의 심연이 너무 벌어져 버린 사태에 봉착해 자신의 행동 어느 것에 대해서도 책임질 수 없었기 때문이다. 거의 패러디와 같은 반전이 일어나는데, 그는 바로 비극의 주인공이 죄책감을 느끼는 것에 대해 결백하다고 느끼며 비극의 주인공이 결백하다고 느끼는 바로 그 지점에서 죄책감을 느끼는 것이다. 이것이 레비가 '특수작업반원들'에 대해 논하면서 말한 바 있는 바로 저 '*Befehlnotstand*'(즉 '명령에 따라야만 한다고 느끼는 강박 상태')의 의미이며, 이러한 상태로 인해 아우슈비츠에서는 어떠한 비극적 갈등도 불가능해지는 것이다. 그리스적 주인공에게는 언제나 결정적으로 중요했던 객관적 요인이 여기서는 결정을 불가능하게 만드는 것으로 바뀐다. 그래서 피해자는 자기 자신의 행동을 주체할 수 없기 때문에 베텔하임처럼 무죄인 유죄라는 기만 뒤에서 피난처를 구하는 것이다.

하지만 비극이 과연 아우슈비츠를 설명하기에 적절한 모델인지 의심하게 만드는 것은 무엇보다 가해자들 자신이 너무 쉽게 그러한 모델에, 심지어 진지하게 호소한다는 점이다. 나치의 하수인이었던 자들이 'Befehlnotstand'[명령이라 어쩔 수 없었음]에 호소하는 것 자체가 뻔뻔스러운 것이라는 주장은 이미 수차례 제기되었다(특히 Levi, 1989: 59를 참조하라). 그런데 그들은 어느 순간부터는 유죄 선고를 피하기 위해서라기보다는(이의는 이미 제1차 뉘른베르크 재판 과정에서 기각된 바 있다. 독일군의 군무 규정 자체가 극단적인 경우 항명을 정당한 것으로 인정하는 조항을 담고 있었기 때문이다) 오히려 자신들의 상황을 비극적 갈등과 같은 것으로 보이게 만들기 위해 그것에 호소했다. 그러는 편이 그들 눈에는 분명 보다 받아들일 만했던 것이다. 그래서 예루살렘에서 아이히만의 변호사는 거듭 "내 의뢰인은 법 앞에서가 아니라 하느님 앞에서 죄책감을 느끼고 있다"고 말했던 것이다.

전형적인 사례가 트레블링카 집단학살수용소 소장이던 슈탕글$^{Fritz\ Stangl}$이다. 세레니$^{Gitta\ Sereny}$는 뒤셀도르프 교도소에서 이루어진 일련의 인터뷰를 통해 참을성 있게 그의 인성을 재구성하려고 노력했는데, 그 결과가 『저 어둠 속으로』라는 의미심장한 제목의 책으로 출판되었다. 슈탕글은 자신이 저지른 것으로 알려진 범죄들에 대해 그것들의 사실적 정확성에 관해서는 조금도 의심하지 않으면서도 끝까지 완강하게 결백을 주장했다. 심근경색으로 죽기 몇 시간 전에 이루어진 1971년 6월 27일의 마지막 인터뷰에서 슈탕글의 마지막 저항은 점차 허물어져 일말의 윤리적 양심 같은 것이 '저 어둠 속에서' 나타난다고 세레니는 언급하고 있다.

"내 양심은 내가 직접 한 일에 대해서는 결백합니다." 그가 재판 과정에서 수도 없이 썼던, 그리고 지난 여러 주 동안 이 주제로 되돌아올 때면 항상 반복해서 썼던 예의 저 뻣뻣한 말투로 말했다. 하지만 이번에 나는 아무 말도 하지 않았다. 그는 잠시 멈추고 뜸을 들였고, 방안에는 정적이 감돌았다. "나는 직접 누군가에게 고의로 해를 끼치지는 않았어요." 조금 다른, 단호함이 다소 누그러진 말투로 말했다. 그리고 다시, 상당히 오랫동안, 뜸을 들였다. 여러 날 동안 처음으로 나는 그에게 아무 도움도 주지 않았다. 더 이상 시간이 없었다. 그는 마치 테이블에 달라붙어 있는 것처럼 테이블을 양손으로 꽉 붙잡았다. 그리고는 체념한 듯 이상하게 메마르고 지친 어조로 말했다. "하지만 난 거기 있었죠." 이 몇 문장을 말하는 데 거의 반시간이나 걸렸다. 마침내 아주 낮은 목소리로 그가 말했다. "그래요, 사실 내게도 죄가 있어요 …… 왜냐면 내 죄는…… 내 죄는…… 지금에서야 이야기하지만…… 이왕에 말을 나왔으니까 하는 말인데……." 그는 말을 멈췄다.

그는 분명히 '내 죄'라는 말을 했다. 하지만 그 말 이상이었다. 그것의 최종성은 그의 축 늘어진 몸에, 그의 얼굴에 나타나 있었다.

1분쯤 지났을까, 그가 그다지 내키지 않는 듯한 둔탁한 목소리로 다시 말을 해보려고 했다. "내 죄는 내가 아직도 여기 있다는 것이에요." 그가 말했다. "그게 내 죕니다"(Sereny, 1983: 364).

이렇게 새로운 종류의 비극적 갈등, 너무 얽히고설켜서 죽음으로써만 올바로 풀 수 있을 비극적 갈등에 대한 은근한 환기를 가스실에서 수천 명의 사람들을 죽이도록 명령한 사람 입을 통해 듣는 것은 범상치 않다. 그것은 오로지 고백과 죄의 변증법에만 관심이 있던 세레니가 믿고 싶었듯이 슈탕글이 '본연의 자아로 되돌아오는'(같은 책, 366) 어떤 진실의 심급의 출현을 가리키는 것이 아니다. 그보다는 오히려 증언할 수 있는 그의 능력이 최종적인 파산에 이르렀음을, '저 어둠' 스스로의 절망적 붕괴를 고하는 것이다. 그리스의 영웅은 영원히 우리를 떠나버렸고, 그는 어쨌든 더 이상 우리를 위해 증언할 수 없다. 아우슈비츠 이후에는 윤리(학)에서 비극의 패러다임을 사용하는 것은 불가능하다.

3. 7. 20세기 윤리(학)는 니체의 원한^{resentment}의 초극에서 시작된다. 과거에 대한 의지의 무능에 맞서, 일단 일어나버려 돌이킬 수 없는, 그래서 더 이상 의지될 수 없는 것에 대한 복수의 정신에 맞서 차라투스트라는 과거를 의지^{意志}하라고, 모든 것이 반복되기를 욕망하라고 가르친다. 유대-그리스도교 도덕에 대한 니체의 비판은 과거를 온전히 감당하는 능력의 이름으로 20세기에 완성되며, 일거에 20세기 윤리(학)를 죄와 양심의 가책에서 해방시킨다. 영원회귀는 무엇보다도 원한에 대한 승리, 즉 과거지사를 의지할 가능성, 모든 '그랬음'[과거지사]을 '내가 그러기를 바랐음'으로 전화시키는 가능성, 즉 운명애$^{amor\ fati}$이다.

아우슈비츠는 이러한 의미에서도 또한 결정적인 단절을 나타낸다. 니체가 『즐거운 학문』에서 '가장 무거운 부담'[No. 341]이라는 소제목 아래 제기한 실험을 반복한다고 상상해보자. '어느 낮 혹은 어느 밤' 한 악마가 소리 없이 다가와 이렇게 묻는다. "그대는 아우슈비츠가 몇 번이고 되풀이해서, 수도 없이 되돌아오길 바라는가? 수용소의 모든 순간, 사소한 모든 것까지 영원히 반복되기를, 일어났던 것과 정확히 똑같은 순서대로 영원히 되돌아오기를 바라는가? 그대는 그러한 일이 다시, 영원토록 다시 또다시 일어나길 바라는가?" 이렇게 그 실험을 약간 달리해보는 것만으로도 의심의 여지없이 20세기 윤리(학)를 반박하기에 충분하며, 나아가 그러한 윤리(학)가 제기될 가능성까지도 차단시켜버릴 것이다.

그러나 20세기 윤리(학)가 이렇게 파산한 것은 아우슈비츠에서 일어난 일이 너무도 잔인해서 결코 아무도 그것의 반복을 바라거나 그것을 운명으로 사랑할 수 없기 때문은 아니다. 니체의 실험에서는 과거에 일어난 일에 대한 공포가 처음부터, 그것을 듣는 첫 번째 반응이 정말이지 '이가 갈리고, 그렇게 말한 악마를 저주하는' 것일 정도로 크게 나타난다. 또한 차라투스트라의 가르침이 파산당했다고 해서 그것이 원한의 도덕의 온전한 복귀(비록 피해자에게는 그에 대한 유혹이 클지라도)를 암시한다고 할 수는 없다. 그래서 결국 아메리는 "일어났던 일은 일어났던 일이다"[과거지사는 과거지사일 뿐이다](Améry, 1980: 72)는 것을 받아들이기를 철저히 거부하는, 진정으로 니체에 반하는 원한의 윤리(학)를 정식화하기에 이른다. 그는 다음과 같이 쓰고 있다.

> 나 같은 사람들의 실존을 지배하는 원한은 오랜 개인사적 사건들의 결과이다. (……) 나의 원한은 범죄가 범죄자에게 도덕적 현실이 되게 하기 위해, 그가 그의 잔인함의 진실과 대면하게 하기 위해 존재하는 것이다. (……) 내게 일어났던 일을 20여 년간 곰곰이 생각해보면서 나는 사회적 압력 때문에 어쩔 수 없이 했던 용서와 망각이 비도덕적이라는 것을 인식하게 되었다고 믿는다. (……) 세월에 대한 자연적인 의식은 상처가 치유되는 생리학적 프로세스에 연원을 두고 있으며 현실에 대한 사회적인 개념의 일부가 된다. 하지만 바로 그러한 이유에서 그것은 성격상 도덕 외적인 것일 뿐만 아니라 반도덕적인 것이기도 하다. 인간은 세월이 감에서 비롯되는 생물학적 치유를 포함해 모든 자연 발생과의 불화를 선언할 권리와 특권을 갖고 있다. 일어났던 일은 일어났던 일이다. 이 문장은 인간과 지성에 대립하는 것이지만 또한 그만큼 진실인 것이다. (……) 도덕적인 사람은 시간의 무화를 요구한다. 지금 문제가 되는 바로 이 사안의 경우에는 범죄자를 그가 저지른 짓에 붙박아둠으로써 말이다. 그렇게 함으로써, 시계를 도덕적으로 되돌려 놓음으로써 범죄자는 피해자의 동료 인간의 일원이 될 수 있다(같은 책, 64, 70, 72).

레비에게는 이러한 것이 없다. 당연히 그는 아메리가 그에게 부여한 '용서하는 자'라는 타이틀을 거부한다. "나에게는 용서

해주고 싶은 마음이 없으며, 그때의 내 원수들을 결코 용서한 적도 없다"(Levi, 1989: 137). 하지만 그에게 아우슈비츠의 영원회귀를 바라는 것의 불가능성에는 또 다른 상이한 연원이 있는데, 그것은 과거에 새로운, 유례없는 존재론적 견고함을 부여한다. **우리는 아우슈비츠의 영원회귀를 바랄 수 없다. 왜냐하면 그것은 사실 한 번도 중단된 적 없이 항상 일어나고 있는 일이며 항상 이미 반복되고 있기 때문이다.** 이 잔인하고 냉혹한 경험은 레비에게 꿈의 형태로 나타난다.

> 그것은 다른 꿈속의 꿈이다. 사소한 차이는 있지만 내용은 다르지 않다. 나는 가족이나 친구들과 함께 식탁에 앉아 있거나 일하고 있는 중이거나 혹은 시골에 있거나 한다. 말하자면 주변 환경이 긴장이나 고통이 없는 평화롭고 편안한 곳에 있다. 하지만 나는 고통을, 미묘하지만 깊은 고통, 모종의 뚜렷한 위협감을 느낀다. 그리고 사실 꿈이 진행되면서 조금씩 조금씩 혹은 일순간에(이것은 그때마다 매번 다르다) 주변의 모든 것이, 환경과 벽과 사람들이 허물어진다. 고통은 더 격렬해지고 뚜렷해진다. 모든 것이 이제 뒤죽박죽이다. 나는 회색의, 흐릿한 공허의 중심에 혼자 있으며, 즉각 그것의 의미를 깨닫는다. 나는 그것이 내게 항상 익숙한 것이었음을 깨닫는다. 나는 또 다시 수용소에 있는 것이며, 수용소 밖에 있는 것은 모두 진짜가 아니었다. 휴식(가족, 꽃이 만발한 자연, 집)이란 잠깐 동안의 중단, 감각의 속임수였다. 이제 꿈속의 꿈, 이 평화의 꿈은 끝난다. 무자비하게 계속되는 꿈밖의 꿈속에서는 내가 익히 알고 있는 목소리가 들린다. 한 단어로 된 소리, 구

령이 아닌 짧고 나긋나긋한 한 단어의 음성 말이다. 새벽녘 아우슈비츠의 지시, 외국어 단어, 두려워하면서 예상하는 단어, '프스타바치 ^{Wstawac; 기상}'!(Levi, 1988: 245~255).

이 경험은 「어느 어렴풋한 시각에」라는 시에도 다른 형식으로 나타나는데, 여기서 이 경험은 꿈이 아니라 예언적 확실성이라는 형태를 취한다.

> Sognavamo nelle notti feroci
>
> sogni densi e violenti
>
> sognati con anima e corpo:
>
> tornare, mangiare; raccontare.
>
> Finché suonava breve e sommesso
>
> il comando dell'alba:
>
> "Wstawac";
>
> e si spezzava in petto il cuore.
>
> Ora abbiamo ritrovato la casa,
>
> il nostro ventre è sazio,
>
> abbiamo finito di raccontare.
>
> È tempo. Presto udremo ancora
>
> il comando straniero:
>
> "Wstawac."

잔인한 밤마다 우리는 온몸과 온 마음으로 우글우글 들끓는 꿈들을 꾼다. 꿈에서 우리는 집으로 돌아가 먹고 이야기한다. 새벽이면 어김없이 떨어지는 짧고 나긋나긋한 명령소리를 듣기 전까지는. '프스타바치!' 그리고 우리의 가슴은 철렁 내려앉는다.

이제 나는 다시 고향으로 돌아와 마음껏 먹고 마음껏 얘기도 했다. 벌써 시간이 됐다. 이제 곧 우리는 그 외국어 구령을 다시 듣게 되리라. '프스타바치!'(Levi, 1988: 530)

이 텍스트에서 윤리(학)적 문제는 철저히 모습이 바뀐다. 그것은 더 이상 복수의 정신을 정복해 과거를 감당하는 문제가, 그것의 영원회귀를 의지하는 문제가 아니며 받아들일 수 없는 것을 원한을 통해 꼭 붙들고 있어야 하는 문제도 아니다. 지금 우리 앞에 놓인 것은 수용과 거부 너머에 있는, 영원한 과거와 영원한 현재 너머에 있는 어떤 존재, 영원히 되돌아오지만 바로 그 때문에 절대적으로, 영원히 감당할 수 없는 어떤 사건인 것이다. 선악의 너머에 있는 것은 생성의 무죄함이 아니라 오히려 죄 없는 부끄러움일 뿐만 아니라 시간조차도 없는 부끄러움인 것이다.

3. 8. 앙텔므는 부끄러움은 죄책감이나 다른 사람보다 오래 살았다는 데 대한 것이라기보다는 오히려 좀 더 애매하고 까다로운 다른 원인을 갖고 있다는 사실을 분명하게 증언해준다. 전

쟁이 종국으로 치닫고 연합군이 빠르게 진격해옴에 따라 나치는 수인들을 부헨발트에서 다하우로 옮기기 위해 광기어린 행진을 시켰는데, 앙텔므에 따르면 이때 나치 친위대는 신체적 조건 때문에 행진 속도를 늦추곤 했던 사람들을 모두 총살시켰다고 한다. 때때로 학살은 아무런 뚜렷한 기준도 없이 우발적으로 이루어지곤 했다. 어느 날 총살 대상이 된 사람은 한 이탈리아 청년이었다.

> 나치 친위대원이 다시 말했다. "*Du komme hier!*"[너 이리 왜 또 다른 이탈리아인이 대열에서 이탈했다. 볼로냐에서 온 학생이었다. 나는 그를 알고 있다. 그의 얼굴이 벌게졌다. 나는 그를 주의 깊게 쳐다본다. 내 눈에는 아직도 그때 그의 얼굴에 나타난 벌건 색이 생생히 남아있다. 그는 길가 그 자리에 서 있다. 그는 어쩔 줄 몰라 한다. (……) 나치 친위대가 그에게 '너 이리 와!'라고 말하자 그의 얼굴이 벌게졌다. 그의 얼굴이 벌게지기 전에 나치 친위대는 그를 힐끗 훑어보았을 것이다. 하지만 그래, 선택된 것은 그였고, 그가 자신이 선택된 것을 더 이상 의심하지 않았을 때 그의 얼굴은 벌게졌다. 죽일 사람을, 누가 됐든 죽일 사람을 찾고 있던 친위대원이 그를 찾아낸 것이다. 그리고 그를 찾아내고는 더 이상 쳐다보지도 않았다. 그는 '다른 사람도 아닌 왜 그인가?' 하고 자문해보지도 않았다. 그리고 그 이탈리아인은 친위대원이 부른 사람이 정말로 자신임을 알았고, 이 우연한 선택을 받아들였다. 그도 '다른 사람도 아닌 왜 나인가?' 하고 궁금해하지 않았다(Antelme, 1992: 231~232).

저 볼로냐 학생의 얼굴에 나타난 홍조는 도무지 잊히지 않았을 것이다. 그는 길가에서, 행진 막판에 홀로, 살인자 곁에서 죽었다. 그리고 누군지도 잘 모르는 살인자 앞에서 사람이 경험하는 이 친밀함intimacy은 분명 가장 극단적인 친밀함, 그 자체로 부끄러움을 일으킬 수 있는 친밀함이다. 하지만 홍조의 원인이 무엇이건 그가 느끼는 부끄러움이 살아남은 데 대한 것이 아님은 확실하다. 오히려 마치 그는 자신이 죽어야만 한다는 데 대해, (다른 사람도 아닌 바로 자신이) 죽임을 당하도록 아무렇게나 선택되었다는 데 대해 부끄러움을 느꼈던 듯하다. 수용소에서는 이것만이 '다른 사람 대신 죽다'라는 표현이 가질 수 있는 유일한 의미이다. 모든 사람이 다른 사람 대신에, 이유나 의미 따위는 없이 죽고 살며, 수용소는 아무도 진정으로 자기 자신의 자리에서 죽거나 살거나 할 수 없는 장소인 것이다. 아우슈비츠의 의미 역시 딱 그러한 것이다. 즉 죽어가는 사람은 자신의 죽음에서 이러한 홍조, 이러한 부끄러움밖에 달리 의미를 찾을 수 없다.

아무튼 그 학생이 느낀 부끄러움은 살아남은 데 대한 것은 아니다. 반대로 그보다 더 오래 살아남은 것은 부끄러움이다. 카프카는 여기에서도 역시 훌륭한 예언자이다. 『소송』의 끝에서 요제프 K가 '개처럼' 죽으려는 순간 가해자의 칼이 그의 심장에서 두 번 돌아가는데, 그때 요제프 K에게는 부끄러움 같은 것이 일어난다. "마치 부끄러움이 그보다 더 오래 살아남으려는 것처럼." 요제프 K는 무엇을 부끄러워하는 것일까? 저 볼로냐 학생은 왜 얼굴을 붉힌 것일까? 마치 잠깐 동안 그의 뺨에 떠오른 홍조가 마침내 다다른 어떤 한계를 드러낸 것처럼, 그 생명체 속에서 어떤 새로운 윤리(학)적 소재가 얼핏 드러났던 것처럼 말이다. 물론 그것은 그가 달리 증언할 수 있었을, 그가 말로써 표현할 수도 있었을 어떤 사실 따위는 아니다. 하지만 아무튼 그 홍조는 시간을 통해 흘러와 우리에게 이르러 그를 증언하는, 소리 없는 돈호법과 같은 것이다.

3. 9. 1935년에 레비나스는 부끄러움에 대한 하나의 모범적인 분석을 제시한 바 있다. 도덕 철학자들은 부끄러움이 우리 존재의 불완전함이나 결여를 의식하고 그로부터 거리를 취하는 데서 나온다고 주장하지만 레비나스에 따르면 부끄러움은 그러한 의식에서 나오는 것이 아니다. 반대로 부끄러움은 부끄러움 자체로부터 벗어날 수 없고 그로부터 단절할 수 없는 우리 존재의 무능력에 근거를 두고 있다. 우리가 벌거벗은 몸에서 부끄러움을 경험한다면 그것은 가시성의 영역에서 치워버리고 싶은 것을 감출 수 없기 때문이다. 그것은 자신에게서 달아나고 싶은 억제할 수 없는 충동에 그만큼 확실한 탈출 불가능성이 맞서기 때문인 것이다. 우리가 육체적 욕구와 구역질(레비나스는 이것들을 부끄러움과 같은 부류로 취급한다) 속에서 역겹지만 억누를 수 없는 우리의 모습이 스스로에게 비치는 것을 경험하는

것과 마찬가지로 부끄러움 속에서 우리는 도저히 우리 자신을 그로부터 떼어놓을 수 없는 어떤 상황에 놓이게 된다.

따라서 부끄러움에서 나타나는 것은 바로 스스로에게 결박되어 있다는 사실, 자신을 저버리고 자신을 자신으로부터 감추는 것이 철저하게 불가능하다는 사실, 자아가 그 자신에게 현전한다는 참을 수 없는 사실이다. 벌거벗음이 부끄러운 것은 그것이 우리 존재의 노골성, 궁극적 친밀함intimacy의 노골성일 때이다. 그리고 우리 몸의 벌거벗음은 정신에 대립하는 어떤 신체적인 것의 벌거벗음이 아니라 우리의 전 존재의 벌거벗음, 너무나도 충실한, 너무나도 확실한 벌거벗음, 드러남이 가장 잔인한 벌거벗음, 그래서 도무지 의식하지 않을 수 없는 벌거벗음이다. <도시의 불빛>에서 찰리 채플린이 삼키는 호루라기는 그의 존재의 잔인한 현전이라는 치욕이 드러나게 해준다. 그것은 저 유명한 채플린의 연미복이 간신히 감추어주는 현전의 분산된 기호들이 드러나도록 해주는 기록 장치 같은 것이다. 부끄러운 것은 우리의 친밀함, 즉 우리의 우리 자신에게의 현전인 것이다. 그것이 드러내는 것은 우리의 무가 아니라 우리의 실존 전체이다. (……) 부끄러움이 드러내는 것은 자신을 **드러내는** 존재인 것이다(Levinas, 1982: 87).

레비나스의 분석을 심화시켜 보자. 부끄러움을 느낀다는 것은 곧 감당이 안 되는 어떤 상황에 놓인다는 것을 말한다. 하지만 감당이 안 되는 것은 어떤 외부적인 것이 아니다. 오히려 그것은 우리의 고유한 친밀함에서 나오는 것이다. 그것은 우리 속에서 가장 친밀한 것(예컨대 우리 삶의 생리적 부분)이다. 따라서 여기서 '나'는 자신의 수동성에 의해, 가장 고유한 감성에 의해 압도되지만 이러한 박탈과 탈주체화는 이 '나'의 그 자신에게로의 극단적이고도 환원 불가능한 현전이기도 한 것이다. 그것은 마치 우리의 의식이 붕괴되고, 사방으로 달아나려고 하면서도 동시에 자신의 체면 손상에 당면하게 하는, 가장 고유한 것의 박탈에 당면하게 하는 거부할 수 없는 명령에 의해 동시에 소환되는 것과 같다. 따라서 주체는 부끄러움 속에 자신의 탈주체화밖에는 다른 내용을 갖지 않으며, 자기 자신의 부조리, 주체로서의 자신의 완벽한 소멸에 대한 증인이 된다. 주체화이기도 하고 탈주체화이기도 한 이 이중 운동이 부끄러움이다.

   3. 10. 1942~1943년에 진행된 『파르메니데스』에 대한 일련의 강의에서 하이데거 또한 부끄러움에 대해, 보다 정확히 말하자면 그에 상응하는 그리스어 '아이도스^{aidos}'에 대해 관심을 가졌다. '아이도스'에 대해 그는 '참된 그리스다움을 지닌 근원적인 말'(Heidegger, 1992: 74~75)이라고 정의했다. 하이데거에 따르면 부끄러움이란 '인간이 지닌 감정'(같은 곳) 이상의 것이다. 정확히 말해 그것은 존재 전체를 가로지르고 규정하는 정조^{情調}이다. 따라서 부끄러움이란 일종의 존재론적 감정으로서 인간과 '존재' 사이의 만남을 고유한 장소로 한다. 부끄러움이란 심리학적 현상 문제라고 볼 수 없기 때문에 하이데거는 '존재 자체

가 부끄러움을, 곧 존재의 부끄러움을 내장하고 있다'(같은 곳) 고 쓸 수 있었다.

부끄러움의 이러한 존재론적 성격(부끄러워할 때 우리는 어떤 존재 앞에 노출되며, 존재 역시 부끄러워한다는 사실)을 강조하기 위해 하이데거는 우리더러 혐오감^{Abscheu}에 대해 고찰해보라고 말한다. 이상하게도 그는 이 점에 대해, 즉 부끄러움과 혐오감의 연관에 대해 그것이 즉각 명백한 것인 것처럼 더 이상 논의를 전개하고 있지 않은데, 이는 사실 전혀 명백한 것이 아니다. 혐오감에 대해서는 다행히도 벤야민$^{Walter\ Benjamin}$이 『일방통행로』의 한 아포리즘에서 간략하지만 적절한 분석을 제시하고 있다. 벤야민에 따르면 혐오감에서 가장 두드러지는 감정은 불쾌감을 일으키는 대상이 우리를 알아보지 않을까 하는 두려움이다. "인간의 마음 깊은 곳에서 두려움을 불러일으키는 것은 자기 안에 있는 동물과 비슷한 것이 자기를 알아보지 않을까 하는 막연한 의식이다"(Benjamin, 1979: 50). 혐오감을 경험하는 사람은 어떤 식으로든 혐오 대상에서 자신을 인식하는 한편으로 자신이 인식되지 않을까 두려워한다. 혐오감을 경험하는 사람은 감당될 수 없는 타자성 속에서 자신을 인식한다. 즉 그는 어떤 절대적 탈주체화 속에서 자신을 주체화하는 것이다.

케레니$^{Karl\ Kerényi}$는 엇비슷한 시기에 『고대 종교』라는 책에서 '아이도스'에 대한 분석을 행한 바 있는데, 여기서도 다시 이러한 종류의 상호성이 나타난다. 이렇듯 '아이도스'라는 현상 안에서 능동적이면서 수동적인 광경, 보면서 보이는 사람, 보면서 보는 세계 — 여기서 본다는 것은 '간파하는 것', '육체적'이면서 '정신적'인 것, '자연적'이면서 '규범적'인 것을 의미한다 — 가 한데 모여 그리스인들의 종교적 체험에 있어 근본적인 상황을 구성한다. (……) 그리스인들은 '보아야 할 운명을 타고 났거나' '보아야 할 소명이 있을' 뿐만 아니라 그의 실존의 형식도 보여지게 되어 있다(Kerényi, 1940: 88). 이러한 능동적 봄과 수동적 봄의 상호성 속에서의 '아이도스'는 나 자신이 보여진다는 사실과 마주하는, 내가 보고 있는 것에 의해 나 자신이 증인으로 취해지고 있다는 사실과 마주하는 경험과 유사하다. 자기 어머니[헤카베]의 드러난 가슴을 마주한 헥토르처럼("헥토르, 내 아들아, 이 젖가슴을 부끄러워해라$^{feel\ aidos}$!") 부끄러움을 경험하는 자는 자신이 (볼 수밖에 없는 위치에 있다는 사실에, 다시 말해) 봄의 주체가 된다는 사실에 압도되며, 자신에게서 말을 잃게 하는 것에 반응하지 않을 수 없다.

따라서 우리는 부끄러움에 대한 초보적이고 잠정적인 정의를 제시할 수 있게 되었다. 그것은 바로 '노예 됨과 주인 됨'이라는, 명백히 상반되는 두 가지 의미에서의 주체 됨이라는 근본 감정이다. 부끄러움이란 주체화와 탈주체화, 자기를 잃음과 자기를 갖춤, 노예 됨과 주인 됨의 절대적 공존 속에서 산출되는 것이다.

3.11. 부끄러움의 이러한 역설적 성격이 의식적으로 하나의

대상으로 취해져 쾌락으로 전환되는 특수한 영역이 존재하는데, 여기서 부끄러움은 이를테면 자신을 넘어서게 된다. 사도마조히즘sadomasochism의 영역이 그것이다. 여기서 수동적 주체, 즉 마조히스트는 자신을 무한히 초월하는 수동성에 압도된 나머지 자신을 또 다른 주체, 즉 사디스트에게 완전히 내맡김으로써 주체라는 자신의 조건을 포기한다. 이 때문에 레이스, 노예 계약서, 금속류, 거들 그리고 꿰매고 옥죄는 온갖 종류의 의식용 장구들이 등장하는데, 이러한 것들을 통해 마조히스트는 자신이 주체할 수 없고 또 철저히 자신을 초과하는 바로 그 수동성을 담아내고 역설적이게도 고정시키려는 헛된 시도를 하게 된다. 마조히스트가 고유하게 겪는 고통은 무엇보다도 자신의 감수성을 주체할 수 없는 고통이다. 그래서 오로지 그러한 이유에서 그의 고통은 즉각 기쁨으로 전환될 수 있는 것이다. 하지만 마조히스트적 전략의 미묘함과 거의 냉소적이라고 할 만한 심연을 이루고 있는 것은 마조히스트는 자신의 수동성과 자신이 주체할 수 없는 쾌락을 자신의 외부에서 감당할 수 있는 지점을 찾아내는 조건 하에서만 자신을 초과하는 것을 즐길 수 있다는 사실이다. 이 외부의 지점이 바로 사디스트적 주체, 즉 주인master[가학재이다.

그래서 사도마조히즘은 양극 시스템으로, 즉 무한한 감수성(마조히스트)이 그만큼 무한한 무감동impassivity(사디스트)과 마주하고 주체화와 탈주체화가 양 극단 사이에서 어느 쪽에도 고유하게 속하지 못하고 부단히 순환하는 시스템으로 나타난다. 그런데 이러한 비결정성이 사로잡는 것은 권력의 주체들일 뿐만 아니라 지식의 주체들이기도 하다. 주인과 노예의 변증법이 여기서는 사활을 건 싸움의 결과가 아니라 오히려 무한한 '규율', 즉 두 주체가 결국에 가서는 역할을 바꾸게 되는 꼼꼼하고 끈질긴 지시와 연습 과정의 결과가 된다. 마조히스트적 주체가 주인(가학자) 속에서만 쾌락을 주체할 수 있는 것과 마찬가지로 사디스트적 주체도 쾌락을 끝없는 지시와 처벌을 통해 노예(피학자)에게 전달함으로써만 본연의 자기를 인식할 수, 즉 자신의 무감동한 지식을 주체할 수 있다. 하지만 마조히스트적 주체는 말 그대로 모진 훈련을 즐기기 때문에 지식의 전달 수단이어야 했던 것(즉 처벌)이 대신 쾌락의 수단이 되어버리고, 그리하여 규율과 연습, 선생과 제자, 주인과 노예는 완전히 구별 불가능해진다. 규율과 쾌락의 무구별(이때 두 주체는 순간적으로 합치한다)이 바로 부끄러움이다. 그리고 성난 가학자가 재미있어 하는 피학자에게 "말해 봐, 이래도 안 부끄러워?"하면서 끊임없이 상기시키는 것은 바로 이러한 부끄러움이다. 즉, "너는 네가 네 자신의 탈주체화의 주체인 것을 깨닫지 못하니?"

3. 12. 근대 철학에서 자기 촉발$^{\text{auto-affection}}$이라고 불리며, 칸트$^{\text{Immanuel Kant}}$ 이래 시간과 동일시된, 주관성의 시원적 구조 안에는 부끄러움의 완벽한 등가물이 존재한다. 칸트에 따르면 시간 안에서 "지성은 (……) **수동적** 주관(지성은 이 주관의 **능력**이다)에

대해 이러한 능동적 작용을 행하며, 그렇기 때문에 우리는 그렇게 해서 내감이 촉발된다고 말해도 되는 것이다"(Kant, 1929: 166). 그 결과 시간 안에서 "우리는 우리 자신에 대해, **우리 자신에 의해** 우리가 내적으로 촉발되는 대로만 직관한다"(같은 책, 168). 시간이 내감의 형식, 즉 "우리 자신과 우리의 내적 상태를 직관하는"(같은 책, 77) 형식으로 정의되는 것은 이 때문이다. 칸트에게 있어 우리 자신에 대한 우리의 직관에 함축된 이러한 자기 변양의 분명한 증거가 되는 것은 우리가 상상 속에서 하나의 직선을, 자기 촉발적 제스처의 직접적 흔적인 직선을 그어보지 않고서는 시간에 대해 사고할 수 없다는 사실이다. 이러한 의미에서 시간은 자기 촉발이다. 하지만 바로 이러한 이유에서 칸트는 여기서 진정한 '역설'에 대해 말할 수 있는 것이다. 이 역설은 바로 우리가 "우리 자신에 대해서 수동적인 태도를 취할 수밖에 없다(wir uns gegen uns selbst als leidend verhalten mussten)"(같은 곳)는 사실에 있다.

이러한 역설을 어떻게 이해해야 할까? 자기 자신에 대해 수동적이라는 것은 무슨 의미일까? 수동성은 단순히 감수성, 그러니까 어떤 외부의 능동적 원리에 의해 촉발된다는 단순한 사실을 뜻하지는 않는다. 모든 것이 여기 주체 안에서 일어나기 때문에 능동성과 수동성은 서로 일치하지 않으면 안 된다. 수동적 주관은 자신의 수동성에 대해 능동적일 수밖에 없다. 즉 수동적인 자신에 '반대하는$^{gegen\ uns\ selbst}$' '태도를 취할^{verhalten}' 수밖에 없다. 만약 우리가 빛을 받아 찍히는 인화물이나 도장에 새겨진 모양이 그대로 찍히는 무른 밀랍을 다만 감수성이 있다고 규정한다면 자신이 수동적임을 능동적으로 감각하는 것에만, 즉 **자신의 감수성에 의해 촉발되는 것**에만 '수동적'이라는 이름을 부여할 수 있을 것이다. 자기 촉발로서 수동성은 따라서 제2차 감수성, 자기 자신을 경험하는, 다시 말해 자신의 수동성에 의해 감응되는 감수성이다.

칸트의 이 대목에 대해 논평하면서 하이데거는 시간을 '자신으로부터 벗어나~을 향해 감'인 동시에 '되돌아 봄'인 '순수한 자기 촉발', 이 두 계기를 단일 형식으로 갖는 '순수한 자기 촉발'로 정의한다. 이렇듯 서로 뒤얽힌 제스처 속에서만, 이렇듯 자신으로부터 자신을 떼어놓으면서 자신을 보는 것 속에서만 동일자적 자아와 같은 것이 구성될 수 있다.

> 시간은 이미 존재하는 주관에 맞부딪쳐 작용하는 능동적 촉발이 아니다. 순수한 자기 촉발로서의 시간은 바로, 자신을 전체적으로 보는 것이라고 규정될 수 있을 어떤 것의 본질을 형성한다. 하지만 자기 자체는 무언가에 의해 보여질 수 있는 것인 한 본질상 유한한 주관이다. 시간이 순수한 자기 촉발인 한 시간은 주관성의 본질적 구조를 형성한다. 이러한 자기성의 근거 위에서만 유한자는 본연의 모습으로, 즉 수용에 내맡겨져 있는 모습으로 존재할 수 있다(Heidegger, 1990: 132~133).

여기서 드러나는 것이 (주체할 수 없는 수동성에 내맡겨짐으로 정의되는) 부끄러움과의 유사성이다. 따라서 과연 부끄러움은 주체성의 가장 고유한 정조^{情調}로 나타난다. 그러니까 자신의 의지에 반해 성적 폭력을 겪는 사람에게서는 부끄러움과 같은 것이 있을 리 없다. 하지만 그가 기꺼이 폭력을 감내한다면, 그 폭력을 즐긴다면, 그가 자신의 수동성에 의해 감응된다면, 다시 말해 자기 촉발이 산출된다면, 오로지 그때라야 부끄러움에 대해 말할 수 있다. 바로 이 때문에 그리스인들은 동성애적 관계에서 능동적 주체(에라스테스)와 수동적 주체(에로메노스)를 분명히 구별했고, 또 그러한 관계의 윤리상 에로메노스에게 쾌락을 느끼지 말라고 요구했던 것이다. 그래서 주체성의 형식으로서의 수동성은 본질적 구조상 한편으로는 순전히 수용적인 극('이슬람교도')과 다른 한편으로는 능동적으로 수동적인 극(증인)으로 파열되지만 결코 그러한 파열이 완전히 두 개의 극으로 갈라지게 되지는 않는 방식으로 파열된다. 반대로 그것은 항상 친밀함, 수동성에 내맡겨짐, 자신을 수동적으로 만듦(이 안에서 능동과 수동이라는 관계의 두 항은 구별되면서도 분리될 수 없다)이라는 형식을 띤다.

스피노자는 『히브리어 문법 개요』에서 내재적 원인(어떤 행동의 동작주와 피동자가 동일인일 때의 행동)이라는 개념을 히브리어의 능동재귀동사 범주와 부정명사를 예로 들어 설명하고 있다. 그는 부정명사에 관해 다음과 같이 쓰고 있다.

공교롭게도 동작주^{agent}와 피동자^{patient}는 동일인인 경우가 종종 있기 때문에 유대인들은 새로운, 제7의 부정사를 만들 필요를 느꼈는데, 이를 갖고 동작주와 피동자 모두에 관련되는 어떤 행동, 즉 능동성과 수동성의 형식을 모두 띠는 어떤 행동을 표현하기 위해서였다. (……) 그러므로 동작주와 관련되는 어떤 행동을 내재적 원인으로 표현하는 또 다른 종류의 부정사를 고안해내는 것이 필요했는데, (……) 이 내재적 원인이란 이미 살펴본 대로 '자기 자신을 찾아가다' 또는 '자기 자신을 스스로 찾아가는 것으로 구성하다' 또는 궁극적으로 '자기 자신을 찾아가는 것으로 보여주다'(*constituere se visitantem, vel denique praebere se visitantem*)는 뜻이다(Spinoza, 1925: 361).

이러한 동사 형식들의 의미를 설명하면서 스피노자는 '자기 자신을 찾아가다'는 재귀 형식에 만족하지 못하고 부득이 '자기 자신을 스스로 찾아가는 것으로 구성하다' 또는 '자기 자신을 찾아가는 것으로 보여주다'(아마 그는 '자기 자신을 찾아지는 것이 되게 하다' 또는 '찾아지는 것으로 보여주다'라고 쓸 수도 있었을 것이다)라는 기묘한 신태그마를 조합하기에 이른다. 어떤 일을 참고 견디는 것을 즐기는(또는 어떤 식으로든 이러한 경험의 공모자인) 어떤 이를 정의하기 위해 우리는 (그냥 어떤 일이 '그에게 행해지다' 또는 '그에게 닥치다'라고 하지 않고) 그가 어떤 일을 '자신이 당하게 하다'라고 말하듯이 하나의 주체 속에서 동작주와 피동자의 합치는 불활성적인 동일성 형식이 아니라 복잡한 자기 촉발 운동이라는 형식을 띠며, 이 운동 속에서 주체는 자신을 수동적(또는 능동적)으로 구성하기(혹은 보여주기) 때문에 능동성과 수동성은 결코 분리될 수 없고 도저히 불가능한 하나의 **자아** 속에서의 합치 속에서만 구별되는 것으로 드러나는 것이다. 이 **자아**는 바로 자기 촉발의 (능동적이고 수동적인) 이중 운동의 잔여로 산출되는 것이다. 그렇기 때문에 주체성은 본질적으로 주체화와 탈주체화 형식을 띠는 것이며, 그렇기 때문에 주체성은 궁극적으로는 부끄러움인 것이다. 홍조는 잔여인 바, 모든 주체화에서 탈주체화를 드러내고 모든 탈주체화에서 주체를 증언하는 잔여인 것이다.

3. 13. 부끄럽지만 회피할 수 없는 경험으로서의 탈주체화를 아주 잘 드러내주는 문서가 있다. 바로 키츠$^{\text{John Keats}}$가 우드하우스$^{\text{John Woodhouse}}$에게 보낸 1818년 10월 27일자 편지이다. 이 편지에 담긴 '부끄러운 고백'은 시적 주체 자신에 관한 것이자 그를 소외와 비존재감에 시달리게 만들 뿐인 끊임없는 자아상실에 관한 것이다. 이 편지에 역설 형태로 진술된 명제들은 이미 잘 알려져 있다.

(1) **시적 자아는 내가 아니다. 그것은 자아와 동일하지 않다**: "시인(내가 무언가에 속한다면, 여기 속할 것이다[……])의 캐릭터는 시인 자신이 아니다. 그것은 자아를 갖지 않는다. 그것은 모든 것이자 아무것도 아니다. 그것은 캐릭터를 갖지 않는다" (Keats, 1935: 226).

(2) **시인은 세상에서 가장 시적이지 않은 무엇이다. 그는 항상**

자신과 다르며, 다른 사람을 대신하기 때문이다: "시인은 존재하는 모든 것 중 가장 시적이지 않다. 그에게는 정체성이 없어서, 그가 끊임없이 다른 사람 몸에 들어가 그 사람을 대리하기 때문이다"(같은 곳, 227).

(3) '나는 시인이다'라는 진술은 진술이 아니다. 그것은 차라리 형용모순이며, 시인 됨이 불가능하다는 뜻을 함축한다: "그래서 시인에게 자아란 없다면 그리고 나는 시인이라면 내가 더 이상 글을 쓰지 못할 거라 말한들 놀랄 게 무어란 말인가?"(같은 곳).

(4) **시적 경험은 탈주체화의 경험, 총체적이고 유보 없는 무책임해지기의 부끄러운 경험이다**: 무책임해지기는 아이들의 놀이방보다 더 낮은 곳으로 모든 말하기$^{\text{act of speech}}$를 실어가며, 자칭 시인을 데려간다. "고백하기 부끄러운 일이지만 내가 지금껏 입 밖에 낸 말 중 나라는 사람의 변치 않는 바탕에서 나온 진정한 의견으로 간주할만한 것은 한 마디도 없는 게 사실이다. 나에게 자아가 없는데 어떻게 그게 가능하겠는가? 내가 다른 사람들과 방에 있을 때 내 두뇌의 창조물에 대한 상념에서 벗어났더라도 그때조차 나의 자아는 내 자신에게 귀속되지 않는다. 방에 있는 모든 사람들의 정체성이 나를 짓누르기 시작해 이내 나는 없어지고 만다. 어른들 사이에서만 그런 건 아니다. 아이들의 놀이방에서도 마찬가지일 것이다"(같은 곳).

하지만 궁극적 역설은 이 편지에서 저 고백에 즉각 이어지는 것이 침묵과 체념일 뿐만 아니라 확고하고 꺾이지 않는 글쓰기의 다짐, 날마다 스스로를 파기하고 다시 되풀이할 운명인 그러한 다짐이라는 사실이다. 마치 말하기 속에 함축된 부끄러움과 탈주체화가 시인에게 오로지 자신의 소외를 부단히 증언하게 할 만한 내밀한 아름다움이라도 담고 있기라도 한 것처럼 말이다. "나는 시의 정점에 이르려고 노력할 것이다. 내게 주어진 용기가 견뎌낼 수 있을 만큼 높은 정점 말이다.(……) 밤사이의 수고로 매일 아침 녹초가 되고 아무도 그걸 알아주지 않을지라도 (……) 글을 써야 안심이 된다. 하지만 내가 말을 하고 있는 지금조차도 이 말은 나 자신으로부터 나오는 게 아니리라. 나는 지금 어떤 다른 영혼으로 살고 있으며 바로 그 인물이 말하고 있는 것이다"(같은 책, 227~28).

3. 14. 서양의 문학 전통에서 시를 창작하는 행위, 아니 실제로는 아마 모든 말하기가 반드시 탈주체화와 같은 무언가를 수반한다(시인들은 이러한 탈주체화에 '뮤즈^{Muse}'라는 이름을 붙였다). 바흐만$^{Ingeborg\ Bachmann}$은 프랑크푸르트대학에서 행한 일련의 강연 중에 이렇게 물었다. "보증 없는 나! 이 나란 무엇이며, 무엇일 수 있을까요? 위치와 궤도도 아직까지 완전히 파악되지 않고 그 핵도, 그것을 이루는 원소들도 아직까지 알려지지 않은 어떤 별. '나'를 이루는 무수한 입자들이 있을지도 모릅니다. 하지만 이런 가능성을 생각해냈을 때 이미 '나'는 무처럼, 어떤 순수한 형태의 실체^{hypostasis}처럼, 상상의 물질처럼 보입니다"

(Bachmann, 1982: 42). 바흐만은 시인들이란 바로 "'나'를 자신들의 실험장으로 만드는, 혹은 자신들을 '나'의 실험장으로 만들었던"(같은 곳) 사람들이라고 주장했다. 이 때문에 그들은 '끊임없이 미치광이가 될 위험'과 자신들이 무슨 말을 하는지도 모르는 위험을 '무릅쓰는'(같은 곳) 것이다.

하지만 말하기에서 완전히 탈주체화되는 경험이라는 관념은 종교 전통에도 생소한 것이 아니다. 드므니$^{Paul\ Demeny}$에게 보낸 편지에서 랭보$^{Arthur\ Rimbaud}$는 자신의 구상을 밝히면서 비슷한 경험을 언급("그러니까 '나'는 또 다른 자이다. 놋쇠가 트럼펫에 활기를 불어넣는다면 그것은 놋쇠의 잘못이 아니다")하는데, 사도 바오로가 코린토 신자들에게 보낸 서간을 보면 이러한 경험은 이미 수세기 전에 메시아 공동체에서는 흔한 관행으로 나타났음을 알 수 있다. 이 서간에서 바오로가 말하고 있는 '방언$^{speaking\ in\ tongues;\ lalein\ glōssē}$'[6]이란 화자가 무슨 말을 하는지도 모르면서 말을 하는 말의 사건, 즉 글로솔랄리아^{glossolalia}를 이른다("사람은 아무도 알아듣지 못하기 때문입니다. 그는 성령으로 신비를 말하는 것입니다"[7]). 나아가 이것은, 말은 원리상 이질적이고 '이민족^{barbaric}'으로 된다는 것을 의미한다. "내가 어떤 언어의 뜻을 알지 못하면, 나는 그 언어를 말하는 이에게 외국인^{barbarian}이 되

---

[6] 말 그대로 '혀로 말함'이라는 뜻으로, 의미의 문턱을 넘지 못한 말, 그저 소리일 뿐인 말을 이른다. 하지만 성령에 의한 말이므로 '신령한 언어'라고도 번역된다.
[7] 「코린토 신자들에게 보낸 첫째 서간」, 14장 2절.

고 그 언어를 말하는 이는 나에게 외국인이 됩니다"(14장 11절). '*barbaros*', 즉 '야만인barbarian'이란 말은 원래 '로고스(=말)'를 타고나지 못한 존재, 진정으로 말을 하고 또 알아듣는 법을 모르는 이방인이라는 뜻이다. 그러므로 글로솔랄리아는 언어-사건의 절대적 탈주체화와 '야만화'라는 아포리아를 제시하며, 이때 말하는 주체는 또 다른 주체에게 자신의 자리를 내주는데, 이 또 다른 주체가 어린아이, 천사 또는 야만인, 즉 '아무런 수확이 없이'[14장 14절], '허공에 대고'[14장 9절] 말하는 자들이다. 그리고 비록 바오로는 코린토 신자들의 방언 관습을 전적으로 몰아내지는 않지만 코린토 신자들에게 방언 관습이 야기할 수도 있을 유아기적 퇴행에 대해 주의를 환기하면서 그들이 말하는 것을 해석하도록 타이르고 있음은 의미심장하다.

> 또 나팔이 확실하지 않는 소리를 내면(랭보는 코린트인들을 변호할 것이다: "놋쇠가 나팔을 깨운다면 ……") 누가 전투 준비를 하겠습니까? (……) 이와 같이 여러분도 방언으로 말할 때에 분명하지 않은 말을 하면, 그 말을 어떻게 알아들을 수 있겠습니까? 그것은 허공에 대고 말하는 셈입니다. (……) 그러므로 방언으로 말하는 이는 그것을 해석도 할 수 있도록 기도하십시오. 내가 방언으로 기도하면, 나의 영은 기도하지만 나의 이성은 아무런 수확이 없습니다. (……) 형제 여러분, 생각하는 데에는 어린아이가 되지 마십시오(14장 8~20절).

3. 15. 탈주체화 경험은 사실상 극히 단순한 말하기에도 내포되어 있으며, 방언의 경험은 다만 그러한 경험의 단적인 표현에 불과하다. 현대 언어학 이론은 언어와 실제로 행해지는 담화는 절대적으로 분리된 두 질서이며, 이 둘 사이에는 이행이나 교류가 있을 수 없다고 주장한다. 일찍이 소쉬르Ferdinand de Saussure는 ('랑그'라는 의미에서) 언어는 그것 자체가 일련의 기호들(예컨대, '진흙', '호수', '하늘', '빨갛다', '슬프다', '다섯', '쪼개다', '보다' 등)로 이루어져 있는데도 불구하고 이러한 기호들이 어떤 식으로 작용해서 담화를 형성하는지를 미리 알고 이해할 수 있게 해주는 것이 (언어 안에는) 아무것도 없다고 주장한 바 있다. "이 일련의 단어들은 아무리 풍부한 관념을 환기시킨다 하더라도 어떤 이가 이 단어들을 말하면서 무슨 말을 하는지를 다른 사람은 이 단어들만 갖고는 결코 짐작할 수 없다." 몇 년 뒤 벤베니스트Émile Benveniste는 소쉬르의 이율배반을 흡수해 더욱 발전시키면서 다음과 같이 덧붙였다. "기호들의 세계는 닫혀 있다. 연사적 배치syntagmatization에 의해서건 아니면 다른 수단에 의해서건 기호로부터 구문으로의 이행은 없다. 어떤 틈이 있어 그것들을 갈라놓는 것이다"(Benveniste, 1974: 65).

하지만 모든 언어는 저마다 자유롭게 이용할 수 있는 일련의 기호들(언어학자들은 이러한 기호들을 '전환사轉換詞; shifter' 내지 진술 지시어라고 부르는데, 몇 가지 예를 들자면 '나', '너', '이것' 같은 대명사와 '여기', '지금' 같은 부사 등이 있다)을 갖고 있는데, 그것의 용도는 개인으로 하여금 언어를 전유해 사용할 수 있게 해주는 것이다. 이 기호들은 다른 단어들과는 달리 실질적으로 정의될 수 있는 사전적 의미를 갖고 있지 않으므로 그것들의 의미는 그것들이 실제로 사용되는 담화-사건과의 관련을 통해서만 드러난다. 벤베니스트는 다음과 같이 묻고 있다.

> 그렇다면 '나' 또는 '너'가 가리키고 있는 현실이란 무엇인가? 그것은 오로지 '담화의 현실'일 텐데, 그렇다면 이는 아주 이상한 일이다. '나'는 '발화^{locution}'라는 차원에서만 정의될 수 있을 뿐 명사적인 기호의 예에서처럼 대상 차원에서는 정의될 수 없다. '나'는 "현재 이 순간 '나'가 포함된 이 담화를 입으로 직접 말하고 있는 사람"을 가리키는 것이다(Benveniste, 1971: 218).

그러므로 언표화^{enunciation}란 언표되는 것의 '텍스트'를 가리키는 것이 아니라 그것의 발생, 즉 그것이 '일어나고 있음'을 가리키는 것이다. 다시 말해 개인이 언어를 행위화할 수 있다면 그것은 말을 한다는 사건 자체와 자신을 일체화하는 조건 하에서이다. 이때 이 일체화란 말하는 본인과 발화라는 사건 속에서 말해지는 것과의 일체화가 아님은 분명하다. 하지만 그렇다면 '언어를 전유한다'는 것은 무슨 뜻일까? 이러한 조건 속에서 '말하기 시작하다'는 일이 어떻게 일어날 수 있을까?

주의 깊게 들여다보면 언어에서 담화로의 이행은 주체화와 탈주체화를 동시에 내포하는 역설적인 행위임이 드러난다. 한편으로 영과 육을 지닌, 즉 심신적^{psychosomatic} 개인이 언표화의 주체가 되기 위해서는 그리고 순수한 전환사일 뿐인 '나', 즉 단순히 담화-사건과의 관련을 지시하는 것 이외에는 아무런 실체성과 내용을 갖지 않는 '나'와 일체화되기 위해서는 현실의 개인으로서의 자신을 완전히 지우고 탈주체화해야만 한다. 그러나 모든 언어 외적인 의미를 빼앗기고 언표화의 주체로 구성된 주체는 자신이 마침내 마주하게 된 것이 말함의 가능성이라기보다는 오히려 말함의 불가능성이라는 사실을, 보다 정확히 말해 자기가 제어하지도 못하고 주인 행세도 할 수 없는 방언의 잠재성이 항상 이미 미리 앞서 그 자리에 버티고 서 있다는 사실을 깨닫게 된다. 언표화의 형식적 도구들을 전유함으로써 그는 정의상 담화로 옮아가는 것이 허용되지 않는 언어 속에 삽입되는 것이다. 그럼에도 불구하고 그는 '나', '너', '이것', '지금' 등을 말하면서 모든 준거 현실을 빼앗겨 담화-사건과의 순수하고 공허한 관계를 통해서만 규정되는 대로 있게 된다. **언표화의 주체는 담화로 구성되며 담화 속에서만 존재한다. 하지만 바로 이 때문에 주체가 담화 속에 있는 한 그가 말할 수 있는 것은 아무것도 없으며, 그러므로 그는 말할 수 없다.**

그러므로 '나는 말한다'는 (키츠에 의하면) '나는 시인이다'라는 진술만큼이나 모순적인 진술이다. '나'가 그것에 목소리를 빌려주는 개인에 대해 언제나 이미 **타자**이기 때문만은 아니다. 이 나-타자에 대해 그가 말한다고 말하는 것조차 불가능하기 때문이다. 의미 작용과는 아무 상관없이 순수한 언어적 사건에 의해서만 존립하는 한 이 **나-타자**는 말하기의 불가능성 속에,

아무것도 말할 수 없는 상태에 있다. **담화 – 사건**의 절대적 현재 속에서는 주체화와 탈주체화가 매순간 일치하므로 살아있는 구체적 개인도 또 언표화의 주체도 완전히 침묵한다. 표현을 달리 하자면, 말하는 것은 개인이 아니라 언어라고 할 수도 있을 것이다. 그런데 이는 바로 말하기의 불가능성이 말하기를 장악했음을 — 어떻게 그리했는지는 모르지만 — 의미한다.

따라서 말하기에 내포되어 있는 이 내밀한 이질성을 마주한 시인들이 책임과 부끄러움 같은 것을 느낀다고 해도 놀랄 만한 것은 아니다. 이러한 이유에서 단테는 『신생$^{Vita\ nuova}$』에서 시인에게 자신의 시의 근거를 '산문으로 드러내는$^{aprire\ per\ prosa}$' 방법을 알아야 한다고 명하면서 그렇지 않으면 '커다란 부끄러움'을 느끼게 될 거라고 했던 것이다. 또한 랭보가 시인이 되어 몇 년을 보내고 난 후 그 시절을 떠올리며 했던 말도 잊을 수 없다. "나는 계속할 수가 없었다. 그랬더라면 난 미쳐버렸을 테고, 게다가 (……) 그래서는 안 될 일이었다."

3. 16. 20세기 시론^{詩論} 가운데 페소아$^{Fernando\ Fessoa}$[8]의 이명

---

8) 페소아(1888~1935년). 포르투갈의 시인이자 작가, 비평가로 20세기의 가장 중요한 문학인이자 포르투갈어로 시를 쓴 시인 중 가장 위대한 시인 중의 하나로 꼽힌다. 알베르투 카에이루, 리카르두 레이스, 알바루 데 캄푸스 등 여러 개의 이명(異名)으로 글을 썼는데, 그의 분신이기도 한 이 이명의 시인들이 쓴 작품은 페소아가 자신의 이름으로 쓴 작품과는 견해와 문체가 다르지만 종합해보면 이 작품은 그

heteronym[9]에 대한 편지는 아마도 탈주체화(즉 한 명의 시인이 순수하고 단순하게 '나'를 실험하는 공간으로 변하는 것)와 그것의 윤리(학)적 함의에 관한 가장 인상적인 증언일 것이다. 친구인 몬테이루^{Adolfo Casais Monteiro}가 수많은 페소아의 이명들이 어떻게 생겨났는지를 묻자 페소아는 이에 대해 1935년 1월 13일자로 답장을 보낸다. 그는 그것들을 '체질적이고 상시적인 탈인격화 성향'이라고 제시하면서 글을 시작한다.

> 내 여러 이명들은 기본적으로 내 속에 존재하는 히스테리 양상에서 비롯된 것이라네. 그냥 히스테리인지 아니면 보다 정확히는 신경쇠약성 히스테리인지는 모르겠네. 나는 후자의 가설에 좀 더 기우는데, 내게 나타난 증상들을 열거해보면 고유한 의미에서 히스테리에 포함되지 않는 무기력증이 있기 때문이지. 그렇기는 해도 정신적으로 볼 때 이명들의 기원에는 체질적으로 끊임없이 지속되는 탈인격화와 가장假裝의 성향이 있다네. 나 같은 사람들에게 다행스러운 일은 이러한 현상들이 정신적 활동으로 나타난다는 점이지. 그러니까 그것들은 실제 생활에서는, 즉 표면적으로나 다른 사람들과 접촉할 때는 모습을 드러내지 않다가 내부에서 폭발하는데, 그래서 나는 내 안에서만 그것

가 자신 속에 존재한다고 생각한 여러 가지 개성을 표현하고 있다.
9) 페소아가 고안해낸 문학 개념으로 작가가 서로 다른 여러 가지 문체로 글을 쓰기 위해 만들어낸 하나 이상의 가상의 인물을 이른다. 이명은 필명이나 가명(*noms de plume*; pseudonyms)과는 다른 것인데, 필명이나 가명이 정체를 감추고 자기 목소리를 낸다는 점에서 거짓 이름일 뿐이지만 이명은 고유한 생김새와 이력, 문체를 지닌 가상의 인물이라는 점에서 그러하다.

들과 동거하는 셈이네. (……) 어떤 정신적인 말, 어떤 이유로든 나에게는, 나라고 여겨지는 사람에게는 완전히 낯선 말이, 미지의 벗의 속삭임처럼 내게 다가온다네. 나는 그 말을 그 자리에서 큰소리로 입 밖에 내보네. 그 벗에게 이름을 지어주고, 사연을 만들어주지. 그러면 그의 모습 — 얼굴, 체격, 옷차림, 몸가짐 — 이 갑자기 눈앞에 나타난다네. 그리고 그렇게 나는 결코 실존하지는 않았지만 (거의 30년이 지난) 오늘까지도 내가 듣고 느끼고 보는 여러 명의 벗들과 지인들을 고안해내고 세상에 태어나게 했다네. 거듭 말하거니와 나는 그들의 말을 듣고 그들을 느끼고 보며 (……) 그들을 그리워한다네(……)(Pessoa, 1988: 7~9).

이 다음 1914년 3월 8일자 편지에서는 페소아의 가장 잘 알려진 이명 가운데 하나인 알베르투 카에이루^{Alberto Caeiro}(이 인물은 나중에 페소아의, 보다 정확히 말하자면 그의 또 다른 이명 중의 하나인 알바루 데 캄푸스^{Álvaro de Campos}의 스승이 된다)의 갑작스러운 인격화에 대한 간략한 설명이 이어진다.

나는 높은 서랍장으로 가서 종이 한 장을 꺼내 선 채로 글을 쓰기 시작했네. 영감이 떠오를 때마다 그러듯이 말일세. 그리고 30여 편의 시를 모종의 무아경 속에서 잇따라 썼는데, 그러한 무아경이 정확히 어떤 성격의 것인지는 뭐라고 규정하지 못하겠네. 그것은 내 인생에서 환희의 날이었고 그러한 날이 다시는 없을 걸세.「양치는 사람들」이라는 제목의 시를 쓰기 시작했는데, 이윽고 내 안에서 누군가가 불쑥 나타났다네. 즉석에서 나는 그에게 알베르투 카에이루라는 이름을 지어주었지. 말도 안 되는 이 문장을 용서해주게나. 그러니까 내 안에서 내 주인이 나타났던 걸세. 그것이 내가 순간적으로 가진 느낌이었네. 30여 편 남짓한 시들이 쓰이자마자 나는 얼른 또 다른 종이를 꺼내 이번에도 쉬지 않고 여섯 편의 시를 썼는데, 이 시들이 바로 페르난두 페소아의 「비스듬히 내리는 비」가 되었다네. 단숨에 끝까지. (……) 페르난두 페소아=알베르투 카에이루의 페르난두 페소아 본인에게로의 복귀였던 셈이지. 보다 정확히 말하자면 페르난두 페소아가 알베르투 카에이루가 됨으로써 겪은 존재 상실에 대한 반작용이었던 셈이지(같은 책, 9).

이명에 의한 탈인격화에 대한 이 뛰어난 현상학은 검토해볼 만한 가치가 있다. 새로운 주체화(알베르투 카에이루의 출현)는 항상 탈주체화(그의 스승에게 복종함으로써 이루어지는 페르난두 페소아의 인격 상실)만을 내포하는 것은 아니다. 동시에 탈주체화는 항상 재주체화도 내포하는 것이다. 이를테면 페르난두 페소아의 복귀가 그러한 것인데, 그는 자신의 존재 상실에, 즉 알베르투 카에이루 속에서의 자신의 인격 상실에 반작용하는 것이다. 엄밀한 의미에서 하나의 주체에 대해 말하는 게 더 이상 가능하지 않기 때문에 시적 경험이 적어도 세 개의 주체를, 보다 정확히 말해 서로 다른 세 가지의 주체화-탈주체화를 필연적으로 수반하는 복잡한 과정을 이루고 있던 것처럼 말이다. 무엇보다도 1914년 3월 8일 글을 쓰려고 책상에 다가가는 심신적 개인인 페르난두 페소아가 있다. 이 주체에 관해 시작^{詩作}은 다만 철저한 탈주체화를 내포할 뿐이며, 이 탈주체화는 알베르투 카에이루의 주체화와 동시에 일어난다. (인격 상실을 끝까지 겪어내고, 원래의 주체이기도 하고 아니기도 한 '자기 자신'으로 복귀한) 페르난두 페소아가 자기가 알베르투 카에이루로서 자신의 비존재에 대처해야 함을, **자신의 탈주체화를 책임져야 함을** 이해할 때 비로소 어떤 새로운 시적 의식, 진정한 시의 에토스와 같은 것이 시작된다.

3.17. 이제 레비의 증언의 현상학, 즉 생존자와 '이슬람교도', 거짓 증인과 '온전한 증인', 인간성과 비인간성 사이의 불가능한 변증법을 다시 읽어보자. 여기서 증언은 적어도 두 가지 주체를 필연적으로 포함하는 과정으로 나타난다. 첫 번째 주체는 생존자, 즉 말할 수는 있지만 딱히 할 말이 없는 자이고 두 번째 주체는 '고르곤을 보았던', '맨 밑바닥에 떨어졌던', 그래서 할 말이 많지만 말할 수 없는 자이다. 둘 중 누가 증인인가? **증언의 주체는 누구인가?**

일견 그것은 인간, 즉 생존자로 보인다. 그는 비인간, 즉 '이슬람교도'를 증언한다. 하지만 만약 생존자가 '이슬람교도'를 위해, 즉 기술적 의미에서 '이슬람교도'를 '대신'하거나 '대리인으로서' 증언하는 것이라면("우리는 그들 대신, 대리인으로서 말하는 것이다"), 그래서 대리인의 행위를 위임자의 행위로 귀착시키는 법률적 원리를 적용하면 어떤 의미에서 증언을 하는 자는 '이슬람교도'다. 그런데 이렇게 보면 인간의 몸을 빌려 진짜로 증언하는 이는 비인간이 되는 셈인데, 그렇다면 인간은 비인간의 대리인^{agent}, 비인간에게 목소리를 빌려주는 자에 다름 아니게 된다. 보다 정확히 말하자면 '증인' 자격을 당연한 권리로 주장하는 이는 아무도 없게 되는 것이다. 그러므로 말한다는 것, 증언한다는 것은, 어떤 것은 철저히 탈주체화되고 말을 잃은 채 바닥에 가라앉는 한편 주체화된 어떤 것은 자신의 것이라고 말할 것이 정말로 아무것도 없으면서("실체를 말하자면 […] 나는 사실 직접 겪지는 않았습니다") 말하는 아찔아찔한 운동에 들어가는 것이다. 증언은 말을 못하는 자가 말을 하는 자에게 말하게 만드는 곳에서, 말을 하는 자가 자신의 말로 말함의 불가능성을 품는[견디는] 곳에서 발생하며, 그렇게 침묵하는 자와 말하는 자, 인간과 비인간은 주체의 위치를 세우는 것이 불가능한 무구별의 지대, '나'라는 '상상의 실체'와 (그와 더불어) 참된 증인을 식별하는 것이 불가능한 비식별역에 들어서게 된다.

달리 표현하자면 **증언의 주체는 탈주체화를 증언하는 자**라고 말할 수도 있을 것이다. 그러나 이 표현은 '탈주체화를 증언한다는 것'이 다만 증언의 주체란 없다는 것("다시 말하지만 우리는 […] 진정한 증인이 아니다")을 의미할 뿐이며, 모든 증언은 주체화와 탈주체화의 흐름이 부단히 가로지르는 힘들의 장이라는 사실이 기억될 때만 유효하다.

이제 아우슈비츠에 대한 서술을 갈라놓고 있는 두 가지 대립적인 입론들의 불충분함을 평가해볼 수 있을 듯하다. 하나는 인간주의 언술의 입장이고 다른 하나는 반인간주의 언술의 입장인데, 전자는 '모든 인간은 인간이다'라고 진술하는 반면 후자는 '오로지 일부 인간만이 인간이다'는 주장을 고수한다. 증언이 말해주는 바는 이와는 완전히 다른 어떤 것인데, 이는 다음과 같은 명제로 정식화될 수 있을 것이다. "인간은 비인간인 한에서 인간이다." 또는 보다 정확히 하자면 "인간은 비인간을 증언하는 한에서 인간이다."

3. 18. 저 개별 생명체가 어원학적인 의미에서 '유아乳兒; infant', 즉 말을 하지 못하는 존재라고 생각해보자. 그가 '나'라고 말하면서 말하기 시작하는 순간 그에게는(그리고 그에 대해서는) 무슨 일이 일어날까? 우리는 이미 이 '나'라는 것이, 즉 그가 마주하는 주체성이 어떤 개념이나 현실의 개인을 지시하지 않는 순전히 담화적인 실재임을 살펴본 바 있다. 이 '나'는 잡다한 체험의 총체성을 초월하는 하나의 통일체로서 우리가 의식이라고 부르는 것의 영속성을 보증하는 것이지만 그것은 다만 전적으로 언어적 특성에 불과한 것이 존재 속에 출현하는 것에 지나지 않는다. 그래서 벤베니스트는 다음과 같이 쓰고 있다. "'나'가 화자를 가리키는 담화 속에서만 화자는 자신이 '주체'임을 주장한다. 그러므로 주체성의 토대가 언어의 실행 속에 있다는 것은 말 그대로 참인 것이다"(Benveniste, 1971: 226). 언어학자들

은 언어 속에 주체성을 삽입하는 것이 언어의 구조에 어떤 영향을 미치는지 분석해왔다. 그러나 주체화가 살아있는 개인에게 어떤 영향을 미치는지에 관해서는 대체로 성찰이 이루어지지 않았다. 생명체 속에 체험과 행동을 귀속시킬 수 있는 어떤 단일한 중심, 그러니까 수많은 감각과 심리 상태들 외부에 어떤 고정점과 같은 것이 있을 수 있는 것은 이 신기한 자기 현전, 즉 '나'라는 것으로의, 담화-사건 속에서 화자라는 것으로의 자기 현전 덕분이다. 또한 벤베니스트는 인간의 시간성이 어째서 자기 현전과 (언표화로 인해 가능해지는) 세계에로의 현전을 통해 산출되는지, 인간 일반은 어째서 '나'와 '지금'이라고 말하면서 담화를 세계 속에 삽입하는 것을 통해 '지금'을 구성함으로써만 그러한 '지금'을 경험할 수 있을 뿐인지를 보여주었다. 하지만 바로 그렇기 때문에, 그것이 담화 이외에는 다른 현실을 갖지 않기 때문에 (현재의 순간을 개념적으로 파악하려는 모든 시도가 보여주듯이) 이 '지금'은 환원될 수 없는 부정성에 의해 표시된다. 의식은 언어적인 것 외에 견고한 것을 갖지 않기 때문에 심리학과 철학이 의식 속에서 발견한다고 믿었던 것은 언어의 그림자, '상상된 실체'에 지나지 않는다. 서구 문화의 가장 확고한 토대라고 여겨져온 주체성과 의식은 기실 세상에서 가장 약하고 무너지기 쉬운 것 위에 자리 잡고 있다. 언어적 사건이 그것이다. 하지만 이 불안한 토대는 우리가 공허하기 짝이 없는 수다 속에서든, 자기 자신이나 남에게 하는 맹세 속에서든 언어를 실행할 때면 언제나 재건된다(그리고 다시 한번 허물어진다).

이뿐만이 아니다. 언표화 속에서 '나'라고 말하면서 자기 자신을 자신에게 절대적으로 현전하게 했던 그 생명체는 자신의 체험을 무한한 과거로 밀쳐놓기 때문에 그 체험들과 더 이상 합치될 수 없다. 담화라는 순수한 현재 속에서의 언어-사건은 감각과 경험들을 하나의 통합적인 중심에 귀속시키는 바로 그 순간에도 그러한 감각 및 경험과 그것들의 자기 현전(자기 앞에 있음)을 되돌릴 수 없게 분리시킨다. 말하는 목소리의 내밀한 의식으로 실현되는 특별한 현전을 맛본 자는 릴케가 동물의 시선 속에서 식별한, '열림'에 대한 순수한 충실을 영원히 잃고, 이제 자신의 눈을 자신 안으로 향하게 해 언어의 비-장소를 보지 않으면 안 된다. 이 때문에 주체화, 즉 담화-사건 속에서의 의식의 산출이 종종 인간에게 치유하기 어려운 트라우마가 되는 것이며, 또 이 때문에 의식이라는 섬세한 텍스트는 끊임없이 올이 풀리고 마모되면서 그러한 짜임 아래 벌어져 있는 틈을, 즉 모든 주체화에 본질적으로 수반되는 탈주체화를 봉합하지 못한 채 내버려두는 것이다(우리는 어떻게 데리다가 대명사 '나'의 의미에 대한 후설$^{Edmund\ Husserl}$의 분석에서 '차연^{différance}'이라는 관념을, 즉 의식의 순수한 자기 현전에 기입된 무한한 어긋남, 근원적 틈 — 기록 ^{écriture} — 이라는 생각을 끌어낼 수 있었는지 이해할 수 있을 것이다).

따라서 그리스 비극작가들과 시인들의 작품 속에 의식과 비슷한 것(suneidēsis[의식, 양심], sunnoia[성찰])이 출현할 때 그것은 언어에 비-의식$^{non-consciousness}$의 지대의 기입, 앎 속으로 침묵의 기입으로 나타나며, 애초부터 논리적 함의보다는 윤리적 함의를 지니게 되었던 것은 놀라운 일이 아니다. 그래서 솔론^{Solon}의 시「에우노미아」에서 정의의 여신 디케^{Dikē}는 무언의 양심(sigōsa sunoide[침묵 속에서 깨닫다])이라는 형식을 띠며, 그리스 비극작가들에게는 의식이 (소포클레스의『엘렉트라』에 나오는 잠을 자지 않는 침대와『필록테테스』에 나오는 암굴巖窟의 예에서 보듯이) 정의상 말할 수 없는 무생물의 속성이 될 수 있는 것이다(Agamben, 1991: 91 참조). 따라서 어떤 주체가 처음 의식으로 나타날 때 그것은 앎과 말함의 어긋남이라는 형식을 띤다. 아는 자에게 그것은 말함의 불가능성이라는 쓰라린 경험이고, 말하는 자에게 그것은 그만큼 쓰라린 앎의 불가능성의 경험이다.

3. 19. 1928년 빈스방거$^{Ludwig\ Binswanger}$는『생명 기능과 삶의 내적 역사』라는 의미심장한 제목을 달고 있는 연구서를 출간했다. 빈스방거는 정신의학 용어에 당시만 해도 엄밀하지 않던 현상학적 어휘들을 도입했는데, 그러면서 그는 유기체 안에서 일어나는 (신체적일뿐만 아니라 심리적인) 생명 기능 차원과 (개인의 체험들이 단일한 내적 역사로 조직되는) 개인의 의식 차원은 근본적으로 이질적이라는 생각을 발전시켰다. 빈스방거는 심적인 것과 신체적인 것이라는 낡은 구별 대신 훨씬 더 단호한, '심신 유기체의 기능적 양상이라는 한편과 삶의 내적 역사라는 다른 한편'의 구별을 제시했다. 이러한 구별을 통해 그는 "심적 기능이라는 개념과 심적 체험의 정신적 내용 사이의 혼동, '심적'

이라는 형용사에 내재하며, 과학적으로 더 이상 용인될 수 없는 혼동"에서 벗어날 수 있었다.

이후의 연구(이에 대해 푸코가 해설을 덧붙인 바 있다)에서 빈스방거는 이 이원성을 꿈꾸고 있는 상태와 깨어있는 상태의 대립에 비유한다.

> (내가 다른 곳에서 도입한 구분법을 사용하자면) 인간은 꿈을 꾸고 있는 한 '생명 기능'이며, 깨어있으면 '생애사'를 만들어낸다. (……) 생명 기능과 생애사 사이의 이접의 양편을 하나의 공통분모로 환원시키기란 (어떤 시도로도) 불가능하다. 기능으로 여겨지는 생명/삶은 역사로 여겨지는 생명/삶과는 같지 않기 때문이다(Binswanger, 1963: 247~248).

빈스방거는 이러한 대립을 지적하는 데 그치지 않고 더 나아가 정신의학자들은 반드시 양자의 관점을 함께 고려해야 한다고 주장한다. 그러나 그가 가리키고 있는 아포리아는 의식의 통합적 장을 찾아낼 가능성 자체가 의문시될 정도로 너무나 근본적인 것이다. 한편으로는 예컨대 호흡, 혈액순환, 소화, 항온성(뿐만 아니라 감각, 근육 운동, 염증) 등 여러 생명 기능들의 연속적 흐름과 다른 한편으로는 (잡다한 체험들이 개인사로 조직화되는) 언어의 흐름과 '나'라는 의식의 흐름을 생각해보라. 이들 두 가지 흐름이 통일되는 순간이, 그래서 생명 기능의 '꿈을 꿈'이 개인의 의식의 '깨어있음'과 합류되는 순간이 존재하는가? 만약 주체가 생물학적 흐름 속에 삽입될 수 있다면 어디에서, 그리고 어떻게 가능한가? 화자가 '나'라고 말하면서 하나의 주체로 산출되는 순간 이들 두 계열 사이의 일치와 같은 것이 있으며, 이러한 일치 속에서 말하는 주체는 생물학적 기능들을 참으로 자신의 것으로 감당할 수 있고 또 그 생명체는 말하고 생각하는 '나'와 일체화될 수 있다고 말해도 되는 것일까? 의식의 의도적인 행위의 계열에서나 신체적 과정의 주기적 전개에서나 그러한 일치를 가능하게 해주는 것은 아무것도 없는 듯하다. 사실 '나'란 바로 생명 기능과 내적 역사 사이의, 생명을 지닌 존재자가 말을 하는 존재자가 되는 것과 말을 하는 존재자가 자신이 살아있다고 느끼는 것 사이의 환원 불가능한 이접을 가리킨다. 두 개의 계열이 절대적 친밀성이라고 할 만한 것 속에서 서로 합류하는 것은 분명한 사실이다. 하지만 **친밀성**^{intimacy}이란 바로 떨어져 있는데도 가까운 것에, 뒤죽박죽이어서 결코 동일성이 되지 않는 것에 부여되는 이름이 아닐까?

3. 20. 교토의 정신병원 원장이자 빈스방거의 번역자이기도 했던 일본의 정신의학자 기무라 빈^{木村敏}은 하이데거가 『존재와 시간』에서 했던 시간성 분석을 정신병의 근본적 유형들의 분류와 관련해 심화시키고자 했다. 이러한 목표를 이루기 위해 그는 라틴어 관용어인 '포스트 페스툼^{post festum}'(축어적으로는 '잔치가 끝난 뒤'를 의미한다)을 활용하는데, 이는 돌이킬 수 없는 과

거, 사후에 도착함을 가리키는 말이다. '포스트 페스툼'은 다른 관용어인 '안테 페스툼$^{ante\ festum}$'('잔치에 앞서')과 '인트라 페스툼$^{intra\ festum}$'('잔치 중')과 대비된다.

'포스트 페스툼'의 시간성은 우울증 환자의 시간성인데, 그는 자신의 '나'라는 것을 항상 '과거의 나'라는 형태로, 이미 완료되어 돌이킬 수 없는 과거 형태로 경험하며, 그래서 이 과거에 대해 항상 부채의식에 시달린다. 이러한 시간 경험은 하이데거에 있어서는 현존재^{Dasein}의 내던져져 있음에, 즉 현존재[거기에 있음]가 항상 이미 도저히 벗어날 수 없는 현사실적 상황에 내맡겨져 있다는 기분[처해 있음]에 상응한다. 그러므로 인간의 현존재의 근본에는 일종의 '멜랑콜리'가 있는 셈인데, 현존재는 자기 자신에 관해 항상 늦고 항상 이미 자신의 '잔치'를 놓치는 것이다.

'안테 페스툼'의 시간성은 분열증 환자의 경험에 대응하는 것으로서, 우울증 환자의 태도가 과거를 향해 있다면 여기서는 그와 정반대 방향을 향하고 있다. 분열증 환자에게 있어서 '나'라는 것은 결코 확실한 소유물이 아니고, 끊임없이 다시 도달해야만 하는 것이다. 때문에 분열증 환자는 항상 선구$^{先驅;\ anticipation}$[미리 달려가 봄]라는 형태의 시간을 산다. 기무라 빈은 다음과 같이 쓰고 있다.

> 분열증 환자의 '나'라는 것은 '기존의' '나'가 아니다. 이 '나'는 의무에 묶여 있지 않다. 달리 말해, 이 '나'는 우울증 환자의 '포스트 페스툼'

적인 '나', 즉 과거와 부채라는 관점에서만 말해질 수 있는 '나'가 아니다. (……) 오히려 여기서 본질적인 쟁점은 자기 자신이 자기 자신일 수 있는 가능성의 문제, 자기 자신이 됨의 확실성의 문제이며, 바로 그렇기 때문에 자기 자신으로부터 소외될 수도 있을 위험성의 문제이다(Kimura Bin, 1992: 79).

『존재와 시간』에서 분열증 환자의 시간성에 상응하는 것이 미래의 우위인 바, 이는 기획투사projection와 선구[앞질러 달려가 봄]라는 형태를 취한다. 현존재는 그 시간 경험이 애초에 미래를 기초로 해서 시간화된다는 바로 그러한 이유에서 하이데거에 의해 '그 존재함에서 바로 이 존재함 자체가 항상 문제가 되는 존재자'이자 '그 존재함에서 항상 이미 자기 자신을 앞질러 달려가 봄[선구함]'으로 규정될 수 있는 것이다. 하지만 바로 이 때문에 현존재는 본질적으로 분열증적이고, 항상 자기를 놓칠 위험, 자신의 '잔치'에 참석하지 못할 위험이 있는 것이다.

혹자는 '인트라 페스툼'의 시간적 차원이 돌이킬 수 없는 자아상실을 겪는 우울증 환자의 예와 너무 앞서 오는 바람에 자신의 잔치에 참석하지 못하게 되는 분열증 환자의 예 사이에 있는 어느 순간에 대응하리라고, 인간이 마침내 자신의 '잔칫날dies festus'을 만나 온전한 자기 현전을 마주하게 될 어떤 순간에 대응하리라고 기대할지도 모르겠다. 하지만 그렇지 않다. 기무라 빈이 제시하고 있는 두 가지 사례에는 축제적인 요소가 전혀 없다. 첫 번째 사례인 강박신경증의 예에서는 현재에의 집착은 같은 행동을 강박적으로 반복하는 형태를 취하는데, 이를테면 자신이 정상이라는 증거, 자기가 자아를 잃어버린 것만은 아니라는 증거를 어떻게든 확인하려는 의도에서 그렇게 하는 것이다. 달리 말해 강박신경증 환자는 반복 행위를 통해 그가 명백하게 놓친 잔치에 와 있다는 물질적 증거를 만들려고 애쓴다. '인트라 페스툼'의 시간성의 근본적 특징을 이루는 자아상실은 기무라 빈이 들고 있는 두 번째 사례인 간질의 경우에 한층 더 분명해지는데, 그는 그것을 광기의 '원풍경', 즉 현전에 대한 일종의 탈자脫自적 초과를 통해 이루어지는 특수한 형태의 자아상실로 제시한다. 기무라 빈에 따르면 간질에 대한 결정적인 물음은 '간질 환자가 의식을 잃는 것은 무엇 때문인가?'이다. 그의 대답은 잔치가 절정에 이른 순간 '나'라는 것이 자기 자신에게 밀착하려고 하는 바로 그 시점에서 고비를 맞은 간질에 의해 의식의 무능력이 더욱 강화되어 의식이 현전을 견뎌내지 못하고 자신의 축제에 참여할 수 없게 된다는 것이다. 그가 이 지점에서 인용하는 도스토예프스키 Fyodor Dostoyevsky의 말을 빌자면 이렇다.[10]

몇 초의 순간이죠, 다 합쳐도 고작해야 5~6초밖에 안 되지만 그 순간 당신은 갑자기 완전히 성취된 영원한 하모니의 현전을 듣게 됩니다. 그건 지상의 것이 아닙니다. 내 말은 그것이 천상의 것이란 얘기가 아

---

10) 이 말은 도스토예프스키의 『악령』의 등장인물인 키릴로프가 간질에 대해 언급하면서 하는 말이다.

니라 인간이 지상의 모습으로는 견뎌낼 수 없는 어떤 것이란 얘기입니다. 신체적으로 변형되든지 아니면 죽어야 합니다(같은 책, 151).

기무라 빈은 『존재와 시간』에서 어떤 것이 간질의 시간성에 상응하는지를 예를 들어 제시하고 있지는 않다. 그렇기는 해도 그것이 결단의 순간에 관한 것이라고, 다시 말해 선구[앞질러 달려가 봄]와 기재^{既在}[존재해왔음], 분열증적인 시간성과 우울증적인 시간성이 합치하며, '나'라는 것이 돌이킬 수 없는 자신의 과거를 본래적으로 떠맡으면서 자기 자신에게 도래하는("가장 극단적이고 가장 고유한 가능성으로 앞질러 달려가 봄은 고유한 기재^{既在}로 되돌아옴이다") 순간에 관련된다고 추정할 수는 있을 것이다. 침묵과 번민으로 가득 찬, 자신의 종말을 앞질러 달려가 떠맡는 결단은 현존재의 간질적인 아우라 같은 것일 것이다. 여기서 현존재는 "초과라는 형태로, 삶을 넘쳐흐르는 것이면서도 그 원천이기도 한 초과라는 형태로 죽음의 세계를 접한다"(같은 책, 152). 아무튼 기무라 빈에 따르면 인간은 필연적으로 자기 자신과 자신의 '잔칫날$^{dies\ festus}$'에 관한 한 어떤 이접 속에서 살고 있는 것처럼 보인다. 마치 생명을 가진 존재자는 말하는 존재자가 되었기 때문에, '나'라고 말했기 때문에 본질적으로 분할되어 있고 또 시간은 순전히 이러한 이접의 형식에 다름 아닌 것처럼 말이다. 또한 마치 이러한 이접이 간질적 초과 속에서만 또는 본래적 결단의 순간에만 통제될 수 있는 것처럼 말이다. 본래적 결단이란 시간이라는 탈자적-지평적 건축물을 지탱하고 있어 그것이 현존재(거기에-있음)의 공간적 상황, 즉 거기에 -있음(현존재)의 '거기에(현)' 위로 무너져 내리는 것을 막아주는 보이지 않는 처마도리 같은 것을 표상하기 때문이다.

이러한 관점에서 보면 아우슈비츠는 본래적 시간성의 돌이킬 수 없는 위기, 그러한 이접의 양단 간에 '결단을 내릴' 가능성 자체의 돌이킬 수 없는 위기의 징조이다. 수용소라고 하는 절대 상황은 모든 근원적 시간성의 가능성의 종말, 말하자면 공간 속에서의 고유한 위치(즉 '거기에^{Da}')의 시간적 토대의 종말이다. 수용소에서는 과거의 돌이킬 수 없음이 절대적 내재성 형태를 취하고 있어 '포스트 페스툼'과 '안테 페스툼', '앞질러 달려가 봄^{anticipation}'과 '뒤이어 옴^{succession}'이 서로에게 우스꽝스럽게 달라붙어 있는 것이다. 깨어있음은 이제 영원히 꿈의 내부로 끌려 들어가 있다. "이제 곧 우리는 그 외국어 구령을 다시 듣게 되리라. '프스타바치!'"

3.21. 부끄러움이 사실상 모든 주체성과 의식의 숨은 구조와 같은 것이라면 어떤 의미에서 그러한 것인지 이제 명확해지는 듯하다. 의식이 언표화라는 사건 안에서만 존재하는 한 본질적으로 의식은 떠맡을 수 없는 어떤 것에 맡겨짐이라는 형태를 취한다. 의식한다는 것은 무의식에 소환됨을 의미한다(그래서 죄[유죄성, 죄의식]는 하이데거에서는 양심의 구조이고 프로이트에서는 무의식의 필연성인 것이다).

'*zōon logon echōn*', 즉 언어를 가진 생명체라는, 인간에 대한 오랜 철학적 정의에 대해서 생각해보자. 형이상학의 전통은 생명체*zōon*와 언어*logos*에 관해서만 이 정의를 문제 삼았다. 하지만 이 전통 속에서 미처 사유되지 않았던 것은 '*echōn*', 즉 이러한 '가짐'의 양태이다. 어떻게 한 생명체가 언어를 **가질** 수 있는 것일까? 생명체에게 있어 말을 한다는 것은 무슨 의미일 수 있을까?

지금까지의 분석을 통해 말을 한다는 것이 어떤 의미에서 주체화와 탈주체화를 모두 내포하는 역설적 행위인지 충분히 밝혀졌다. 이때 개별 생명체는 언어의 완전한 박탈로만 언어를 전유하며, 침묵에 빠지는 조건 위에서만 말하는 존재가 된다. 따라서 이 '나'라는 존재 양식, 말을 하는 생명체의 실존적 지위는 일종의 존재론적인 글로솔랄리아(방언), 아무런 내용이 없는 재잘거림[수다]으로서, 여기서는 생명을 지닌 존재자와 말하는 존재자, 주체화와 탈주체화가 결코 일치할 수 없는 것이다. 이 때문에 형이상학과 서양의 언어이론(그것들이 서로 별개의 것이라면)은 끊임없이 생명을 지닌 존재자와 말을 하는 존재자 사이의 관계를 맞물리게 하고, 교류할 수 없는 듯이 보이는 것 사이의 교류를 확보하는 연결고리를 구축해 주체라는 '상상된 실체'와 파악하기 어려운 그의 글로솔랄리아[그저 소리일 뿐인 말]에 견고성을 부여해주려고 해왔던 것이다.

이러한 맞물림은 대체로 '나' 또는 어떤 '목소리', 자신에게 내면의 담화로 나타나는 조용한 양심의 소리이자 '*phōnē enarthos*', 즉 분명하게 발음된 소리(언어는 바로 이 소리 속에 새겨짐으로써 살아 있는 존재자와 단단하게 결합한다)와 관련해 탐구되어왔다. 하지만 이 자리는 그러한 탐구가 어떻게 이루어져왔는지를 보여주는 자리는 아니다. 다만 결론만 말하자면 이 '목소리'라는 것은 언제나 하나의 신화소^{mythologeme} 또는 신학적 억견^{theologoumenon}에 불과하며, 생명체에서건 언어에서건 어디서건 우리는 맞물림 같은 것이 실제로 일어나는 순간을 포착할 수 없다. 신학^{theologia}과 말씀의 육신화[11]가 아니라면 언어가 살아있는 목소리로 기입되는 순간이라든지 생명을 지닌 존재자가 자기 자신을 언어화해 말로 변신하는 장소란 없다.

이러한 맞물림의 비-장소에서 해체는 자신의 '흔적'과 '차연^{différance}'을 기입하며, 여기서 음성과 문자, 의미와 현전은 끝없이 어긋난다. 칸트에게서 시간의 자기 촉발을 표상하는 유일한 방법을 나타냈던 선^{線}은 이제 '시선'이 그 위에 '머물지' 못하는(Derrida, 1973: 104) '기록^{écriture}'의 운동이 된다. 하지만 생명체와 언어, '포네^{phōnē}'[목소리]와 '로고스^{logos}'[말], 비인간과 인간을 맞물리게 할 수 없는, 바로 이러한 불가능성이야말로 (의미작용^{signification}의 무한한 어긋남을 공인하는 것이 아니라 오히려) 증언을 가능하게 해주는 것이다. 생명체와 언어 사이에 아무런 맞물림이 없어야, '나'라는 것이 이러한 틈 속에 유예되어 있어야

---

11) 그리스도교 전통에서 '말씀의 육신화'란 통상 하느님의 아들 예수를 이른다. "말씀이 사람이 되시어 우리 가운데 사셨다"(「요한 복음서」, 1장 14절); "온전히 충만한 신성이 육신의 형태로 그리스도 안에 머무르고 있습니다"(「콜로새 신자들에게 보낸 서간」, 2장 9절).

증언도 있을 수 있다. 우리의 우리 자신과의 불일치를 드러내는 친밀함이 증언의 장소이다. **증언은 맞물림의 비-장소에서 생겨난다.** '목소리^{Voice}'의 비-장소에는 '기록^{écriture}'이 아니라 증인이 서 있는 것이다. 이는 바로 생명을 지닌 존재자와 말하는 존재자 사이의 관계(또는 보다 정확히는 비관계)가 부끄러움이라는 형식을, 주체에 의해 떠맡겨질 수 없는 어떤 것에 상호적으로 맡겨짐이라는 형식을 지니기 때문이다. 그리고 그 어떤 것이란 이 틈의 '에토스'가 증언일 수밖에 없는 어떤 것, 다시 말해 어떤 주체에 할당될 수 없지만 그럼에도 불구하고 본질적으로 주체의 유일한 거처, 주체에게 허용된 유일한 견고함을 이루는 어떤 것이다.

3. 22. 망가넬리$^{\text{Giorgio Manganelli12)}}$는 어떤 특수한 형태의 이명^{異名}에 대해 쓴 적이 있는데, 그는 이것을 '가명의 제곱' 또는 '동명가명^{homopseudonymy}'이라고 이른다. 자기 자신의 이름과 어느 모로 보나 똑같은 가명을 사용하는 것이 그것이다. 어느 날 그는 자신이 책을 출판했다는 이야기를 친구에게 전해 듣는데, 그가 전혀 모르는 책이었다. 이전에도 몇 번인가 '정신이 멀쩡한 사람들'이 그의 성^{姓}과 이름이 붙어있는 책들이 믿을만한 서점의

---

12) 망가넬리(1922~1990년). 이탈리아의 언론인 겸 아방가르드 작가이자 문학평론가로서 1960년대 이탈리아의 아방가르드 문학운동을 주도했다.

창가에 진열되어 있는 것을 보았다고 알려준 적이 있었다. 이 가명의 제곱은 존재론적 이명의 역설을 극단화하는데, 여기서 어떤 다른 것에 자리를 내주는 것은 '나'라는 것일 뿐만 아니라 이 '다른 것'조차도 '다른 것'이라고 주장하는 것이 아니라 오히려 '나'와 완전히 동일하다고, '나'로서는 부정할 수밖에 없는 어떤 것을 주장하기 때문이다.

나는 아무것도 모르고 비방을 일삼는 사람, 중요한 것은 보지 않고 하찮은 사실들에만 매달리는 사람, 소위 문헌 전문가라는 사람들이 '나의 책'이라고 하는 책을 구해 일부를 읽어보았다. 하지만 만약 내가 그것을 썼다면, 그런 책을 쓸 수 있는 '나'라는 것이 있었다면 그렇게 쓰여진 것과 나를 갈라놓는 이 절대적으로 낯선 느낌, 이 짜증스러운 낯선 느낌을 어떻게 설명해야 좋을까?(Manganelli, 1996: 13).

동명 가명은 이 단순한 '나'에 대해 절대적으로 이질적이면서도 완벽히 친밀한 것, 절대적으로 현실적이면서도 필연적으로 부재하는 것이며, 따라서 어떤 말로도 그것을 묘사하지 못하고, 어떤 텍스트도 그것의 견고함을 보증할 수 없는 것이다.

그러므로 나는 아무것도 쓰지 않았다. 하지만 나에게 '나'란 무엇보다 내 이름을 갖고 있지만 가명을 갖고 있지는 않은 사람이다. 가명이 쓴 것일까? 있을 법한 일이지만 그러한 경우 가명은 위작僞作을 하고 있는 것이다. 엄밀한 의미로 말해서 '나'는 그것을 읽을 수 없다. 제곱의 가명인 '나', 분명히 실존하지 않는 '나'는 그것을 읽을 수 있을지 몰라도 말이다. 그러나 독자가 부재한다 할지라도 나는 그가 무엇을 읽을 수 있는 게 무엇일지는 안다. 그것은 영도^{零度}의 가명이 쓸 수 있는 것, 제곱된 가명, 부재하는 자가 아니라면 읽을 수 없는 어떤 것이다. 사실상 쓰여지는 것은 무^{無}/영^{0}이다. 그 책은 아무것도 의미하지 않지만 어쨌든 나로서는 나의 실존을 포기하지 않는 한 그것을 읽을 수 없다. 모든 게 나를 골탕 먹이기 위한 말장난일지도 모른다. 언젠가는 이렇게 밝혀지리라. 즉 내가 만난 친구와 내가 지금 책장을 넘기고 있는 이 책, 언제나 이해 불가능해서 읽고 또 읽지만 아무것도 읽지 못하는 이 책처럼 내가 이미 몇 년 전에 죽고 없다고 말이다. 아마도 사람은 몇 번이나 죽어야만 할지도 모른다(같은 책, 14).

이 끔찍하리만치 진지한 농담이 들추어내고 있는 것은 바로 말하는(또는 글 쓰는) 생명체, '나'라고 말할 수 있는 생명체의 존재론적 역설이다. 이름은 있지만 가명은 없는 단순한 '나'인 한 그는 아무것도 쓰지 못하고 아무것도 말할 수 없다. 그러나 모든 고유명은 어떤 생명체의 이름인 한, 비언어적 사물의 이름인 한, 항상 가명('영도의 가명')이다. 나는 가명인 '나'로서만 쓰고 말할 수 있다. 하지만 그때 내가 쓰고 말하는 것은 무/영, 즉 제곱된 가명만이 읽거나 알아들을 수 있을 어떤 것이다. 제곱된 가명은 그 자체로서 존재하는 것이 아니기 때문에 첫 번째 '나'의 자리를 차지하고, 그리하여 첫 번째 '나'가 자신의 실존을 포기해야만(즉 죽어야만) 존재하는 것이다. 이 순간 가명의 제곱이 완수되는데, 즉 이름은 있지만 가명은 없는 '나'가 부재하는 동명 가명 속으로 사라지는 것이다.

그렇다면 이어지는 물음은 다음과 같은 것이다. 망가넬리 이야기에서 말하는 이는 누구인가? 누가 작자인가? 이 친밀한 낯선 거북함을 증언하는 이는 누구인가? 그것은 가명을 갖지 않은 '나', 실존하지만 쓸 수 없는 '나'일까? 아니면 영도의 가명, 첫 번째의 '나'가 읽을 수 없는 텍스트를 쓰는 영도의 가명일까? 그도 아니라면 오히려 제삼자, 공허하고 이해 불가능한 책을 읽고 또 읽지만 아무것도 읽지 못하는 제곱된 가명일까? '나는 이미 몇 년 전에 죽고 없다'는 것이 분명하다면 살아남아 이 죽음을 말하는 자는 누구인가? 이명적 주체화라는 아찔아찔한 과정 속에서는 마치 무엇인가가 언제나 살아남는 것처럼, 어떤 최종적인 '나', 최종적으로 남는 '나'가 '나'란 말 속에서 산출되는 것처럼, 그래서 가명의 제곱이 결코 진정으로는 완수되지 않는 것처럼, 제곱된 '나'가 언제나 새로운 '나'로, 첫 번째의 '나'와 구별이 안 될뿐더러 그것으로 환원될 수도 없는 새로운 '나'로 되돌아가는 것처럼 말이다.

3. 23. '살아남다^{survive}'는 말에는 반드시 고려해야만 하는 모호함이 내포되어 있다. '살아남다'는 것은 항상 '무엇을' 견뎌내는 것, '누구보다' 오래 사는 것이므로 그 무엇 또는 누구와의 관련을 내포하고 있다. 라틴어의 '*supervivo*'는 동의어인

'superstes sum'과 마찬가지로 이러한 의미에서 여격與格으로 구성되어, '살아남다'는 것이 누구 또는 무엇과 관련해 살아남는 것인지를 지시한다. 그런데 원래 이 동사에는 재귀형도 있어 사람에 귀속될 때는 자기 자신과 자신의 목숨보다 더 오래 산다는 기묘한 관념을 나타낸다. 따라서 이 재귀형에서는 살아남는 사람과, 무엇이 누구보다 더 오래 살아남는다고 할 때 그 '누구'가 일치하는 것이다. 그렇기 때문에 플리니우스^{Plinius}는 한 공인에 대해 "그는 자신의 영화榮華보다 30년 동안이나 더 오래 살아남았다(*triginta annis gloriae suae supervixit*)"고 말할 수 있는가 하면, 아풀레이우스^{Apuleius}에게서는 이미 진정한 사후 실존이라는 관념, 삶 자체보다도 오래 살아남음으로써 살게 되는 삶("그것 자체는 나보다 더 오래 살아남아 사후에 남는다"[*etiam mihi ipse supervivens et postumus*])이라는 관념이 발견되는 것이다. 그리스도교 저술가들이 그리스도(그리고 그와 더불어 그리스도를 믿는 모든 이들)가 죽음을 이겨낸 이상, 즉 죽음보다 더 오래 살아남은 이상 유언자인 동시에 상속자("자신의 죽음에서 살아남으신 예수는 유언자이자 상속자이다"[*Christus idem testator et haeres, qui morti propriae supervivit*])라고 말할 때 저와 같은 의미에서 이렇게 말할 수 있는 것이며, 또한 죄인은 실은 영적으로는 죽어 있기 때문에 세상에서 살아남는다("가련한 여인이여, 너는 네 영혼을 잃어 영적으로는 죽어 있으므로 지금 여기에 너보다 더 오래 살아남아 있는 것이다"[*animam tuam misera perdidisti, spiritualiter mortua supervivere hic tibi*])고 쓸 수 있는 것이다.

이는 인간의 삶이 모든 삶을 생존[살아남음]으로, 그리고 모든 생존을 삶으로 변하게 할 수 있는 어떤 휴지休止를 품고 있음을 암시한다. 어떤 의미에서(이미 베텔하임에게서 살펴보았던 의미에서) 생존이란 보다 진실하고 보다 인간다운 삶에 대한[대립의 의미에서] 벌거벗은 삶의 순수하고 단순한 지속을 가리킨다. 하지만 또 다른 의미에서 살아남는다는 것은 긍정적인 의미를 갖고 있어 (데 프레에게서처럼) 죽음과 싸우면서 비인간보다 더 오래 살아남은 사람을 가리키는 것이다.

그러면 이제 아우슈비츠의 교훈을 요약하는 하나의 테제를 정식화해보자. **인간은 인간보다 더 오래 살아남을 수 있는 자이다**. 첫 번째 의미에서 인간은 '이슬람교도'(또는 회색 지대)를 가리키며, 따라서 인간보다 더 오래 살아남을 수 있는 비인간적 능력[수용력]을 의미한다. 두 번째 의미에서 인간은 생존자를 가리키며, 따라서 '이슬람교도', 즉 비인간보다 더 오래 살아남을 수 있는 인간의 수용력을 의미한다. 하지만 주의 깊게 살펴보면 이 두 가지 의미는 어느 지점에서 수렴되는데, 이 지점이 그러한 의미들의 가장 내밀한 의미론적 핵심을 이룬다고 해도 과언이 아니며, 여기서 두 가지 의미는 순간적으로 일치하는 것처럼 보인다. '이슬람교도'가 이 지점에 서 있다. 그리고 우리는 그에게서 레비가 "그들, 이슬람교도들, 익사한 자들이 온전한 증인들이다"라고 쓰면서 선언한 테제, 즉 '**인간은 비인간이다. 자신의 인간성이 완전히 파괴된 사람이 참으로 인간적인 사람이다**'는 테제의 제3의 의미, 가장 진실하고 또 가장 모호한 의미를 깨달

게 된다. 여기서의 역설은, 인간성을 증언할 수 있는 유일한 이가 자신의 인간성이 완전히 파괴된 자라면 그러한 의미는 인간과 비인간 사이의 동일성이 결코 완전한 것이 아니며 인간성을 파괴하는 것은 사실상 불가능하며 항상 무언가가 **남는다는 것**이다. **증인이 바로 이 남는 것이다.**

3. 24. 일찍이 블랑쇼^{Maurice Blanchot}는 앙텔므의 책에 관해 언급하면서 "인간은 끝없이 파괴될 수 있는 파괴될 수 없는 것"(Blanchot, 1993: 130)이라고 쓴 적이 있다. 여기서 '파괴될 수 없다'는 말은 자신의 끝없는 파괴를 끝없이 견디어내는 무언가를, 즉 어떤 본질이나 인간관계를 의미하는 것이 아니다. 블랑쇼는 끝없는 파괴를 '제일위^{第一位}의 인간관계'의 장소로, 타자와의 관계로 보지만(같은 책, 135) 이는 자신의 말을 오해하는 것이다. 파괴될 수 없는 것이란 그것이 본질이든 관계든 존재하지 않는다. 블랑쇼의 문장은 다른 의미로, 보다 복잡하지만 또 어느 면에서는 보다 단순하기도 한 의미로 읽혀야 한다. 좋은 논리적 정의가 모두 그렇듯이 정의란 기본적으로 어떤 것이 특수한 종차^{種差}를 가진다고 보는 데서 본질을 파악하는 것이다. 하지만 ('인간은 인간보다 더 오래 살아남을 수 있는 자이다'라는 것과 마찬가지로) "인간은 끝없이 파괴될 수 있는 파괴될 수 없는 것이다"라는 것은 인간의 본질에 어떤 특수한 종차를 귀속시킴으로써 그것을 파악하는 것이 아니다. 인간은 인간보다 더 오래 살아남을 수

있고 또 인간은 인간의 파괴 이후에도 남아있는 것이라면 그것은 어딘가에 파괴되거나 또는 구제되어야 할 어떤 인간의 본질이 있기 때문이 아니다. 그것은 오히려 인간의 장소가 분열되어 있기 때문이며, 인간이 생명을 지닌 존재자와 말하는 존재자, 비인간성과 인간성 사이의 갈라진 틈 속에 실존하기 때문이다. 말하자면 **인간은 인간의 비-장소에, 생명체와 말(=로고스) 사이의 어긋난 맞물림 속에 실존한다.** 인간은 자신에게 모자란 존재, 오로지 자신이 드러내는 이러한 결핍과 오류 속에서만 존재하는 존재이다. "사람은 결코 참아낼 수 있는 모든 것을 꼭 참아내야만 할 필요는 없으며, 또한 어째서 이런 극도의 고통에는 더 이상 조금도 인간다운 것이 없는지 꼭 보아야만 할 필요도 없다"라고 썼을 때 그레테 잘루스는 아마도 이런 말이 하고 싶었던 것이리라. 즉, 인간의 본질 같은 것은 없다. 인간은 잠재적 존재이며, 인간이 무한한 파괴 가능성 속에서 인간됨의 본질을 파악했다고 생각하는 그 순간 나타나는 것은 '더 이상 조금도 인간다운 것이 없는' 어떤 것이다.

그러므로 인간은 항상 인간 너머에 있거나 인간 앞에 있는 것이며, 인간성과 비인간성, 주체화의 흐름과 탈주체화의 흐름, 생명을 지닌 존재자가 말을 하게 되는 흐름과 말(=로고스)이 생명을 지닌 존재자가 되는 흐름이 통과하는 중심적 문턱인 것이다. 이러한 흐름들은 외연을 같이 하지만 서로 일치하지는 않는다. 그것들의 불일치, 그것들을 가르는 희미한 능선이 증언의 장소이다.

4

문서고와 증언

4.1. 1969년 어느 날 저녁 콜레주 드 프랑스의 언어학 교수인 벤베니스트는 파리의 길거리에서 갑자기 쓰러졌다. 신분증을 갖고 있지 않았기 때문에 아무도 그를 알아보지 못했다. 그의 신원이 밝혀질 쯤에는 이미 그는 완연하고 치료 불가능한 실어증에 걸려 있었는데, 이 실어증은 3년 뒤 그가 죽을 때까지 지속됐고 이 때문에 그는 아무것도 할 수 없었다. 같은 해(1969년) 『세미오티카』라는 학술지에 「언어의 기호학」이라는 그의 논문이 실렸다. 이 논문 말미에서 벤베니스트는 소쉬르 언어학을 넘어서는 연구 계획에 대한 밑그림을 제시하고 있는데, 물론 실현되지는 못했다. 이 연구 계획이 언표화 이론에 토대를 두고 있다는 점은 놀랍지 않다. 언표화 이론은 벤베니스트의 창조물 가운데서도 가장 멋진 이론이다. 그는 소쉬르 언어학의 극복이 두 가지 방식으로 이루어질 수 있다고 주장한다. 첫 번째 방법

은 아주 이해하기 쉬운데, 기호의 패러다임에 기초한 의미작용^{signification} 이론과는 구별되는 담화의 의미론을 통해서이다. 반면 우리의 관심사인 두 번째 방법은 "언표화의 의미론에 기초를 둔 메타의미론의 정교화를 통해 텍스트들과 작품들을 초언어학적으로 분석하는 것"(Benveniste, 1974: 65)으로 이루어진다.

이 표현에 함축되어 있는 아포리아에 대해서는 좀 더 생각해 볼 필요가 있다. 만약 언표화가 주지하다시피 발화되는 것의 텍스트를 가리키는 게 아니라 그러한 일이 발생하고 있는 사태를 가리킨다면, 그것이 만약 실제로 행해지고 있는 담화로서 언어가 자기 자신을 지시하는 것에 지나지 않는다면 어떤 의미에서 언표화의 '의미론'을 이야기할 수 있을까? 확실히 언표화의 영역을 분리시키면 우선 언표에서 말해지는 것과 언표의 발생 사이의 구별이 가능해진다. 하지만 그렇다면 언표화는 바로 이 구별 때문에 비의미론적 차원을 표상하는 게 아닐까? 물론 '나', '너', '지금', '여기' 같은 전환사들의 의미 비슷한 것을 정의할 수는 있다(예컨대 "'나'는 '나'가 포함된 이 담화 사례를 입 밖에 내는 사람을 의미한다"). 하지만 이 의미는 다른 언어적 기호들의 어휘론적 의미와는 완전히 다른 성격의 것이다. '나'는 개념도 아니고 실체도 아니며, 언표화는 담화 속에서 말해지는 것이 아니라 순전히 말해진다는 사실에, 즉 언어-사건 자체에 대응하므로 정의상 뜬구름 같다. 철학자들의 존재 개념처럼 언표화도 극히 고유하면서도 구체적인 것이다. 왜냐하면 그것은 절대적으로 단독적이고 반복 불가능한, 바로 지금 이루어지고 있는 담화-사건을 가리키기 때문이다. 하지만 동시에 그것은 가장 공허하고 포괄적이기도 한 것인데, 항상 그것에 어떠한 어휘론적 현실을 특정하는 게 도저히 불가능한 채로 반복되기 때문이다.

이런 관점에서 볼 때 언표화의 의미론 위에 정초된 메타의미론이라는 것은 무엇을 의미할 수 있을까? 실어증에 빠지기 전에 벤베니스트가 어렴풋이 보았던 것은 무엇일까?

4. 2. 1969년 푸코 또한 『지식의 고고학』을 출간해 언표^{énoncés} 이론을 근간으로 하는 연구 방법과 계획을 정식화한다. 이 책에 벤베니스트의 이름이 나타나지 않고 또 푸코가 벤베니스트의 최후의 논문을 몰랐을 수도 있지만 전체적인 맥락에서 벤베니스트가 밑그림을 제시한 계획과 푸코의 계획 사이에는 은밀한 공통점이 있다. 『지식의 고고학』만의 새로움은 문장이나 명제들이 아니라 바로 '언표들'을 명시적인 대상으로, 다시 말해 담화의 텍스트가 아니라 그것의 발생을 고유한 대상으로 취한 데 있다. 벤베니스트의 언표화 이론의 새로운 차원을 처음으로 이해한 이가 푸코인 셈인데, 그가 이 차원을 처음으로 연구 대상으로 삼았던 것이다. 푸코는 이 대상이 어떤 의미에서는 규정될 수 없음을, 고고학은 결코 언어의 영역을 지식의 다른 영역들이 다루듯이 다루지 않는다는 점을 분명히 깨닫고 있었다. 언표화가 텍스트를 가리키는 게 아니라 순수한 언어-사건을 가리키는 한(스토아학파의 술어로 표현하자면 이미 말해진 것이 아니라 말

해지지 않은 채로 남아있는 말해질 수 있는 것을 가리키는 한) 그러한 영역은 명확히 한정된 언어학적 분석 수준(문장, 명제, 발화 내 행위$^{illocutive\ acts}$ 등)이나 여러 학문에 의해 검증된 고유 영역들과 일치할 수 없다. 대신 언표화는 모든 학문과 모든 말하기 속에 수직적으로 존재하고 있는 하나의 기능을 표상한다. 그래서 자신의 방법의 존재론적 함의에 대한 분명한 자각이 있었던 푸코는 "따라서 언표란 구조가 아니다. (……) 그것은 현존^{existence}의 기능"(Foucault, 1972: 86)이라고 쓴 것이다. 달리 표현하자면, 언표화는 실제적인 특성들, 명확히 한정된 특성들로 규정되는 사태가 아니다. 보다 정확히 말해 그것은 순수 현존, 즉 어떤 존재자(즉 언어)가 생겨난다는 사실이다. 여러 학문과 수많은 지식의 체계가 문장들, 유의미한 명제들, 얼마간 잘 구성된 담화들을 언어 내부에서 정의한다고 하면 고고학은 이 명제들과 담화들의 순수한 발생을, 즉 언어의 **외부**를, 그것이 존재한다는 투박한 사실을 다룬다고 천명한다.

푸코의 고고학은 이런 식으로 '언표화의 의미론 위에 정초된 메타의미론'을 목표로 하는 벤베니스트의 계획을 완벽하게 실현하고 있다. (언표화의 의미론에 힘입어) 언표들의 영역과 명제들의 영역을 구별한 후 푸코는 지식들과 분과학문들을 탐구하기 위한 새로운 관점을, 다시 말해 실정적 담론들의 장을 '메타의미론'(고고학)을 통해 재발견하는 것을 가능하게 해주는 어떤 **외부**에 도달한다.

물론 우리는 푸코가 이런 식으로 더 이상 그대로 내놓기 어려운 낡은 존재론에 역사적 메타분과라는 현대적 색채를 입히면서, 일종의 아이러니를 얹어서, 우리에게 하나의 지식이 아니라 모든 지식들의 '고고학'으로서 제일철학을 다시 팔아먹고 있는 게 아닌가 의심할 수도 있다. 하지만 그러한 해석으로는 푸코의 방법이 지닌 새로움을 인식할 수 없다. 푸코의 탐구의 생산성은 언어의 발생을 '나', 초월적 의식, 나아가 신화적이기는 매한가지인 심신적인 자아를 통해 파악하는 현대 문화의 지배적 전통을 거부하면서 주체, '나', 의식과 같은 것이 어떻게 언표와 일치할 수 있는가, 어떻게 언어의 순수한 발생과 일치할 수 있는가라는 물음을 제기하는 데서 나온다.

사실 인간과학들이 유의미한 담화와 언어 분석의 특정 수준(문장, 명제, 발화내 행위 등)에 상당하는 언어적 층위를 설정함으로써 스스로를 규정하는 한 그것들의 주체는 담화를 입으로 직접 말한다고 추정되는 심신적 개인과 같은 것으로 순진하게 동일시된다. 더욱이 초월론적 주체로부터 인간학적이고 심리학적인 속성들을 떼어내고 그것을 순수한 '나는 말한다'로 환원하는 근대 철학도 이러한 환원이 언어 경험에 대해 필연적으로 수반하는 변형을 충분히 깨닫고 있었던 것은 아니다. 근대 철학도 언어가 더 이상 명제 차원일 수는 없는, 즉 비의미론적인 차원으로 치환된다는 사실을 인식하지 못하는 것이다. 실로 '나는 말한다'라는 언표를 진지하게 생각한다는 것은 언어를 더 이상 어떤 의미나 (책임 있는 '주체'에게서 비롯되는) 진실의 전달로 생각하지 않는다는 것이다. 오히려 그것은 순수한 발생일 때의 담화를, 그리고 주체를 '비실존^{nonexistence}, 비어있음 속에서 언어의 끝없는 분출이 부단히 계속되는 비실존'(Foucault, 1998: 148)으로 생각하는 것이다. 언표화는 내부와 외부 사이의 문턱을, 그것이 순수한 외재성으로 일어나고 있는 사태를 나타낸다. 그리고 일단 언표가 일차적 연구 대상이 되면 주체는 모든 실체를 빼앗기고 순수한 기능 또는 순수한 위치가 된다. 푸코는 다음과 같이 쓰고 있다.

> (주체는) 사실상 서로 다른 개인들로 채워질 수 있는 특정한 자리, 비어 있는 자리이다. (……) 어떤 명제, 문장, 일군의 기호들이 '언표'라고 불릴 수 있다면 이는 그것들을 입 밖에 내었거나 어딘가에 그것들의 잠정적 흔적을 남긴 누군가가 있었기 때문이 아니라 그것들에 주체-위치를 할당할 수 있기 때문이다. 언표인 한에서의 어떤 언어 표현을 기술한다는 것은 작자와 그가 말한 것(또는 말하고자 했던 것 또는 무심결에 말해진 것) 사이의 관계를 분석하는 데 있는 것이 아니라 어떤 개인이 언표의 주체이기 위해서는 어떤 위치를 차지할 수 있고 또 차지해야만 하는가를 규정하는 데 있는 것이다(Foucault, 1972: 95~96).

같은 해 푸코는 바로 이러한 원칙에 입각해 작자^{author} 개념에 대한 비판에 착수한다. 그의 관심사는 작자의 소멸을 인정하거나 작자의 죽음을 확증하는 것이라기보다는 작자라는 개념을 그저 작자-기능의 단순한 지정에 불과한 것으로, 그리하여 그 필요성이 결코 주어진 것이라고는 할 수 없는 것으로 규정하는 것이다.

> 우리는 작자의 필요성이 전혀 없이 담화들이 유통되는 어떤 문화를 어렵지 않게 상상할 수 있습니다. 담화들은, 그것들의 지위, 형식 또는 가치가 어떻건 또 그것들을 우리가 어떻게 다루든 상관없이 익명의 중얼거림으로 펼쳐질 것입니다(Foucault, 1998: 222).

4. 3. 푸코는 자신의 언표 이론의 윤리(학)적 함의를 미처 고려하지 못했던 것처럼 보인다. 이는 물론 그의 일차적 관심사가 다른 지식과 영역들에 비견될 만한 고고학의 영역을 정의하는 것이었던 만큼 이해할 만한 것이다. 푸코는 최후의 저술들에서, 그러니까 작자를 지위 없애고 탈심리학화한 다음에야, '누가 말하고 있는가?'라는 물음을 괄호 안에 넣는 데서 이미 기록^{écriture}에 내재하는 윤리(학) 같은 것을 확인해낸 다음에야 비로소 자신이 했던 작자의 탈주체화와 분해가 주체에 미친 여파에 대해 성찰하기 시작했다. 그러므로 다음과 같이 말해도, 즉 벤베니스트의 술어로 말하자면 분과학문적 담론들의 메타의미론은 결국엔 그것을 가능하게 해준 언표화의 의미론을 감추어버리는 것이 되고 말았다고, 하나의 실정성과 역사적 아프리오리로서 언표 체계의 구성은 그것의 전제였던 주체의 말소에 대한 망각을 필연적인 것으로 만들고 말았다고 말해도 될 것이다. 이렇다 보니 '누가 말하고 있는가?'라는 잘못된 물음을 폐기하려

는 정당한 관심이 전적으로 다르고 또 불가피한 다음과 같은 물음의 정식화를 막는 것이 되고 말았던 것이다. 즉, 살아있는 개인이 주체의 '비어있는 자리'를 차지하게 될 때, 언표화 과정에 들게 되어 "우리의 이성은 담화들의 차이이고, 우리의 역사는 시간들의 차이이며, 우리의 자아들은 가면들의 차이라는 것"(Foucault, 1972: 131)을 깨닫게 될 때 그 살아있는 개인에게는 무슨 일이 일어나는가? 달리 말해 탈주체화될 수밖에 없다는 것, 다시 말해 탈주체화의 주체가 된다는 것은 무슨 뜻인가? 주체는 자기 자신의 상실과 붕괴를 어떻게 설명할 수 있는가?

이러한 누락(그것이 누락이라면)의 책임이 푸코의 무성의나 무능력에 있는 것은 분명 아니다. 그것은 사실상 언표화의 의미론이라는 개념 자체에 내포된 곤란을 뜻하는 것이다. 언표화의 의미론이 언표의 텍스트에 관한 것이 아니라 그것이 일어나고 있는 사건에 관한 것인 한, 다시 말해 말해지는 것이 아니라 순수한 말함에 관계되는 것인 한 그것은 텍스트를 구성할 수도 또 어떤 분과학문을 구성할 수도 없다. 언표화의 주체 — 지식들의 메타의미론의 가능성의 토대가 마련되고 언표들이 어떤 실증적 체계로 구성되는 것은 이 주체의 분산에 의해서인데 — 는 의미 내용이 아니라 언어-사건에 토대를 두기 때문에 자신을 대상으로 삼을 수 없고, 자신을 언표할 수 없다. 그러므로 여러 지식들의 고고학이 존재한다고 할 때와 같은 의미로 주체의 고고학이 존재할 수는 없다.

이는 결국 주체의 빈자리를 차지하는 사람은 영원히 눈에 띠지 않을 운명에 처하며, 작자는 자기를 완전히 잃고 '누가 말하든 무슨 상관인가'라는 식의 익명의 중얼거림이 되고 만다는 뜻일까? 푸코의 저술 가운데 이러한 곤란이 주제로 나타나는 (아마도) 유일한 텍스트가 있는데, 여기서는 주체의 어둠이 순간 광채를 발하며 나타난다. 이 텍스트가 바로 「악명 높은 사람들의 삶」이다. 이 텍스트는 원래 구금대장^{拘禁臺帳} 또는 체포영장$^{lettres\ de\ cachet}$을 모아놓은 선집의 서문으로 구상된 것이다. 체포영장이 오명의 낙인을 찍는 바로 그 순간 권력과의 마주침이 그렇게 밖에는 달리 그들 자신의 흔적을 남기지 못했을 인간적 실존을 드러낸다. 이 간결한 언표들을 통해 순간 빛을 발하는 것은 이를테면 구술사의 비애감 어린 어조에 의해 제시되는 것과 같은 개인사의 전기적 사건들이 아니다. 그것은 어둠 속에서도 빛나는 다른 역사의 궤적이다. 갑자기 환히 드러나는 것은 어떤 억눌린 실존의 기억이 아니다. 그것은 기억될 수 없는 '에토스'의 소리 없는 불꽃이다. 그것은 주체의 얼굴이 아니라 차라리 생명을 지닌 존재자와 말하는 존재자 사이의 이접이 그 빈자리를 드러낸 것이다. 여기에서 삶은 그러한 삶의 거처였던 오명으로만 존속하며, 여기서 이름은 그러한 이름을 덮고 있었던 치욕으로만 남는다. 그리고 이 치욕 속의 무언가가 모든 전기들 너머의 삶을 증언한다.

4. 4. 푸코는 언표화의 층위, 즉 '언표들의 형성과 변형의 일

반 체계'(Foucault, 1972: 130)에 해당하는 실증적 차원을 '문서고 archive'라고 부른다. 이 차원이 좁은 의미에서의 문서고, 즉 이미 말해진 것의 흔적들을 미래의 기억에 위탁하기 위해 정리해둔 창고라는 의미에서의 문서고와 일치하는 것도 아니고, 또 망각될 위기에 처한 언표들을 수집해 역사가들의 시선 아래 다시 부활할 수 있도록 해주는 바벨의 도서관과 일치하는 것도 아니라면 우리는 이 차원을 어떻게 이해해야 할까?

담화-사건들을 규정하는 규칙의 집합으로서의 문서고는 (가능한 문장들의 구성 원리, 즉 말함의 가능성들을 구성하는 원리로서의) '랑그^{langue}'와 (이미 말해진 것, 입으로 직접 말해졌거나 실제로 쓰여진 것들[파롤]을 하나로 집대성하는) '말뭉치^{corpus}' 사이에 놓여 있다. 따라서 문서고는 모든 유의미한 담화 속에 언표화의 기능으로서 기입되어 있는 비의미론적인 것의 덩어리이다. 그것은 모든 구체적인 말의 사건들을 에워싸고 한계를 정하는 어두운 여백인 것이다. (이미 말해진 것밖에 모르는) 전승이라는 강박적인 기억과 (오로지 말해진 적이 없는 것에만 관심을 두는) 망각이라는 기묘한 무신경함 사이에 있는 문서고는 언표되는 덕분에 말해지는 모든 것 속에 기입되어 있는, 말해지지 않은 것 또는 말할 수 있는 것이다. 그것은 '나'라고 말하는 행위 속에서 항상 잊혀지는 기억의 단편인 것이다. 푸코는 바로 '랑그^{langue}'와 '파롤^{parole}' 사이에 매달려있는 이 '역사적 아프리오리'에 고고학을 세울 터전을 마련하고, 거기에다 '이미 말해진 것을 그 현존의 수준에서 탐구하는 기술^{技術}의 일반적 주제'(같은 책, 131)로서의, 즉 모든 말하기 속에서 말해지지 않은 것과 말해진 것의 관계들, 언표 기능과 그러한 기능이 수행되는 담화의 관계들, 언어의 외부와 내부의 관계들의 체계로서의 고고학을 정초하는 것이다.

이제 푸코의 작업을 좀 더 언어 쪽으로 옮겨와서 반복한다고 상상해보자. 그가 '랑그'와 말하기 사이에 설치한 작업대가 언어의 평면 위에, 더 정확히 말해 언어('랑그')와 문서고 사이에 놓이도록 말이다. 다시 말해 그의 작업을 담화와 그것의 발생 사이, 말해지는 것과 그 안에서 수행되는 언표화 사이가 아니라 오히려 '랑그'와 그것의 발생 사이에, 말함의 순수한 가능성과 그러한 것으로서의 그 실존 사이에 놓아보자는 것이다. 언표화가 어떤 의미에서 '랑그'와 '파롤' 사이에 매달려있다면 그것은 언표들을 실제로 행해지고 있는 담화의 관점이 아니라 오히려 언어('랑그')의 관점에서 생각해보아야 할 문제가 될 것이다. 그것은 언표화의 현장에서 말하기를 바라보는 것이 아니라 그 자체로서의 '랑그'를 바라보는 문제, 다시 말해 언어와 실제로 행해지는 담화의 층위에서가 아니라 말의 잠재성일 때의 언어의 층위에서 내부와 외부를 맞물리게 하는 문제일 것이다.

말해지지 않은 것과 말해지는 것 사이의 관계들의 체계를 가리키는 '문서고'에 대비시켜 '랑그'의 내부와 외부 사이의 관계들, 모든 언어에서 말할 수 있는 것과 말할 수 없는 것 사이의 관계들, 다시 말해 말의 잠재성과 그 실존, 말의 가능성과 불가능성 사이의 관계들의 체계를 '증언'이라고 부르기로 하자. 지금

작동 중인 잠재성을 잠재성으로 사유한다는 것, '랑그'의 층위에서 언표화를 사유한다는 것은 가능성에 어떤 휴지(休止)를, 그것을 가능성과 불가능성으로, 잠재성과 비잠재성으로 가르는 휴지를 기입하는 것이다. 그러므로 그것은 바로 이 휴지 속에 주체를 위치시키는 것이다. 문서고의 구성은 주체를 괄호 안에 넣어 단순한 기능 또는 비어있는 위치로 환원하는 것을 가정했다. 그것은 언표라는 익명의 중얼거림 속으로의 주체의 사라짐에 근거하고 있었던 것이다. 증언에서는 이와 반대로 주체의 빈자리가 결정적인 물음이 된다. 물론 그것은 푸코가 배격하고자 했던 낡은 물음, 말하자면 "주체의 자유가 어떻게 언어 규칙 속에 삽입될 수 있는가?"라는 물음으로 되돌아가는 물음은 아니다. 차라리 그것은 말의 가능성과 불가능성의 이접 속에 주체를 위치시키는 문제, 즉 "언표와 같은 것이 어떻게 '랑그'의 장소에 존재할 수 있는가? 말의 가능성은 어떻게 해서 그러한 것으로 자신을 실현할 수 있는가?"라는 물음인 것이다. 증언이란 바로 말의 가능성과 말의 발생 사이의 관계이기 때문에 말의 불가능성과의 관계를 통해서만, 다시 말해 오로지 **우연성**으로서만, 존재하지 않을 능력으로서만 존재할 수 있다. 이 우연성, 주체 속에서의 이러한 언어의 출현은 실제로 행해지는 담화의 발화나 비-발화, 그것을 말함이나 말하지 않음, 언표로서의 그것의 산출이나 비-산출과는 다르다. 그것은 언어를 갖거나 가지지 않을 주체의 능력[수용력]에 관한 것이다. 그러므로 주체는 언어가 존재하지 않을, 생겨나지 않을 가능성이며, 보다 정확히 말하자면 언어가 거기에 있지 않을 가능성, 그러한 우연성을 통해서만 생겨나는 가능성이다. 인간이 말하는 존재자, 언어를 가진 생명체인 것은 언어를 **갖지 않을** 수 있기 때문에 자신의 (어원적인 의미에서의) 유아기, 즉 말하지 못함$^{in\text{-}fancy}$을 품을 수 있기 때문인 것이다. 우연성은 다른 양태들 가운데 하나의 양태, 즉 가능성, 불가능성, 필연성과 나란히 둘 수 있는 것이 아니다. 그것은 가능성을 실제로 줌, 잠재성이 그러한 것으로서 존재하는 방식인 것이다. 그것은 존재할 능력과 존재하지 않을 능력 사이에 휴지를 부여하는, 잠재성의 사건^{contingit}이다. 언어(활동)에서 이러한 '줌'은 주체성의 형식을 띤다. 우연성은 주체를 시험대에 올리는 가능성이다.

말해지는 것과 그것이 일어나고 있는 사건 사이의 관계에서는 언표화의 주체를 괄호 안에 두는 것이 가능했다. 말의 사건이 이미 일어났기 때문이다. 하지만 언어와 그것의 실존, '랑그'와 문서고 사이의 관계는, 말의 가능성 자체에서 말의 불가능성을 증언하는 것으로서의 주체성을 요구한다. 이 때문에 주체성은 **증인**으로 나타나는 것이며, 또 이 때문에 증인은 말할 수 없는 자를 위해 말할 수 있는 자이다. 증언은 말의 비잠재성을 통해 현실화되는 잠재성이며, 덧붙이자면 말함의 가능성을 통해 자신에게 현존을 부여하는 불가능성이다. 이 두 개의 운동은 주체와 동일시될 수도 또 의식과 동일시될 수도 없지만 서로 교류하지 않는 두 개의 실체로 나누어질 수도 없다. 그것들의 분리불가능한 친밀함이 증언이다.

4. 5. 이제 이러한 관점에서 양태 범주들을 다시 정의해보자. 양태 범주들(가능성, 불가능성, 우연성, 필연성)은 명제들의 구조를 문제 삼거나 무엇과 우리의 인식 능력 사이의 관계를 문제 삼는 순수한 논리적 또는 인식론적 범주들이 아니다. 그것들은 존재론적 연산자, 즉 존재를 두고 벌어지는 생명 정치적 투쟁에서 사용되는 살상 무기들이며, 그것으로 매번 인간이냐 비인간이냐, '살리느냐' '죽게 놔두느냐'에 대한 결정이 이루어지는 것이다. 이 전투의 장이 주체성이다. 존재가 양태들로 주어진다는 사실이 의미하는 바는 "생명을 지닌 존재자들에게 있어 존재란 생명$^{to\ de\ zēn\ tois\ zōsi\ einai\ estin}$"(아리스토텔레스『영혼론』, 413b13)이라는 것이다. 즉, 그것은 살아있는 주체를 반드시 수반한다. 양태 범주들은 칸트가 주장하듯이 주체에 근거를 두고 있는 것도 또 주체로부터 도출되는 것도 아니다. 오히려 주체는 양태들이 상호작용하는 과정에서 그 귀속이 판가름나는 판돈 같은 것이다. 양태들은 주체 속에서 가능한 것과 가능하지 않은 것, 생명을 지닌 존재자와 말하는 존재자, '이슬람교도'와 증인을 가르고 분리한다. 그리고 이런 식으로 그것들은 주체를 정하는 것이다.

가능성(존재할 수 있음)과 우연성(존재하지 않을 수 있음)은 주체화의 연산자들, 즉 가능태가 존재로 이행하는 지점, 어떤 불가능성과의 관계를 통해 주어지는 지점의 연산자들이다. 가능성의 부정(존재할 수 없음)으로서의 불가능성과 우연성의 부정(존재하지 않을 수 없음)으로서의 필연성은 탈주체화의 연산자, 주체의 파괴와 결핍의 연산자이다. 다시 말해 주체성 속에서 잠재성과 비잠재성, 가능한 것과 불가능한 것을 가르는 과정들인 것이다. 첫 번째의 두 가지 양태(가능성과 우연성)가 존재를 그것의 주체성으로 구성한다. 다시 말해 최종 심급에서는 항상 '나'의 세계인 세계로서 구성하는데, 왜냐하면 가능성이 존재하는 곳도 나의 세계이고 또 가능성이 현실적인 것과 접촉하는^{contingit} 곳도 바로 나의 세계이기 때문이다. 이와 달리 필연성과 불가능성은 존재를 그것의 완전성과 고체성, 주체를 갖지 않는 순수한 실체성으로, 다시 말해 궁극적으로는 그 안에 가능성이 존재하지 않기 때문에 결코 '나'의 세계이지는 않은 세계로 규정한다. 하지만 존재의 연산자로서의 양태 범주들은 결코 주체가 선택하거나 거부할 수 있는 어떤 것으로 주체 앞에 서 있는 것이 아니다. 그것들은 주체가 감당하거나 감당하지 않으려고 결정할 수 있는 어떤 과제로서 주체와 마주하는 것이 아니다. 주체란 오히려 잠재성과 비잠재성, 존재하지 않을 수 있음과 존재하지 않을 수 없음의 격렬한 흐름들, 역사적으로 규정되는 이 흐름들이 항상 이미 가로지르고 있는 힘들의 장인 것이다.

이러한 관점에서 보면 아우슈비츠는 이러한 과정들이 갑자기 사라지는 역사적인 순간을, 불가능한 것들이 억지로 현실적인 것이 되는 파괴적인 경험을 표상한다. 아우슈비츠는 불가능한 것의 현존, 가장 철저한 우연성의 부정이며, 그러므로 절대적 필연성인 것이다. 아우슈비츠가 생산한 '이슬람교도'는 주체의 파국, 그리하여 우연성의 장소로서의 주체의 말소와 불가능한 것의 현존으로서의 주체의 보전이 따르는 그러한 파국이다. 여기서 정치에 대한 괴벨스의 정의('불가능하게 보이는 것을 가능하게 하는 예술')는 온전한 의의를 얻게 된다. 그러한 정의가 명시하는 것은 존재의 연산자들에 대한 생명 정치적 실험, 주체화와 탈주체화 사이의 연결고리가 끊어지는 듯이 보이는 한계점까지 주체를 변형시키고 어긋나게 하는 실험인 것이다.

4. 6. 작자^{author}라는 말의 현대적 의미는 비교적 최근에 나타난 것이다. 라틴어 'auctor'는 원래 연소자(또는 어떤 이유로건 법률적으로 유효한 행위를 정립할 능력을 갖추지 못한 사람)의 행위에 개입해 유효성을 보완해주는 사람을 가리킨다. 그래서 후견인은 관용적으로 'auctor fio'[나는 후견인이 된다, 또는 나는 승인한다]라는 말로 피후견인이 갖고 있지 못한 '자격[권위]'을 그에게 마련해 주는 것이다(그리하여 피후견인은 '후견인의 승인을 얻어$^{tutore\ auctore}$' 행동한다고 일컬어진다). 같은 식으로 'auctoritas patrum'[원로들의 승인]은 민회의 결정 사항에 대한 원로원 의원들의 승인, 즉 민회의 결정에 정당성을 부여하고 반드시 지키도록 하는 절차를 의미했다(그래서 원로원 의원들은 'patres auctores' [권위 있는 원로들]라고 불렸다).

'auctor'라는 말의 가장 오래된 의미 가운데에는 재산을 양도

하는 행위에서의 '매도인', '조언을 하거나 설득하는 자', 그리고 마지막으로 '증인'이라는 의미도 들어있다. 불완전한 행위의 완성이라는 관념을 표현했던 말이 어떻게 해서 매도인, 조언자 및 증인을 의미할 수도 있었을까? 명백히 이질적으로 보이는 이 의미들의 근원에 있는 공통적인 성격은 무엇일까?

'매도인'과 '조언자'라는 의미에 관해서는 관련 문헌을 잠깐만 살펴보아도 이 말의 근본적인 의미와의 실질적 관련성이 충분히 확인된다. 매도인은 그의 의지가 매수인의 의지와 합동해 해당 재산의 정당성을 입증하고 이의 합법성을 선언하는 한에서 'auctor'라고 말해진다. 그러므로 재산의 양도는 최소한 두 당사자의 수렴으로 나타나며, 이 과정에서 취득인의 권리는 항상 매도인의 권리에 근거해 있으며, 그러므로 매도인은 매수인의 'auctor'가 되는 것이다. 『학설휘찬』(50. 17. 175, 7)에 보면 '*non debeo melioris condicioni esse, quam auctor meus, a quo ius in me transit*'[나는 나에게 권리를 이전해준 나의 매도인보다 더 나은 처지에 있어서는 안 된다]라는 대목이 있는데, 이는 그저 다음과 같은 의미이다. "나의 소유권은 필요충분조건으로 그것에 대한 '자격을 부여한' 매도인의 소유권에 근거를 두고 있다." 아무튼 본질적인 것은 두 주체 사이의 관계라는 관념으로서, 한편이 다른 편의 'auctor' 역할을 한다는 것이다. '*auctor meus*'[나의 매도인]란 현재의 매도인, 즉 재산에 합법성을 제공하는 자에게 매수인이 붙여주는 이름이다.

'조언을 하거나 설득하는 자'라는 의미도 유사한 관념을 전제로 하고 있다. 어떤 주체의 의지가 불확실하거나 주저할 때 그러한 의지가 현실화될 수 있도록 해주는 자극을 주거나 보완해주는 자가 작자, 곧 'auctor'이다. 플라우투스Plautus의 『허풍선이 군인』을 보면 "*quid nunc mi auctor es, ut faciam?*"[현재의 나의 조언자가 나에게 하라는 것은 무엇인가?]라는 대목이 있는데, 간단히 말해 "내가 어떻게 하면 좋겠습니까?", 즉 "당신은 나에게 무엇을 하라고 조언하시겠습니까?"라는 의미이다. 그것은 다음과 같은 의미도 된다. 즉 "당신이 내가 하도록 '인가'해 주시는 것은 어떤 것입니까? 당신은 어떻게 나의 의지를 보완해 나의 의지가 어떤 행동에 대한 결단을 내릴 수 있도록 해주시겠습니까?"

이런 관점에서 보면 '증인'이라는 의미 또한 명확히 드러나며, 라틴어에서 증언의 관념을 표현하는 세 가지 말은 모두 그들 나름의 고유한 특징을 갖추고 있는 것이다. '*testis*'는 두 주체 사이의 소송에 제삼자로서 개입하는 한에서만 증인을 지칭하고, '*superstes*'는 어떤 경험을 온전히 다 겪어냈기 때문에 다른 사람들에게 이야기할 수 있는 사람을 가리킨다면, '*auctor*'는 그의 증언이 항상 (그보다 먼저 존재하며 또 사실성과 효력이 반드시 검증되거나 확인되어야만 하는) 무언가(어떤 사실, 어떤 사태, 또는 어떤 말)를 전제하는 한에서만 증인을 의미한다. 이렇게 보면 '*auctor*'는 '*res*'[사실](*auctor magis …… quam res …… movit*; 증인이 증언되는 것보다 더 큰 권위를 지닌다)[1]나 '*vox*'[목소리, 말](*voces …… nullo auctore emissae*; 어떤 증인도 타당성을 보증하지 않는 말²⁾와는 대립되는 것이다. 그러므로 증언은 언제나 작자, 곧 'auctor'의 행위이다. 즉 증언은 언제나 본질적인 이중성을 내포해, 이러한 이중성 속에서 불충분함이나 무능력이 보완되거나 타당성을 얻게 되는 것이다.

그리하여 시인들에게서 찾아볼 수 있는 '일족의 시조 또는 도시의 창설자'로서의 'auctor'의 의미뿐만 아니라 벤베니스트가 'augere'[성장시키다]의 원래 의미로 파악한 '존재하게 됨'이라는 일반적 의미도 해명이 된다. 주지하다시피 고전 세계는 '무에서의$^{ex\ nihilo}$' 창조를 알지 못했는데, 왜냐하면 고대인들에게 있어 모든 창조 행위란 항상 다른 무언가를, 즉 아직 형태를 갖추지 못한 질료나 불완전한 존재를 반드시 수반하는 것이고 그래서 보완되어야 하거나 '성장시켜야' 하는 것이기 때문이다. 모든 창조자는 항상 공동 창조자이고 모든 작자는 공동 작자인 것이다. 'auctor'의 행위는 무능력한 사람의 행위를 보완하고, 자체적으로는 증거 능력을 갖추지 못한 것에 증거 능력을 제공하며, 단독으로는 존립할 수 없는 것에 생명을 준다. 그러므로 역으로 말해, 증인-작자의 행위나 말에 의미를 부여하는 것은 증인-작자의 말에 선행하면서 그것의 보완을 받는 불완전한 행위와 무능력이라고 말할 수 있다. 그 자체로서 유효성

---

1) "증인이 사실보다 더 마음을 움직였다." 리비우스(Livius), 『로마 건국사』, 2. 37~38.
2) "어떤 증인도 직접 하지 않은 말." 키케로(Cicero), 「카일리오를 위하여」, 30.

을 주장하는 작자의 행위란 어불성설이다. 이는 생존자의 증언이 증언할 수 없는 자의 증언을 통합하며 보완할 때만 진실성과 존재 이유를 지니는 것과 마찬가지이다. 후견인과 무능력한 자, 창조자와 그의 질료가 분리될 수 없는 것과 마찬가지로 생존자와 '이슬람교도'는 분리될 수 없다. 오로지 양자의 통일이면서도 차이인 것이 증언을 구성하는 것이다.

4.7. '이슬람교도가 온전한 증인'이라는 레비의 역설로 되돌아가보자. 이 역설은 두 개의 서로 상반되는 명제, 즉 1) "'이슬람교도'는 비인간이며 결코 증언할 수 없는 자다"라는 것과 2) "증언할 수 없는 자가 참된 증인, 절대 증인이다"라는 명제를 함축하고 있다.

이 역설의 의미와 무의미는 현시점에서 분명해진다. 이 명제들로 표현되는 것은 다름 아닌 '*auctor*'의 행위로서의 증언의 이중 구조이다. 즉 말함의 불가능성과 가능성, 비인간과 인간, 생명을 지닌 존재자와 말하는 존재자의 차이와 통합이라는 이중 구조 말이다. 증언의 주체는 본질적으로 분열되어 있다. 그것에 견고함이 있다면 이접과 탈구라는 견고함뿐이지만 그럼에도 불구하고 그것들로는 결코 환원될 수 없다. 이것이 '탈주체화될 수밖에 없다는 것, 즉 탈주체화의 주체가 된다는 것'의 의미이며, 또 이것이 증인, 윤리적 주체가 탈주체화를 증언하는 주체인 이유이다. 그리고 증언의 특정^{特定} 불가능성은 이러한 분열의 대가, '이슬람교도'와 증인, 말함의 잠재성과 비잠재성의 분리 불가능한 친밀성의 대가에 다름 아니다.

'인간은 인간보다 더 오래 살아남을 수 있는 인간이다'라는 레비의 두 번째 역설 또한 여기서 진정한 의미를 획득한다. '이슬람교도'와 증인, 비인간과 인간은 외연을 같이 하면서도 서로 일치하지는 않는다. 그것들은 구별되지만 그럼에도 불구하고 분리될 수 없는 것이다. 그리고 이 보이지 않는 분할, 분열되어 있지만 분해될 수 없는 이러한 삶은 다음과 같은 이중의 살아남음을 통해 표현된다. 즉 비인간은 인간보다 더 오래 살아남을 수 있는 자이며 인간은 비인간보다 더 오래 살아남을 수 있는 자이다. 증인이 '이슬람교도'보다 더 오래 살아남을 수 있는 것은 다만 '이슬람교도'가 인간에서 분리될 수 있기 때문에, 인간의 삶이 본질적으로 파괴될 수 있고 나누어질 수 있기 때문인 것이다. 비인간적인 것을 견디고 살아남는 증인의 능력은 인간보다 더 오래 살아남는 이슬람교도의 능력에 의지한다. 끝없이 파괴될 수 있는 것은 끝없이 살아남을 수 있는 것이다.

4.8. 삶은 자기 자신보다 더 오래 살아남을 수 있다는 것, 그리고 사실상 삶은 본질적으로 복수^{複數}의 삶, 따라서 복수의 죽음으로 분열되어 있다는 것이 비샤$^{\text{Marie François Xavier Bichat}}$[3]의 핵심적

---

3) 비샤(1771~1802년). 프랑스의 해부학자이자 생리학자. 인체조직을 체계적으로

인 주장이다. 비샤의 『삶과 죽음에 대한 생리학적 연구』는 전적으로 삶의 근본적인 분열에 대한 관찰에 입각해있다. 비샤는 삶의 근본적인 분열을 모든 유기체 안에 두 개의 '동물'이 공생하는 것으로 제시한다. 첫째로 '내부에 존재하는 동물'이 있는데, 그것의 삶(그는 이 삶을 '유기체적'이라고 이르면서 식물의 삶에 견준다)은 '동화 작용과 배설의 습관적인 교대'에 지나지 않는다. 그리고 또 '외부에 사는 동물'이 있는데, 그것의 삶(이것만이 '동물'이라는 이름에 합당한 삶이다)은 그것이 외부 세계와 맺고 있는 관계에 의해 규정된다. 유기체와 동물 사이의 분열은 개체의 전 생애를 가로지르면서 유기체적 기능들(혈액순환, 호흡, 동화 작용, 배설 등)의 연속성과 동물적 기능들(이 점이 가장 분명하게 나타나는 것이 꿈과 각성의 기능이다)의 단속성 사이의 대립으로, 유기체적 삶의 비대칭성(한 개뿐인 위장, 한 개뿐인 간, 한 개뿐인 심장)과 동물적 삶의 대칭성(좌우대칭의 뇌, 두 개의 눈, 두 개의 귀, 두개의 팔 등) 사이의 대립으로, 그리고 마지막으로 유기체적 삶과 동물적 삶의 시작과 끝의 불일치라는 형태로 자국을 남긴다. 태아에게서는 유기체적 삶의 시작이 동물적 삶의 시작에 앞서듯이, 노년기와 임종에 있어서는 유기체적 삶이 동물적 죽음보다 더 오래 살아남는다(즉 유기체적 삶이 동물적 죽음 이후에도 지속된다). 푸코는 비샤에 있어서의 죽음의 복수화, 즉 진행되는 죽음 또는 죽음을 일련의 부분적인 죽음들(뇌의 죽음, 간의 죽음,

연구하고 조직학의 기초를 세우는 데 공헌했다.

심장의 죽음 등등)로 나누는 세분화된 죽음의 등장에 주목한 바 있다. 그러나 비샤가 받아들일 수 없는 것, 그에게 더 이상 환원 불가능한 수수께끼로 끊임없이 남는 것은 이러한 죽음의 복수화라기보다는 유기체적 삶이 동물적인 삶보다 더 오래 살아남는다는 것, 일단 '외부의 동물'이 소멸한 뒤에도 '내부의 동물'은 존속한다는 믿을 수 없는 사실이다. 만약 유기체적 삶이 동물적 삶에 선행한다는 것이 점점 더 고차적이고 복잡한 형태로 나아가는 발달 과정으로 이해될 수 있다면 내부의 동물의 무의미한 생존은 어떻게 설명할 수 있을까?

『연구』에는 비샤가 유기체적 기능들의 무심한 생존 속에서 점진적으로, 하지만 가차 없이 진행되는 동물적인 삶의 소멸을 서술하는 대목이 있는데, 아마도 이 대목은 『연구』 속에서 가장 강렬한 순간들 중의 하나일 것이다.

> 자연사의 특징이라고 할 만한 것은 죽음에서는 유기체적 삶이 끝나기 훨씬 이전에 동물적인 삶이 거의 완전히 끝난다는 점에 있다. 장기간의 노년기를 거치고 끝내 시름시름 앓다 죽는 사람을 생각해보라. 그는 세분화된 죽음을 겪는다. 그는 하나의 죽음 뒤에 또 다른 죽음이 이어지는 식으로 죽는다. 먼저 그의 외부 기능들이 수명을 다한다. 그의 모든 감각 작용들이 더 이상 기능하지 않으며, 여느 때 같으면 감각을 일으켰을 것들이 더 이상 아무런 영향도 남기지 않게 된다. 시력은 침침해지고 대상을 분간할 수 없게 되며, 결국에는 물체의 이미지를 전달하지 못하게 된다. 그는 노인성 실명을 앓는다. 소리가 들리긴 하지

만 무슨 소리인지 분간할 수 없고 이내 청각은 소리에 완전히 둔감해진다. 이 시점에서 피부층은 딱딱해지고 부분적으로 혈관도 없어진 굳은살로 덮이게 되고, 드디어는 활력을 잃어 기껏해야 희미하고 뚜렷하지 않은 감촉만 느끼게 된다. 아무튼 습관이 모든 감각을 둔하게 만들어버렸다. 피부에 의존하는 모든 기관은 점점 약해지고 수명을 다한다. 머리카락과 다른 체모는 점점 가늘어진다. 영양 공급이 원활하지 않기 때문에 탈모가 심해진다. 이제는 냄새조차 후각에 희미한 느낌만을 남길 뿐이다. (……) 자연 한가운데에서 고립되고 부분적으로 감각 기관들을 상실했기 때문에 노인의 뇌도 곧 수명이 다한다. 그는 이제 거의 아무것도 지각하지 못하게 된다. 그의 감각 작용은 거의 실행될 수 없다. 상상력은 차츰 쇠퇴하다가 결국에는 사라진다. 지금 현재의 일에 대한 기억력도 파괴된다. 노인은 방금 들은 것도 바로 잊어버린다. 이미 약해진, 말하자면 이미 죽은 그의 외부 감각은 그의 정신이 파악한다고 생각하는 것을 확인해줄 수 없기 때문이다. 생각이 그를 빠져나가는 한편 그의 감각 작용이 더듬어낸 이미지는 더 이상 흔적을 지니지 않게 된다(Bichat, 1986: 200~201).

외적 감각의 쇠퇴에 상응해 수용소의 '이슬람교도'의 무기력을 빼닮은, 세상으로부터의 내밀한 후퇴가 일어난다.

노인의 움직임은 좀처럼 없거나 있어도 느리다. 자세를 바꾸는 것조차 힘겹다. 난로 곁에 앉아 불을 쬐면서 주변에서 소외된 채 욕망도 정열도 감각도 없이, 또한 억지로라도 침묵을 깨도록 하는 것이 아무것도 없기 때문에 말조차도 없이, 자신에만 파묻혀 나날을 보낸다. 다른 감정들은 이미 거의 모두 사라져버렸기 때문에 자신이 아직 살아있다고 느끼는 것만으로도 행복하다. (······) 이미 말한 바 있지만 노인에게서는 외부 기능들이 하나둘씩 수명을 다해가고 동물적인 삶이 거의 완전히 끝났는데도 유기체적인 삶이 지속되고 있음을 보는 것은 어렵지 않다. 바야흐로 죽음에 의해 소멸될 처지에 있는 생명체의 상태는 내부에서만 살아있을 뿐 자연에는 귀 기울이지 않는 모태 속에 있을 때의 우리의 처지 혹은 식물인간 상태에 있을 때의 처지와 흡사하다(같은 책, 202~203).

수수께끼 앞에서의 무력함에 대한 비통한 고백에 다름 아닌 물음에서 서술은 최고조에 이른다.

그런데 감각들과 운동 능력 등은 무엇보다도 우리의 자양분이 되는 물체들과 관계를 맺게 하는 데 의의가 있다고 한다면, 왜 외부의 삶이 중단됐는데도 내부의 삶은 지속되는 것일까? 이들 기능들은 어째서 내부 기능들보다 더 먼저 약해지는 것일까? 그러한 기능들의 중단은 왜 동시에 일어나지 않는 것일까? 나는 이 수수께끼를 완전히 풀어낼 수 없다(같은 책, 203~204).

아마도 비샤는 의학적 소생술과 더불어 생명 정치가 유기체적인 것과 동물적인 것 사이의 이러한 이접 위에서 작동하면서 관계의 삶보다 무한히 더 오래 살아남는 식물인간적 삶이라는 악몽을, 인간의 실존과 끝없이 분리될 수 있는 비인간적인 삶이라는 악몽을 실현시킬 때가 오리라는 것을 예상하지는 못했으리라. 하지만 마치 이러한 악몽의 불길한 예감이 갑자기 뇌리에 스쳤던 것처럼 그는 거꾸로 된 죽음, 즉 인간의 유기체적 기능은 완전히 파괴됐는데도 불구하고 동물적 기능은 존속하는 죽음이라는 대칭적 가능성을 상상한다.

> 죽음이 오로지 (혈액순환, 소화, 배설 등과 같은) 내부 기능들만 해쳤을 뿐 동물적 삶의 기능들은 그대로 존속하고 있는 어떤 인간을 상상할 수 있다면 이 인간은 자신의 유기체적 삶의 종말을 대수롭지 않게 볼 것이다. 왜냐하면 그는 자신의 실존의 진가는 유기체적 기능에 의존하지 않는다고, 그것들의 '죽음' 이후에도 그때까지 자신을 행복하게 해주었던 모든 것을 느끼고 경험할 수 있을 거라고 느낄 것이기 때문이다(Bichat, 1986: 205~206).

살아남는 것이 인간적인 것이든 비인간적인 것이든, 동물적인 것이든 유기체적인 것이든 삶은 자기 자신 안에 생존의 꿈(또는 악몽)을 품고 있는 것처럼 보인다.

4.9. 이미 살펴본 대로 푸코는 근대의 생명 권력과 옛날 영토 국가의 주권 권력 사이의 차이를 두 개의 대칭적인 정식을 교차시킴으로써 규정한다. **죽이거나 살게 놔둔다**는 것이 옛날 주권

권력의 신조라고 할 수 있는데, 그것은 일차적으로 죽일 권리로 행사된다. 반면 생명 권력의 표어인 **살리거나 죽게 놔둔다**는 일차적 목표가 생명과 생물학적인 것 자체에 대한 관심과 배려를 국가 권력의 관심사로 전환시키는 데 있다.

지금까지의 성찰을 토대로 하면, 제3의 정식이 다른 두 정식 사이에 교묘하게 들어가 있다고 할 수 있는데, 20세기 생명 정치의 가장 고유한 특징을 규정하는 이 정식은 더 이상 **죽이는 것**도 아니고 **살리는 것**도 아닌, **살아남게 하는 것**이다. 우리 시대 생명 권력의 결정적인 활동은 삶의 생산도 아니고 죽음의 생산도 아닌, 차라리 생존을 생산하는 데, 쉽게 변형을 가할 수 있고 또 잠재적으로 무한한 생존을 생산하는 데 있는 것이다. 어느 경우에나 그것은 동물적 삶과 유기체적 삶을, 인간과 비인간을, 증인과 '이슬람교도'를, 의식을 지닌 삶과 소생술을 통해 기능이 유지되는 식물인간적 삶을 어떤 문턱(지정학상의 경계들과 마찬가지로 과학적·정치적 기술들의 진보에 따라 움직이는 본질적으로 유동적인 문턱)에 이를 때까지 갈라놓는 것과 관련된다. 생명 권력의 최고 야망은 인간의 몸 안에 생명을 지닌 존재자와 말하는 존재자 사이의, '조에^{zoē}'와 '비오스^{bios}'[4] 사이의, 비인간과 인

---

4) "'조에'는 모든 생명체(동물, 인간, 또는 신)에 공통되는 사실, 즉 살아 있음이라는 단순한 사실을 표현했던 반면 '비오스'는 어떤 개인이나 어떤 집단에 고유한 삶의 형식이나 방식을 가리켰다"(Giorgio Agamben, 1998, *Homo sacer: sovereign power and bare life*, trans. Daniel Heller-Roazen[Stanford: Stanford University Press], p. 1).

간 사이의 절대적 분리, 곧 생존을 생산하는 것이다.

수용소의 '이슬람교도'가 오늘날 생명 유지 장치에 매달려 사는 과도 혼수상태의 사람이나 식물인간의 몸과 마찬가지로 생명 권력의 효력을 보여줄 뿐만 아니라 그것의 은밀한 암호, 말하자면 비밀^{arcanum}을 드러내는 것은 바로 이 때문이다. 클랍마르$^{Arnold\ Clapmar}$는 『정치의 비밀$^{De\ arcanis\ rerum\ publicarum}$』(1605년)이라는 저서에서 권력 구조의 보이는 측면인 '*jus imperii*'[국법]와 숨겨진 측면인 '*arcanum*'(이에 대해 클랍마르는 보석함 또는 금고를 의미하는 '*arca*'에서 파생된 말이라고 주장한다)을 구별한 바 있다. 현대의 생명 정치에서 생존은 이 두 측면이 만나는 모서리이며, 통치의 비밀$^{arcanum\ imperii}$을 있는 그대로 드러낸다. 있는 그대로. 왜냐하면 이렇게 말해도 좋다면, 그러한 비밀은 드러나 있을 때도 보이지 않으며, 눈앞에 주어져 있을수록 더욱 숨겨져 있기 때문이다. 생명 권력은 '이슬람교도'에 이르러 그 최종적 비밀, 즉 증언 가능성으로부터 철저히 단절된 생존을 생산하려고 했다. '이슬람교도'는 그것만 따로 분리해 인구학적·민족적·국민적·정치적 정체성을 할당하는 것이 가능한, 일종의 절대적인 생명 권력적 실체였다. 나치 관료 제도의 은어로 '최종적 해결'에 가담한 사람들이 '*Geheimnisträger*', 즉 비밀을 지닌 자라고 불렸다면 '이슬람교도'는 절대적으로 증언 불가능한, 생명 권력의 보이지 않는 은신처[보관함]인 셈이다. 보이지 않는다는 것은 비어있기 때문이며, 즉 '이슬람교도'가 '*volkloser Raum*', 곧 사람이 없는 공간에 다름 아니기 때문이다. 수용소의 심장부에 있는 이 '사람이 없는 공간'은 모든 삶을 그 자체와 갈라놓음으로써 시민이 비-아리아인 혈통의 '국가의 일원'^{Staatsangehörige}'이 되고, 비-아리아인이 유대인이 되고, 유대인이 유형수가 되고, 그리고 마침내 이렇게 추방된 유대인들이 자기를 잃고 '이슬람교도'가 되는, 즉 벌거벗은 삶, 특정 불가능하고 증언 불가능한 삶이 되는 지점을 나타내는 것이다.

그러므로 오늘날 아우슈비츠에 대해 말하는 것의 불가능성을 주장하는 사람들은 그런 말을 할 때 보다 신중해야 한다. 만약 그들이 증인은 자기가 하는 모든 말을 어떤 식으로든 말함의 불가능성이라는 시험에 맡길 수밖에 없다는 측면에서 아우슈비츠가 고유한 사건이었다는 의미로 그렇게 말하는 것이면 그것은 옳다. 하지만 만약 그들이 고유함을 말함의 불가능성에 결부시킴으로써 아우슈비츠를 절대적으로 언어와 단절된 현실로 바꾸어버리는 것이라면, 만약 ('이슬람교도'의 경우에 있어서는 증언의 핵심인) 말함의 불가능성과 가능성 사이의 이음매를 떨어뜨리는 것이라면 그들은 무의식적으로 나치의 제스처를 반복하는 셈이다. 즉 그들은 통치의 비밀$^{arcanum\ imperii}$과의 은밀한 연대 속에 있는 것이다. 그들의 침묵은 레비가 『익사한 자와 구조된 자』의 첫머리에다 그대로 옮겨놓은 나치 친위대의 경고를, 수용소 수인에 대한 조롱 섞인 경고를 되풀이할 위험이 있다.

전쟁이 어떻게 끝날지언정 너희들에 대한 전쟁에서 이긴 것은 우리다. 너희들 중 누구도 살아남아 증언하지 못할 것이다. 하지만 설령 누군가 살아남게 될지라도 세상이 그의 말을 믿지 않을 것이다. 아마도 의심과 토론, 역사가들의 조사가 있을 것이지만 확실한 증거는 아무것도 없을 것이다. 왜냐하면 우리는 너희들과 함께 증거들도 죄다 없애버릴 것이기 때문이다. 그리고 설령 몇 가지 증거들이 남고 또 너희들 중 일부가 살아남는다 해도 사람들은 너희가 묘사하는 사건들이 너무나도 무시무시해서 믿어지지 않는다고 말할 것이다. (……) 수용소의 역사가 어떻게 쓰일지를 정하는 것은 우리가 될 것이다(Levi, 1989: 11~12)

4. 10. 증언이 필사적으로 거부하는 것, 한 마디 한 마디가 거부하는 것은 바로 이러한 생존과 삶의 분리이다. 비인간과 인간, 산 자(생명을 지닌 존재자)와 말하는 자(말하는 존재자), '이슬람교도'와 생존자가 일치하지 않기 때문에, 바로 둘 사이에 분리 불가능한 분할과 불일치가 있기 때문에 증언이 존재할 수 있는 것이다. 증인이 다름 아니라 언어 일반에 내재하는 것인 한, 증인이 어떤 비잠재성을 통해서만 말함의 잠재성의 발생을 증언하는 한 증인 자격^{authority}은 어떤 사실적 진실, 즉 말해지는 것과 사실 사이의 일치 또는 기억과 실제로 일어난 일 사이의 일치에 의존하는 것이 아니다. 그의 자격은 오히려 말할 수 없는 것과 말할 수 있는 것 사이의 원초적 관계, 언어의 외부와 내부 사이의 원초적 관계에 의존한다. **증인 자격은 그가 말할 수 없음의 이름으로만 말할 수 있다는 사실에, 다시 말해 그/그녀의 주체**

됨에 있는 것이다. 따라서 증언은 문서고에 보관된 언표의 사실적 진실을 보증하는 것이 아니라 차라리 그것의 보관 불가능성unarchivability, 문서고에 대한 그것의 외재성을 보증한다. 다시 말해 증언은 언어의 현존이므로 필연적으로 기억될 수도 망각될 수도 없다는, 그러한 필연성을 보증하는 것이다. 이슬람교도가 온전한 증인인 것은 이런 이유에서이다(즉 말하기의 불가능성이 나타난 곳에서만 증언이 나타나며, 탈주체화가 있었던 곳에서만 증인이 있기 때문이다). 이런 이유로 우리는 생존자로부터 '이슬람교도'를 잘라낼 수 없다.

이러한 관점에서 주체의 특수한 지위에 대해 성찰해볼 필요가 있다. 증언의 주체, 아니 사실상 모든 주체성은 (만약 주체 됨과 증언함이 궁극적으로는 동일한 것이라면) **남은 것**remnant이라는 사실이, 그리스어 'hypostasis'의 의미 중 하나를 따라 주체란 주체화와 탈주체화, 인간화와 비인간화의 역사적 과정에 의해 그러한 생성의 바탕 또는 토대로 남겨진 기체基體, 퇴적물, 침전물이라는 의미로 이해되어서는 안 된다. 그런 식으로 생각하는 것은 정초定礎의 변증법을 또 다시 반복하는 것이리라. 정초의 변증법은 인간적 삶을 주체에게 할당하기 위해 무엇인가(여기서는 벌거벗은 삶)를 따로 떼어내 바닥에 가라앉힌다(이런 의미에서 '이슬람교도'는 아리안의 삶 같은 것을 생산하기 위해 유태인의 삶이 바닥으로 가라앉는 것을 형상화한다). 그리하여 토대는 인간의 정초 또는 실현이라는, 비인간의 인간화라는 목적인telos에 종속된다. 전적으로 의문에 부쳐져야만 하는 것은 바로 이러한 관점이다. 이제 우리는 주체화와 탈주체화의 과정들을, 생명을 지닌 존재자가 말하는 존재자가 되고 말하는 존재자가 생명을 지닌 존재자가 되는 과정들을, 보다 일반적으로는 역사적 과정들을, 그것들이 마치 생명을 지닌 존재자와 말하는 존재자, 비인간과 인간이 (또는 역사적 과정의 또 다른 어느 양단이) 기존의 어떤 인간성, 이미 완성된 인간성과 함께 어우러지고 이미 실현된 정체성 속에서 화해하게 되는 종말론적 혹은 세속적 목적인을 갖기라도 한 것처럼 보지 말아야 한다. 그렇다고 해서, 역사적 과정들이 목적을 갖고 있지 않다고 해서 그것들이 무의미에 처해지는 것은, 환멸 속의 끝없는 표류의 무상함에 처해지는 것은 아니다. 그것들은 **종말**^{end}은 갖지 않지만 **남은 것**^{remnant}을 가진다. 역사 과정들 속 또는 밑에는 근거나 토대가 있는 것이 아니다. 오히려 그것들 중심에는 환원 불가능한 이접이 있으며, 이 이접 속에서 각각의 항은 남은 것으로 머무를 수 있고 증언할 수 있는 것이다. 참으로 역사적인 것은 시간을 채우는 것이다. 하지만 미래의 방향이나 과거의 방향으로 채우는 것이 아니라 가운데를 넘치게 하는 것이다.[5] 메시아적 왕국은 미래(천년왕국)도 아니고 과거(황금시대)도 아니다. 그것은 오히려 **남아있는 시간**인 것이다.

---

[5] "시간을 잘 쓰십시오 지금은 악한 때입니다"(「에페소 신자들에게 보낸 서간」, 5장 16절); "때가 차서 하느님의 나라가 가까이 왔다"(「마르코 복음서」, 1장 15절); "나의 때는 아직 오지 않았다. (……) 나의 때가 아직 차지 않았기 때문이다"(「요한 복음서」, 7장 16~18절).

4. 11. 1964년 독일의 한 텔레비전 방송의 대담 프로그램에서 아렌트는 그녀가 겪었던 히틀러 이전 시대의 유럽의 유산 중 그녀에게 남아있는 것은 무엇이냐는 질문을 받았다. 아렌트는 "무엇이 남았냐고요? 모국어가 남아있죠"(Was bleibt? Die Muttersprache bleibt)라고 대답했다. 남은 것으로서의 언어란 어떤 것일까? 어떻게 해서 언어는 주체보다, 그 언어를 말하는 바로 그 민족보다 더 오래 살아남을 수 있을까? 그리고 남아있는 언어로 말한다는 것은 무슨 뜻일까?

사어死語의 경우를 살펴보면 이에 대한 실마리가 잡힐 듯하다. 모든 언어는 두 개의 대립적인 장력이 가로지르는 장으로 간주될 수 있는데, 하나는 혁신과 변형을 향해 나아가는 힘이고 다른 하나는 안정과 보존을 목표로 하는 힘이다. 언어에서 전자의 운동은 '무규범^{anomia}' 지대에 상응하고, 후자는 문법 규칙에 상응한다. 이들 두 개의 상반된 흐름 사이의 교차점이 말하는 주체, 즉 항상 말해질 수 있는 것과 말해질 수 없는 것을, 어떤 언어의 말할 수 있는 것과 말할 수 없는 것을 결정하는 'auctor'로서의 말하는 주체이다. 말하는 주체 안에서 규범과 무규범, 말할 수 있는 것과 말할 수 없는 것의 관계가 끊어지면 언어는 죽고 새로운 언어적 정체성이 생겨난다. 따라서 사어死語란 규범과 무규범, 혁신과 보존을 대립시키는 것이 더 이상 가능하지 않은 언어이다. 그래서 우리는 사어에 대해 더 이상 말해지지 않는 언어, 즉 그 안에서 주체의 위치를 할당하는 것이 불가능한 언어라고 하는 것이다. 여기서는 이미 말해진 것이 전부인 셈인데, 다시 말해 이미 말해진 것이 닫힌 전체, 즉 아무런 외재성도 없고 오로지 말뭉치^{corpus}를 통해서만 전달될 수 있는 또는 문서고를 통해서만 환기될 수 있는 전체를 이루는 것이다. 라틴어에서는 이러한 일이 도시말$^{sermo\ urbanus}$과 시골말$^{sermo\ rusticus}$ 사이의 긴장이 결정적으로 무너져 내린 시점에 일어났는데, 라틴어 사용자들은 이미 로마 공화정 시대에 이를 의식하고 있었다. 이러한 양극 대립이 내적인 긴장으로 인지되는 한 라틴어는 살아 있는 언어였고 주체들은 하나의 말을 쓰고 있다고 느꼈다. 일단 이러한 대립이 무너지자 규범적 부분은 사어(또는 단테가 문법^{grammatica}이라고 부르는 언어)가 되고 무규범적 부분은 토착화되어 여러 로망스어를 낳게 되었다.

이제 수세기 전에 이미 사어가 되어버린 라틴어로 시를 썼던 20세기 초의 시인 파스콜리의 경우를 생각해보자. 그의 경우를 보면 한 개인이 어떤 사어의 주체 위치를 떠맡을 수 있고, 그리하여 말할 수 있는 것과 말할 수 없는 것, 혁신과 보전을 대립시킬 가능성(이 가능성은 정의상, 사어에는 결여되어 있다)을 사어에 마련해 줄 수 있다. 그렇게 보면 일단 시인이 주체로서 어떤 사어 속에 자리 잡는 한 그는 해당 사어를 제대로 되살려놓는다고 할 수도 있을 것이다. 이러한 일은 한 명의 고립된 'auctor'로서의 개인 수준뿐만 아니라 집단 수준에서도 일어났다. 이를테면 이탈리아 포르노^{Forno}의 피에몬테 방언의 경우 1910~1918년 사이에 그러한 말을 썼던 최후의 한 명이 일단의 젊은이들에게 자신의 언어를 전해주었고, 그리하여 그들이 그 말을 사용하기 시작한 예가 있다. 또 다른 예는 현대 히브리어인데, 공동체 전체가 순전히 종교적인 언어가 되어버린 언어에 대해 자신들을 주체의 위치에 두었던 것이다. 하지만 이 경우 상황은 좀 더 복잡하다. 사어로 글을 쓰는 시인이 고립된 채로 남아있고 또 모국어로 계속 말하고 글을 쓰는 한 어떤 식으로든 그는 어떤 언어를 그것을 사용하는 주체들보다 더 오래 살아남게 한다고, 그것을 산 말과 죽은 말 사이에서 어정쩡하게 서 있는 매체(또는 증언)로 생산한다고 할 수 있다. 그래서 그는 일종의 문헌학적 초혼招魂; nekuia 으로, 죽은 말의 그림자에 자신의 목소리와 피를 제공해 죽은 말이 (그러한 것으로서) 말로 되돌아올 수 있게 하는 것이다. 이 기묘한 'auctor'가 그런 것이다. 그는 말함의 절대적 불가능성을 '승인'하면서 그것을 말로 불러낸다.

이제 증언으로 되돌아가면, 증언한다는 것은 자신의 고유한 언어를 잃어버린 사람의 입장에서 그러한 언어 속에 자신을 두는 것이라고, 살아있는 언어가 마치 죽은 언어라도 되는 양 또는 죽은 언어가 마치 살아있는 언어라도 되는 양 그러한 언어 속에(어느 경우에나 문서고 밖이자 이미 말해진 것들의 '말뭉치' 밖에서) 자신의 자리를 잡는 것이라고 말할 수도 있을 것이다. 증인의 제스처는 시인, 곧 명실상부한 'auctor'의 제스처이기도 하다는 점은 놀라운 일이 아니다. "남은 것은 시인에 의해 정초된다(Was bleibt, stiften die Dichter)"는 횔덜린의 진술은, 시인의 작품은 시간이 지나도 사라지지 않고 남는다는 진부한 의미로 이해되어서는 안 된다. 오히려 그것은 시어^(詩語)란 항상 남은 것의 위치에 놓이며, 그렇기 때문에 증언할 수 있다는 의미이다. 시인, 곧 증인은 언어를 남은 것으로, 말함의 가능성 또는 불가능성보다 사실상 더 오래 살아남는 것으로 정초한다.

그러한 언어는 무엇을 증언하는 것일까? 이미 말해진 것의 '말뭉치' 속에 등재될 수 있을 어떤 것(어떤 사실 또는 사건, 어떤 기억 또는 바람, 어떤 기쁨 또는 고통)일까? 아니면 언표화, 그러니까 문서고 속에서는 말함이 말해진 것으로 환원될 수 없음을 증거하는 그런 언표화일까? 그러한 언어가 증언하는 것은 둘 중 어느 쪽도 아니다. 작자가 자신의 말할 수 없음을 마침내 증언할 수 있게 해주는 그러한 언어는 언표될 수 없는 것, 문서고에 보관될 수 없는 것이다. 그러한 언어에서는, 그것을 말하는 주체보다 더 오래 살아남는 어떤 언어가 그러한 언어가 죽은 뒤에도 남아있는 화자와 합치한다. 이것이 레비가 첼란의 시에서 '배경 소음'처럼 커지고 있다고 느낀 '어두운 그늘'의 언어이고, 또 이것이 이미 말해진 것의 도서관이나 언표들의 문서고에는 자신의 자리를 갖지 못하는 후르비네크의 비언어('마스-클로', '마티스클로')이다. 별이 빛나는 밤하늘에서 별들은 완전한 어둠에 둘러싸여 빛나지만 이는, 우주학자들에 따르면, 그 별들이 아직 빛나지 않던 때에 대한 증언에 다름 아니듯이, 그와 마찬가지로 증인의 말은 인간이 아직 말을 하지 않았던 때를 증언하며, 그와 마찬가지로 인간의 증언은 그들이 아직 인간이 아니었던 때를 증언한다. 비슷한 가설을 취해 바꿔 말하자면, 팽창하는 우주에서 가장 먼 은하들은 그것들이 내는 빛의 속도보다 빠른 속도로 우리에게서 멀어지므로 그 빛은 우리에게 닿지 못하고, 결국 우리가 하늘에서 보는 어둠은 미지의 별들이 내는 빛의 불가시성에 다름 아니듯이, 그와 마찬가지로 온전한 증인은, 레비의 역설에 따르면, 우리가 볼 수 없는 자, 곧 '이슬람교도'인 것이다.

4.12. '남은 것'이란 신학적·메시아적 개념이다. 구약의 예언서들 속에서는 구원받는 것은 이스라엘의 전 민족이 아니라 다만 남은 자들이며, 이는 「이사야서」에서는 '*shear yistael*', 즉 이스라엘의 남은 자들로, 「아모스서」에서는 '*sherit Yosef*', 즉 요셉의 남은 자들로 지칭된다. 여기에서 역설은, 예언자들이 이스라엘 사람 모두를 부르며 그들이 선을 행하도록 하려고 하면서도 동시에 모든 이스라엘 사람에게 그들 중 오직 남은 자들만이 구원받을 것이라고 선언한다는 점이다(이를테면 "너희는 악을 미워하고 선을 사랑하며 성문에서 공정을 세워라. 어쩌면 주 만군의 하느님이 요셉의 남은 자들에게 자비를 베풀지도 모른다"[6] 및 "네 백성이 설사 바다의 모래 같다 하여도, 그들 가운데 남은 자들만 돌아올

---

6) 「아모스서」, 5장 15절.

것이다"[7]).

여기서 '남은 자'란 무슨 의미일까? 결정적인 것은 신학자들 주장대로 '남은 자'란 단순히 이스라엘 사람들의 수적인 일부를 가리키는 것으로 보이지 않는다는 점이다. 그보다 **남은 것은 '종말**^{eskhaton}**', 즉 선택 또는 메시아적 사건과 직접적으로 관련되었을 때 이스라엘이 갖는 견고함을 가리킨다.** 때문에 구원에 관해 전체(민족)는 스스로를 필연적으로 남은 자로 정립한다. 이 점은 특히 바오로에게서 뚜렷이 드러난다. 「로마 신자들에게 보낸 서간」에서 바오로는 일련의 성경 인용구를 활용해 메시아적 사건을 이스라엘 민족을 가름과 동시에 이방인들을 가르는, 그리하여 그들을 매번 남은 자들로 구성하는 일련의 휴지休止로 표현한다. "이와 같이 지금 이 시대에도[축어적으로 '지금 이 시간에'라는 뜻의 'en to nun kairo'는 메시아적 시간을 나타내기 위한 바오로의 전문적 표현이다] 은총으로 선택된 남은 자들이 있습니다"(「로마 신자들에게 보낸 서간」, 11장 5절). 하지만 이 휴지들은 단순히 전체로부터 부분을 분리하는 것만은 아니다("사실 이스라엘 자손이라고 다 이스라엘 백성이 아닙니다. 아브라함의 후손이라고 다 그의 자녀가 아닙니다. '이사악을 통하여 후손들이 너의 이름을 물려받을 것이다'라고 하였습니다. 이는 육의 자녀가 곧 하느님의 자녀가 되는 것이 아니고, 약속의 자녀라야 그분의 후손으로 여겨

---

[7] 「이사야서」, 10장 22절.

진다는 뜻입니다"[8]). 이 휴지들은 또한 「로마 신자들에게 보낸 서간」, 9장 25~26절에서처럼 그 민족(유대인)으로부터 비민족(비유대인)을 분리하는 것이기도 하다. "이는 바로 「호세아서」에서 말하는 것과도 같습니다. '나는 내 백성이 아닌 자들을 "내 백성"이라 부르고 사랑 받지 못한 여인을 "사랑 받는 여인"이라 부르리라. 그들에게 "너희는 나의 백성이 아니다" 하던 바로 그곳에서 그들은 살아 계신 하느님의 자녀라 불리리라.'" 결국 남은 자는, 이전에는 전체의 분할과 손실을 가리켰다면 이제는 바로 그 전체의 구원을 가능하게 해주는 구원 장치로 나타난다 ("그 다음에는 온 이스라엘이 구원을 받게 되리라는 것입니다"[9]).

남은 자란 개념 속에서 증언의 아포리아는 메시아주의의 아포리아와 일치한다. 이스라엘의 남은 자들이 이스라엘 전 민족을 가리키거나 민족의 일부를 가리키는 것이 아니라 오히려 전체와 부분의 불일치를 가리키듯이, 그리고 메시아적 시간이 역사적 시간도 아니고 영원도 아니라 그것들을 가르는 이접이듯이 아우슈비츠의 남은 자들, 즉 증인들은 죽은 자도 아니고 살아남은 자도 아니며, 익사한 자도 아니고 구조된 자도 아니다. 그들은 그들 사이에 남은 것이다.

---

8) 「로마 신자들에게 보낸 서간」, 9장 6~8절.
9) 「로마 신자들에게 보낸 서간」, 11장 26절.

4. 13. 레비의 역설이 증언을 '이슬람교도'를 통해서만 정의하는 한 그것은 집단학살수용소의 존재에 대한 모든 부정에 대한 유일하게 가능한 반박을 담고 있다.

그래, 일단 아우슈비츠를 증언이 불가능한 것이라고 하자. 그리고 또한 '이슬람교도'를 증언함의 절대적 불가능성이라고 하자. 만약 증인이 '이슬람교도'를 위해 증언한다면, 그가 말의 불가능성을 말이 되게 할 수 있다면, 그리하여 '이슬람교도'가 온전한 증인으로 구성된다면 아우슈비츠에 대한 부정은 근본적으로 반박된다. '이슬람교도'에게 주어진 증언 불가능성은 더 이상 단순한 결핍이 아니다. 그렇기는커녕 그것은 실제적인 것이 되었다. 즉 그것은 그러한 것으로서 존재한다. 만약 생존자가 가스실이나 아우슈비츠를 증언하는 게 아니라 '이슬람교도'를 증언하는 것이라면, 만약 그가 말함의 불가능성이라는 기초 위에서만 말하는 것이라면 그의 증언은 부정될 수 없을 것이다. 아우슈비츠, 증언이 불가능한 것은 절대적이고 반박할 수 없게 입증된다.

이는 "나는 '이슬람교도'를 위해 증언한다" 및 "'이슬람교도'가 온전한 증인이다"라는 명제가 진위 진술적 판단이나 발화내 행위 또는 푸코가 말하는 의미의 언표화가 아님을 의미한다. 오히려 그러한 명제들은 어떤 불가능성을 통해서만 말의 가능성을 단언하며, 그리하여 주체성의 사건(곧 주체성의 도래)으로서의 언어의 발생('일어나고 있음')을 표시한다.

4.14. 레비 사망 후 일 년 뒤인 1987년 린과 클로진스키는 '이슬람교도'를 다룬 최초의 연구를 세상에 내놓았다. 『아우슈비츠 비망록』 속에 '삶과 죽음의 경계에서: 강제수용소의 이슬람교도 현상에 대한 연구'라는 의미심장한 제목으로 게재된 이 논문에는 모두 89편의 증언이 들어있는데, 거의가 아우슈비츠의 수인이었던 사람들의 증언이다. 그들은 '이슬람교도'라는 말의 기원, '이슬람교도'들의 신체적·심리적 특징들, '이슬람교도화'를 낳았던 정황들, '이슬람교도'들에 대한 수용소 직원들과 다른 수인들의 태도, '이슬람교도'들의 죽음과 생존 가능성 등에 관한 질문지에 답변해줄 것을 요청받았다. 이 논문에 수록된 증언들에는 우리가 이미 살펴본 것 이외의 다른 본질적인 내용이 추가되어 있지 않지만 다만 한 가지 특별히 흥미로운 대목이 있는데, 이는 레비의 증언 자체는 아니라 해도 그의 근본 가정들 중 하나를 의문에 부치는 것이다. 이 논문의 어느 절(Ryn and Klodzinski, 1987: 121~124)에는 '*Ich war ein Muselmann*', 즉 "나는 '이슬람교도'였다"라는 제목이 붙어 있다. 여기에는 '이슬람교도'의 상태에서 살아남아 이제 그것에 대해 말하려고 하는 사람들의 증언 10편이 들어있다.

"나는 '이슬람교도'였다"라는 이 표현 속에서 레비의 역설은 극치의 표현에 이른다. '이슬람교도'가 완벽한 증인일 뿐인 것만은 아니다. 이제 그는 일인칭으로 말하고 증언한다. "나, 말하는 나는 '이슬람교도', 즉 어떤 의미에서도 말할 수 없는 자였다"라는 이 극단적 표현이 레비의 역설과 모순되지 않을 뿐만 아니라 그것을 온전히 입증해주고 있음이 이제는 분명해졌으리라. 그러므로 이제 마지막 말은 그들, '이슬람교도'들의 몫으로 남겨두자.

나는 내가 '이슬람교도'였던 시절을 잊지 못한다. 나는 약했고, 지쳤으며, 죽도록 피곤했다. 보는 것마다 다 먹을 것으로 보였다. 빵과 수프 꿈을 꾸었지만 잠에서 깨자마자 참을 수 없이 배가 고팠다. 전날 밤 나에게 지급된 음식(빵과 마가린 50그램, 잼 50그램, 껍질 채 익힌 감자 네 개가 내 몫이었다)은 흔적도 없었다. 막사장과 직책을 가진 다른 수인들은 감자 껍질을 버렸는데, 가끔은 감자 한 개를 통째로 버리기도 했다. 나는 그들을 은밀히 지켜보곤 했는데, 그렇게 해서 쓰레기통 속에서 감자 껍질을 찾아내 먹고는 했다. 그 위에 잼을 발라 먹으면 정말 꿀맛이었다. 그건 돼지도 안 먹었을 테지만 나는 먹었다. 그것들을 입속에서 모래가 씹힐 때까지 오물거리곤 했다(……)(루치안 소비에라이).

개인적으로 내가 '이슬람교도'였던 것은 잠깐이었다. 내 기억으로는 막사로 옮겨온 뒤 내 삶은 정신적인 면에서 완전히 붕괴됐다. 붕괴는 다음과 같은 형태를 취했다. 모든 일에 대한 무감각이 나를 덮쳤고, 어떤 일에도 관심이 없어졌다. 외부의 자극이건 내부의 자극이건 어떤 자극에도 더 이상 반응하지 않게 되었다. 씻는 일조차 하지 않게 되었는데, 물이 있을 때조차 씻지 않았다. 배고픔조차 더 이상 느끼지 않게 되었다(……)(펠릭사 피에카르스카).

나는 '이슬람교도'다. 폐렴에 걸리지 않으려고 나도 다른 수인들처럼 몸을 앞으로 구부리고 어깨를 최대한 편 채 천천히 규칙적으로 손으로 흉골을 문질렀다. 독일인들이 지켜보고 있지 않을 때는 이런 식으로 몸을 녹였다.

그때 이후로는 동료들의 어깨에 메여 수용소로 돌아왔다. 하지만 우리들 중 '이슬람교도'들은 더 많을 것이다(……)(에드바르트 소콜).

나도 1942~1943년 초까지는 '이슬람교도'였다. 나는 내가 그렇다는 것을 의식하지는 못했다. 내 생각에 대다수의 '이슬람교도'들은 자신들이 그러한 범주에 속한다는 것을 깨닫지 못했던 것 같다. 하지만 수인들이 나눠지면 나는 어김없이 '이슬람교도' 그룹에 넣어졌다. 어떤 수인이 '이슬람교도'인가에 대한 판단은 대부분의 경우 외모에 의해 정해졌다(예르지 모스토브스키).

잠깐 동안일지라도 '이슬람교도'였던 적이 없는 사람은 인간이 겪은 변화의 깊이를 짐작조차 할 수 없다. 그는 자신의 운명에 무관심해져 누군가에게 바라는 것이 아무것도 없어지게 된다. 그는 다만 편안히 죽음을 기다릴 뿐이었다. 그들에겐 나날의 생존을 위해 싸울 힘도 의욕도 남아있지 않았다. 오늘로 족한 것이다. 운 좋게 쓰레기 속에서 뭐라도 찾을 수 있으면 그걸로 그만이었다(……)(카롤 탈리크).

일반적으로 말해 '이슬람교도'들 사이에도 정상적인 조건에서 살아가는 사람들 사이에 있는 것과 똑같은 차이(다양성), 그러니까 신체적이고 심리적인 차이(다양성)가 있다. 수용소라는 조건은 이러한 차이를 더욱 분명하게 했다. 우리는 종종 신체적 요인들과 심리적 요인들의 역할이 뒤바뀌는 것을 목격했다(아돌프 가발레비치).

이러한 상태를 나는 이미 예감하고 있었다. 독방 안에서 나는 삶이 나를 버리고 떠나는 것을 느꼈다. 세상일은 아무래도 상관없었고 몸의 기능은 점점 사라져갔다. 배고픔의 고통도 덜해졌다. 이상한 달콤함도 느꼈다. 침대에서 내려올 힘조차 없었고, 설령 그럴 힘이 남아있었어도 물통이 있는 곳까지 가려면 벽에 기대지 않으면 안 되었다(……)(브워지미에시 보르코브스키).

나는 수용소에서 가장 지독한 종류의 삶을, '이슬람교도'가 된다는 공포를 직접 몸으로 겪었다. 나는 최초의 '이슬람교도'들 가운데 한 명이었다. 나는 길 잃은 개처럼 수용소를 이리저리 헤매었고, 모든 일에 무관심했다. 그저 또 하루를 살아남고 싶을 뿐이었다. 나는 1940년 6월 14일, 타르누프 감옥으로부터 첫 번째 이송이 있을 때 그들 무리와 함께 수용소에 왔다. (……) 막 들어와서 몇 가지 고초를 겪은 후 농사 작업반에 배정되어 그해 가을까지 감자와 건초 수확, 탈곡 등의 일을 했다. 작업반에 갑자기 무슨 일이 일어났다. 수용소 밖의 민간인들이 우리에게 음식을 주고 있는 것이 적발되었던 것이다. 결국 나는 징계 그룹에 보내졌고 거기서 나의 수용소 생활의 비극이 시작되었다. 힘도 약해졌고 건강도 잃었다. 이틀간 고된 일을 하고 났더니 전에 있던 작업반의 카포가 나를 징계 그룹에서 빼내 제재 작업반에 넣어주었다. 일은 그만큼 고되지는 않았지만 하루 종일 한데서 보내야 했고, 게다가 그해 가을은 무척 춥기까지 했다. 언제나 눈비가 내렸다. 이미 결빙이 시작되었는데도 우리가 걸치고 있던 옷은 얇았다. 속옷과 셔츠에 양말도 없이 신은 나막신과 얇은 작업모가 전부였다. 이런 상황에서 충분한 영양을 섭취하지도 않고 매일 젖고 언 채로 일했으니 꼼짝없이 죽을 수밖에 없었다. (……) 이렇게 해서 '이슬람교도' 상태$^{das\ Muselmanntum}$가 한데서 일하는 모든 작업반에서 점점 더 흔한 일이 되는 시기가 시작되었다. 어느 누구 할 것 없이 '이슬람교도'들을 경멸했고, 심지어는 동료들조차도 그랬다. (……) 감각은 무뎌지고 주변의 모든 일에 완전히 무관심해졌다. 더 이상 아무것도 이야기할 수 없게 되며, 심지어는 기도하는 것조차 할 수 없게 되는데, 천국이나 지옥도 믿지 않게 되기 때문이다. 자신의 집, 가족, 수용소의 다른 사람들에 대해서도 더 이상 생각하지 않게 된다.

거의 모든 '이슬람교도'들이 수용소에서 죽었다. 얼마 안 되는 사람만이 간신히 그러한 상태에서 벗어날 수 있었다. 운이 좋았는지 섭리에 의해선지는 모르지만 일부는 석방되었다. 그래서 나는 이렇게, 내가 어떻게 그러한 상태에서 빠져나올 수 있었는지 말할 수 있는 것이다. (……)

'이슬람교도'는 어디서나 볼 수 있었다. 살갗과 얼굴은 거무튀튀했고, 눈에는 초점이 없었고 눈두덩은 움푹 꺼져 있으며, 입고 있는 옷은 너덜너덜하고 더럽고 악취를 풍기는, 뼈밖에 남지 않은 더러운 형체들 말이다. 발걸음은 느릿느릿하고 또 비틀거려서 박자를 맞춰 행진할 수도 없었다. (……) 그들이 하는 이야기라고는 오로지 추억과 음식에 관한 것이었다. 어제 수프 속에는 감자가 몇 조각 들어가 있었는지, 고기는 얼마큼 들어있었는지, 수프는 진했는지 아니면 물뿐이었는지 등등(……). 집에서 온 편지도 위로가 되지 않았는데, 그들에게 집에 돌아갈 수 있으리라는 환상 따위는 없었기 때문이다. '이슬람교도'들이 애타게 기다리는 것은 소포였다. 적어도 한 번이라도 가득 차 있기를 바라면서 말이다. 그들은 빵 조각과 커피 찌꺼기를 찾기 위해 주방 곳곳을 뒤지는 상상을 하곤 했다.

'이슬람교도'들은 건성으로 일했다. 아니 정확히 말해서, 일하는 시늉만 했다. 예를 들어 제재소에서 일하는 동안 우리는 일부러 무딘 톱을 찾곤 했는데, 그게 더 사용하기 좋았기 때문이다. 그것이 잘 잘릴지 말지는 걱정 밖이었다. 우리는 종종, 하루 종일 그렇게 일하는 시늉만 했는데, 어떤 때는 목재를 한 개도 자르지 않은 적도 있었다. 못을 똑바로 펴야 할 때도 그렇게 하는 대신 망치로 모루만 탕탕 두드리기도 했다. 하지만 누가 눈치 채지 않게 해야만 했는데, 그것은 그것대로 지치는 일이었다. '이슬람교도'들에게는 아무런 목표가 없었다. 그들은 아무 생각 없이 일했고, 아무 생각 없이 돌아다녔으며, 오로지 줄을 잘 서서 조금이라도 많은 수프, 조금이라도 진한 수프를 받아먹을 생각뿐이었다. '이슬람교도'들은 취사 장교의 행동을 예의주시했는데, 그가 수프를 떠낼 때 윗부분에서 떠내는지 아랫부분에서 떠내는지 보기 위해서였다. 그들은 오로지 한 그릇 더 얻어먹을 생각에 허겁지겁 먹었다. 물론 그런 일은 결코 일어나지 않았다. 한 그릇 더 얻어먹는 사람은 가장 많이 일하고 가장 열심히 일한 사람들, 취사 장교의 호감을 얻은 사람들뿐이었다. (⋯⋯)

다른 수인들도 '이슬람교도'들을 피했다. 그들 사이에 공통의 화제란 있을 수 없었다. '이슬람교도'들은 오로지 먹을 것만 상상하고 먹을 것에 대해서만 말했기 때문이다. '이슬람교도'들은 '처지가 나은' 수인들을, 그들에게서 뭔가 얻어먹기라도 한다면 모를까, 좋아하지 않았다. 그들은 자신들과 같은 처지의 사람들과 사귀는 것을 더 좋아했다. 친구가 되면 빵, 치즈, 소시지를 담배랑 바꿀 수도 있고 또 다른 종류의 음식과 쉽게 바꿔 먹을 수 있었기 때문이다. 그들은 의무실에 가는 걸 두려워했고, 그래서 아프다고 말하는 법이 없었다. 그래서 보통은 일을 하다가 갑자기 고꾸라졌다.

일을 마치고 다섯 명씩 대열을 이루어 돌아오는 작업반의 모습이 아직도 눈에 선하다. 첫째 줄의 다섯 명은 오케스트라의 리듬에 맞춰 행진하곤 했지만 둘째 줄부터는 벌써 대열이 흐트러지곤 했다. 그들 뒤의 다섯 명은 서로서로 기댄 채로 들어올 것이고, 마지막 줄에서는 그나마 힘이 남아있는 네 명이 제일 약한 사람의 팔다리를 움켜쥐고 옮길 텐데, 그는 죽어가고 있었던 것이다. (⋯⋯)

이미 말했지만 1940년에 나는 최소한 감자껍질 한 조각만이라도 우연히 찾았으면 하는 심정으로 수용소를 길 잃은 개처럼 떠돌아다녔다. 제재소 근처에는 돼지 등에게 먹일 사료를 만들기 위해 감자를 발효시키던 구멍들이 있었는데, 나는 그 구멍 안으로 기어들어가기도 했다. 수인들은 사카린을 발라 얇게 썬 생감자 조각들을 먹곤 했는데, 맛이 배랑 비슷했다. 내 건강 상태는 나날이 악화되었는데, 다리에는 궤양이 생겨나 퍼졌고 더 이상 살아남기를 바라지도 않게 되었다. 그저 기적을 바랄 뿐이었다. 물론 집중해서 경건하게 기도할 힘조차 없었지만(……).

이런 상태로 지내다가 마지막 점호 이후 임무 수행을 위해 막사에 들어온 어느 장교들 눈에 띄게 되었다. 나치 친위대 소속 의사였던 것 같다. 서너 명 정도 되었는데, 그들은 특히 '이슬람교도'들에게 관심이 있었다. 나에게는 다리에 생긴 물집 이외에도 복사뼈에 달걀만한 종기가 있었다. 종기 때문에 그들은 수술을 지시했고, 그 덕에 몇몇 다른 사람들과 함께 (전에는 11막사였던) 9막사로 옮겨오게 되었다. 음식은 다른 사람들과 똑같이 받았지만 우리는 작업을 나가지 않았고 하루 종일 쉴 수 있었다. 수용소의 의사들이 방문했고, 나는 수술을 받았으며(그때 수술 자국이 지금도 남아 있다), 그 후 병세는 호전되었다. 우리는 점호에 나가지 않아도 되었고, 실내는 따뜻했으며 건강은 모두 양호했다. 그러던 어느 날 막사를 담당하고 있던 나치 친위대 장교들이 오지 않았다. 그들은 공기가 너무 탁하다고 말하면서 창문을 전부다 열도록 지시했다. 그게 1940년 12월의 일이었다. (……) 몇 분 뒤 모두가 추위에 몸을 떨고 있는데, 그들이 우리더러 방안에서 뛰어 몸을 덥히도록 했고 우리 모두는 땀으로 흠뻑 젖을 때까지 그렇게 했다. 그때 그들이 '앉아!'라고 말했고, 모두 그대로 했다. 체온이 내려가면 다시 한기를 느꼈는데, 그러면 다시 뜀박질이 시작되었다. 그리고 그렇게 하루 종일 반복되었다.

낌새가 이상해서 거기서 나가기로 마음먹었다. 검진을 받으면서 몸이 이제 괜찮으니 일하고 싶다고 말했다. 그리고 그렇게 되었다. 나는 10막사(현재의 8막사)로 옮겨졌다. 그들이 나를 넣은 방에는 신참들밖에 없었다. (……) 고참 수인이었기 때문에 막사장은 나를 마음에 들어 했고 나를 모범수라고 말했다. (……) 그 뒤로 나는 농사 작업반으로 옮겨와 소를 키우는 축사에서 일하게 되었다. 거기에서도 다른 수인들의 신임을 얻어 여분의 음식과 홍당무, 흑설탕, 돈사^{豚舍}에서는 수프, 또 우사^{牛舍}에서는 넉넉한 양의 우유를 얻어먹을 수 있었다. 물론 우사의 온기도 무시할 수 없었다. 그렇게 다시 회복할 수 있었고, 그리하여 결국 '이슬람교도' 상태를 벗어날 수 있었다. (……)

'이슬람교도' 시절의 일은 내 기억 속에 깊이 새겨져 있다. 나는 1940년 가을 제재 작업반에서 일어난 사건을 완벽히 기억하고 있다. 톱, 켜켜이 쌓인 목재더미, 막사, 서로 몸을 녹이는 '이슬람교도'들, 그들의 몸짓이 아직도 눈에 선하다. (……) '이슬람교도'들의 최후는 다음과 같은 수용소 노랫말 그대로였다.

'이슬람교도'보다 더 심한 게 뭘까?

그에게 살 권리라도 있는 것일까?

그는 짓밟히고 구타당하고 얻어맞기 위해 거기 있는 게 아니지 않은가?

길 잃은 개처럼 그는 수용소를 배회한다.

모든 사람이 그를 몰아내고, 다만 그를 구출해줄 건 화장로뿐이다.

수용소 의무실조차 그를 버리지 않나!

(브로니슬라프 고친키)

(나머지는 소실됨)

옮긴이 후기

이 책은 조르조 아감벤의 *Quel che resta di Auschwitz: L'archivio e il testimone*(1998, Torino: Bollati Boringhieri)를 우리말로 번역한 것이다. 최근 서양 학계에서 상당한 주목을 받고 있는 저자의 사상이 국내에도 소개되기 시작했고, 벌써 여러 주요 저작이 우리말로 출간되었다. 여기에 더해 『호모 사케르』 연작의 제3권인 이 책의 출간으로 아감벤의 철학적 사유를 '아우슈비츠'라는 구체적인 역사적 맥락에서 조망해볼 수 있게 되었다. 그러나 이 책은 저자 본인이 밝히고 있듯이 단순한 역사서는 아니다. 이 책은 오늘날 우리가 처한 생명 정치적 맥락에서 여전히 소진되지 않는 아우슈비츠의 현재성을 증언하고 있다.

이 책에서 아감벤의 목표는 '입에 담을 수 없는 이름'으로, 그리하여 말해질 수 없는 것으로 여겨져온 '아우슈비츠'를 말하게 하는 데 있다. 아우슈비츠를 말해질 수 없는 것으로 여기거

나에 둘러 말해야만 하는 것으로 여기는 것은 의도야 어떻든 아우슈비츠를 신비화하는 것으로, 결국 아우슈비츠의 영광에 기여할 뿐이라고 아감벤은 말한다. 하지만 아우슈비츠를 말한다는 것은 결코 쉬운 일이 아니다. "수용소에서 일어난 일은 생존자들에게는 유일한 진실이고, 그러한 것으로서 절대 잊을 수 없는 것처럼 보이지만, 다른 한편으로 이러한 진실은 그만큼 상상할 수 없는 것, 즉 진실을 구성하는 현실적 요소들로 환원될 수 없는 것이다. 너무나 생생해서 어떤 것도 그보다 더 참일 수 없는 사실들, 그리고 불가피하게 그 사실적 구성 요소들을 초과하는 현실. 이것이 아우슈비츠의 아포리아이다"(「서문」).[1]

이 '말할 수 없음'의 극단적 형상이 죽음의 수용소에서는 '무젤만'이다. 수용소의 은어로 무젤만, 즉 '이슬람교도'란 살아있는 존재라고 할 수 있는 특성을 더 이상 갖고 있지 못한 존재들, '살아있는 시체들', 극단적인 신체적 소모와 실존적인 무관심 때문에 사실상 식물-인간이나 다름없는 존재들을 이르는 말이다. 그런데 프리모 레비는 이 비인간, 그러므로 정의상 '증언할 수 없는' 자인 '이슬람교도'들이 '진정한 증인'이라고 부른다. 하지만 아우슈비츠의 진정한 증인이 살아남은 자가 아니라 (레비의 표현으로는) '익사한 자들', 폐인들, 되돌아오지 못했거나 되돌아왔어도 말이 없는 자들이라면, 아우슈비츠라는 사건을 증언한다는 것이 어떻게 가능하단 말인가? 전체적으로 보아 이

---

[1] 서문, p. 15.

책은 이른바 증언할 수 없는 자인 '무젤만'이 진정한 증인이라는 레비의 역설에 대한 아감벤의 부연 설명이다.

레비의 역설을 탐구하는 과정에서 아감벤은 그동안 윤리학이라는 이름으로 개진된 모든 학설을 의문에 부친다. 아감벤은 스피노자를 따라 윤리학이란 기본적으로 '행복한 삶의 학설'이라고 본다. 그러므로 윤리학은 근본적으로 법률적인 범주들인 책임이나 죄, 존엄 따위의 개념들을 통해 사유될 수 없으며, 행복한 삶은 법 따위에 온전히 내맡길 수 있는 영역이 아니다(그리고 법과 교묘히 양립하면서 법의 무능을 가리는 것이 또 신학이다). 삶은 필연적으로 법을 초과하는 것이며, 법이 삶의 문제를 다 다룰 수는 없다. 우리의 이성이 아우슈비츠에 고유한 범죄와 윤리학적 문제를 특정해내지 못하는 것은 이른바 세속의 윤리학이 지나치게 법률적 범주들에 의해 오염되어 있기 때문이다.

아우슈비츠는 분명 인류사에 유례없는, 그야말로 전대미문의 사건이었고, 이러한 의미에서 고유한 현상이다. 전대미문이기 때문에 이를 어떻게든 이해해보려고 우리는 이 현상을 삶/죽음, 인간성/비인간성, 존엄/치욕 따위의 익숙한 범주들로 환원시켜 왔고, 그러다보니 우리 사유의 공백으로 기입되어 버리게 되었다. 하지만 아우슈비츠를 예외로 치부하는 것은 이미 불가능하다. '아우슈비츠'는 이미 일어났고 그러한 일은 지금도 도처에서 반복되고 있기 때문이다. 사실 아우슈비츠의 '예외성'과 '불가해성'을 주장하는 것은 이성의 무능에 대한 변명에 불과하다. 우리가 상상하지 못했던, 도저히 일어나지 말았어야 할 어떤 일이 벌어졌다면 그것은 결코 그러한 사건의 '예외성'이나 '절대악'을 증명하는 것이 아니라 바로 이를 사유하지 못하는 우리의 무능, 우리 사유의 불충분함을 증명하는 것이다. 그러므로 아우슈비츠는 윤리학적 사유의 '예외'로 남아있어서는 안 될, 윤리학적 사유(그것이 참된 윤리학이라면)가 반드시 거치지 않으면 안 되는 일종의 시험대인 셈이다. 인간의 예외, 즉 무젤만의 '비인간성'에 대해서도 마찬가지로 말할 수 있다. "만약 누군가 인간이 인간으로 남아있기 위해서는 넘어서는 안 될 한계를 설정하고 모든 혹은 대다수 인류가 그러한 한계를 넘어선다면 그것이 증명해주는 바는 인간의 비인간성이 아니라 오히려 그러한 한계의 불충분함과 추상성이다"(2. 13.).[2]

이 책에서 아감벤이 제시하는 것은 말할 수 없는 자인 '무젤만'의 언어(또는 비언어)를 신비화하거나 심미화하지 않으면서 '듣는 방법'이다. 아감벤의 탐구 노선을 따라가면서 우리는 불현 듯 '무젤만'이 사실은 우리 자신의 다른 이름임을 깨닫게 된다. 결국 아감벤에게 아우슈비츠란 오늘날 우리가 처한 생명 정치적 실존, 다시 말해 예외가 상례가 되어버린 세상의 축도라고 할 수 있다. 우리는 이미 잠재적으로 '이슬람교도'이다. 따라서 아우슈비츠를 이해하지 못한다면, '무젤만'과 더불어 '고르곤'을 응시하는 법을 배우지 못한다면, '무젤만'의 말을 듣는 법을 배우지 못한다면 예외가 상례가 되어버린 세상에 처한 우리의

---

2) 2장, p. 96.

실존에 대한 이해도 요원할 것이다.

  이 책의 초역은 영어판을 토대로 진행되었다. 번역 과정에서 영어판에 적지 않은 문제가 발견되었고, 이를 이탈리아어판과 프랑스어판과 대조해 바로잡으려고 노력했다.

  한 권의 책이 세상에 나오는 데는 여러 사람의 협업이 필수적이고, 그래서 감사를 표현해야 할 분이 많지만 이 책의 번역과 관련해 특히 김현경 선배에 대한 감사를 빼놓아서는 안 될 것이다. 성실하고 예민한 인류학자인 김현경 선배는 번역의 초고를 읽고 중요한 지적을 해주었다. 덕분에 많은 부분에서 오역과 누락의 위험을 피할 수 있었고, 번역 역시 보다 나은 표현을 얻게 되었다. 또한 미흡한 원고를 다듬어 훌륭한 책으로 만들어주신 새물결출판사의 조형준 주간님과 편집부에도 감사드린다.

참고 문헌

Adorno, Theodor Wiesengrund, *Negative Dialectics*, trans. E. B. Ashton(New York: Continuum, 1973).

_____, *Minima Moralia: Reflections from Damaged Life*, trans. E. F. N. Jephcott(London: Verso, 1974).

Agamben, Giorgio, *Language and Death: The Place of Negativity*, trans. Karen E. Pinkus with Michael Hardt(Minneapolis: Minnesota University Press, 1991).

Améry, Jean, *At the Mind's Limits: Contemplations by a Survivor on Auschwitz and Its Realities*, trans. Sidney Rosenfeld and Stella P. Rosenfeld(Bloomington: Indiana University Press, 1980).

Antelme, Robert, *The Human Race*, trans. Jeffrey Haight and Annie Mahler(Marlboro, VT: Marlboro Press, 1992).

Arendt, Hannah, *Eichmann in Jerusalem: A Report on the Banality of Evil*(London: Penguin, 1992).

_____, *Essays in Understanding*(New York: Harcourt Brace, 1993).

Aristotle, *Metaphysics*, trans. Christopher Kirwan(Oxford, UK: Clarendon, 1993).

Bachmann, Ingeborg, *Frankfurter Vorlesungen: Probleme zeitgenössicher Dichtung*(Zurich and Munich: Piper Verlag, 1982).

Barth, Karl, *Church Dogmatics*, vol. 3: *The Doctrine of Creation*, Part 2(Edinburgh: T. & T. Clark, 1960).

Benjamin, Walter, *One-Way Street and Other Writings*, trans. Edmund

Jephcott and Kingsley Shorter(London: Verso, 1979).

Benveniste, Emile, *Problems in General Linguistics*, trans. Mary Elizabeth Meek(Coral Gables, FA: University of Miami Press, 1971).

_____, *Problèmes de linguistique générale*, vol. 2(Paris: Gallimard, 1974).

Bertelli, S., "Lex animata in terris," in *La città e il sacro*, ed. Franco Cardini(Milan: Garzanti-Scheiwiller, 1994).

Bettelheim, Bruno, *The Empty Fortress*(New York: The Free Press, 1967).

_____, *The Informed Heart*(New York: The Free Press, 1960).

_____, *Surviving and Other Essays*(New York: Knopf, 1979).

Bichat, Xavier, *Recherches physiologiques sur la vie et la mort*(Paris: Flammarion, 1986).

Bin, Kimura, *Ecrits de psychopatholoqie phénoménologique*(Paris: Presses Universitaires de France, 1992).

Binswanger, Ludwig, *Being-in-the-world; Selected Papers of Ludwig Binswanger*, trans. Jacob Needleman(New York: Basic Books, 1963).

Blanchot, Maurice, *The Infinite Conversation*, trans. Susan Hanson(Minneapolis: University of Minnesota Press, 1993).

Cardini, Franco, ed. *La città e il sacro*(Milan: Garzanti-Scheiwiller, 1994).

Carpi, A., *Diario di Gusen*(Turin: Einaudi, 1993).

Chrysostome, Jean, *Sur l'incompréhensibilité de Dieu*(Paris: Editions de Cerf, 1970).

Derrida, Jacques, *Speech and Phenomena and Other Essays on Husserl's Theory of Signs*, trans. David B. Allison(Evanston: Northwestern University Press, 1973).

Des Pres, Terence, *The Survivor: An Anatomy of Life in the Death Camps*(New York: Washington Square Press, 1976).

Felman, Shoshana and Dori Laub, *Testimony: Crises of Witnessing in Literature, Psychoanalysis, and History*(New York and London: Routledge, 1992).

Foucault, Michel, *The Archaeology of Knowledge and The Discourse on Language*, trans. A. M. Sheridan Smith(New York: Pantheon Books, 1972).

_____, *Essential Works*, vol. 2: *Aesthetics, Method and Epistemology*, ed. James D. Faubion, trans. Robert Hurley and others(New York: The Free Press,

1998).

_____, *Il faut défendre la société*(Paris: Gallimard-Seuil, 1997).

Frontisi-Ducroux, Françoise, *Du masque au visage*(Paris: Flammarion, 1995).

Hegel, Georg Wilhelm Friedrich, *Aesthetics: Lectures on Fine Art*, 2 vols, trans. T. M. Knox(Oxford: Clarendon Press, 1975).

Heidegger, Martin, *Bremer und Freiburger Vorträge*, in *Gesamtausgabe*, vol. 79(Frankfurt am Main: Klostermann, 1994).

_____, *Parmenides*, trans. André Schuwer and Richard Rojcewicz(Bloomington: Indiana University Press, 1992).

_____, *Kant and the Problem of Metaphysics*, trans. Richard Taft(Bloomington: Indiana University Press, 1990).

Hilberg, Raul, *The Destruction of the European Jews*(New York: Harper & Row, 1979).

Kant, Immanuel, *Critique of Pure Reason*, trans. Norman Kemp Smith(London: Macmillan, 1929).

Kantorowicz, Ernst, *The King's Two Bodies: A Study in Mediaeval Political Theology*(Princeton, NJ: Princeton University Press, 1957).

Keats, John, *The Letters of John Keats*, ed. Maurice Buxton Forman(Oxford: Oxford University Press, 1935).

Kerényi, Karl, *La religione antica nelle sue linee fondamentali*, trans. Delio Cantimori(Bologna: N. Zanchelli, 1940).

Kogon, Eugen, *The Theory and Practice of Hell: The German Concentration Camps and the System Behind Them*, trans. Heinz Norden(New York: Octagon Books, 1979).

Langbein, Hermann, *Auschwitz: Zeugnisse und Berichte*, eds. H. G. Adler, Hermann Langbein, and Ella Lingens-Reiner(Frankfurt am Main: Athenäum, 1988).

_____, *Menschen in Auschwitz*(Vienna: Europa Verlag, 1972).

Levi, Primo, *Ad ora incerta*, in *Opere*, vol. 2(Turin: Einaudi, 1988).

_____, "L'altrui mestiere," in *Opere*, vol. 3(Turin: Einaudi, 1990).

_____, *Conversazioni e interviste*(Turin: Einaudi, 1997).

_____, *The Drowned and the Saved*, trans. Raymond Rosenthal(New York:

Random House, 1989).

_____, *Survival in Auschwitz and The Reawakening: Two Memoirs*, trans. Stuart Woolf(New York: Summit Books, 1986).

Lévinas, Emmanuel, *De l'évasion*(Montpellier: Fata Morgana, 1982).

Lewental, S., Gedenkbuch, *Hefte von Auschwitz* 1(Oswiecim: Staatliches Auschwitz-Museum, 1972).

Lyotard, Jean-François, *The Differend: Phrases in Dispute*, trans. Georges Van Den Abbeele(Minneapolis: University of Minnesota Press, 1988).

Manganelli, Giorgio, *La notte*(Milan: Adelphi, 1996).

Mauss, Marcel and Henri Hubert, *Sacrifice: Its Nature and Function*, trans. W. D. Halls(Chicago, University of Chicago Press, 1964).

Pessoa, Fernando, *Always Astonished: Selected Prose*, trans. and ed. Edwin Honig(San Francisco: City Lights, 1988).

Oxford English Dictionary, 2nd ed., prepared by J. A. Simpson and E. S. C. Weiner, vol, vii(Oxford: Clarendon, 1989).

Rilke, Rainer Maria, The Book of Hours, trans. Stevie Krayer(Salzburg: Salzburg University, 1995).

_____, *The Notebooks of Malte Laurids Brigge*, trans. Stephen Mitchell(New York: Random House, 1983).

Ryn, Zdzislaw and Stanslaw Klodzinski, *An der Grenze zwischen Leben und Tod. Eine Studie über die Erscheinung des "Muselmanns" im Konzentrazionslager, Auschwitz-Hefte*, vol, 1(Weinheim and Basel: Beltz, 1987), pp. 89~154.

Satta, Sebastiano, *Il mistero del processo*(Milan: Adelphi, 1994).

Sereny, Gitta, *Into That Darkness: An Examination of Conscience*(New York: Random House, 1983).

Sofsky, Wolfgang, *The Order of Terror: The Concentration Camp*, trans. William Templer(Princeton: Princeton University Press, 1997).

Spinoza, Baruch, *Compendium grammatices linguae hebraeae*, in *Opera*, ed. Carl Gebhardt, vol. 3(Heidelberg: C. Winter, 1925).

Wiesel, Elie, "For Some Measure of Humanity," in *Sh'ma, A Journal of Jewish Responsibility* 5, October 31, 1975.